W0014279

La danseuse de Mao

Qiu Xiaolong

La danseuse de Mao

Traduit de l'anglais (États-Unis)
par Fanchita Gonzalez Batlle

Liana Levi

L'éditeur remercie vivement Catherine Bourzat pour son aide,
en particulier dans la rédaction des notes, ainsi que pour avoir
tracé le caractère *wunü* (danseuse) figurant sur la couverture de
cet ouvrage.

ISBN : 978-2-86746-483-6

1

L'inspecteur Chen Cao ne se sentait pas d'humeur à prendre la parole à la réunion d'études politiques du comité du Parti. L'ordre du jour, l'urgence de bâtir la civilisation spirituelle en Chine, le laissait perplexe. La presse du Parti insistait beaucoup sur ce nouveau slogan depuis le milieu des années quatre-vingt-dix. Chen avait remarqué que *Le Quotidien du peuple* avait publié le matin même un nouvel éditorial sur le sujet. Quelques pages plus loin, un haut dignitaire du Parti était mis en cause dans une nouvelle affaire de corruption.

Alors que pouvait donc être cette «civilisation spirituelle»? On ne pouvait pas la sortir d'un chapeau comme un lapin! Et pourtant, Chen se devait de rester imperturbable et sérieux au centre de la table de conférence et de hocher la tête comme un robot.

Avec des ongles cassés on ne peut rien attacher à rien...

Il ne parvint pas à se rappeler si cette image venait d'un poème qu'il avait lu autrefois, étendu sur une plage au soleil...

En dépit de la propagande du Parti, le matérialisme envahissait la Chine. On plaisantait désormais sur le fait que l'ancien slogan politique «regarder vers l'avenir» était devenu la maxime populaire «regarder vers l'argent», parce qu'en chinois «avenir» et «argent» se disent pareil: *qian*. Mais ce n'était pas une plaisanterie, pas exactement. Alors où intervenait la «civilisation spirituelle»?

«De nos jours, les gens ne regardent rien d'autre que leurs pieds.» Le secrétaire du Parti Li Guohua, numéro un du Parti dans le service, parlait gravement et ses lourdes poches tremblaient sous ses yeux à la lumière de l'après-midi. «Nous devons de nouveau mettre l'accent sur la glorieuse tradition de notre Parti. Nous devons reconstruire le système de valeurs communiste. Nous devons rééduquer le peuple...»

Le peuple était-il à blâmer? Chen alluma une cigarette en se frottant l'arête du nez. Après les mouvements politiques de l'époque de Mao, après la Révolution culturelle, après l'été agité de 1989, après les nombreux cas de corruption au sein même du Parti...

«Rien d'autre que l'argent», intervint bruyamment l'inspecteur Liao, chef de la brigade des homicides. «Laissez-moi vous donner un exemple. Je suis allé dans un restaurant la semaine dernière. Un vieux restaurant du Hunan qui existait depuis des années, transformé en restaurant Mao. Les photos de celui-ci, et aussi de ses charmantes secrétaires particulières, tapissaient les murs. La carte est pleine des spécialités prétendument préférées de Mao. Et des serveuses dites "petites servantes du Hunan", portant des corsages à dos nu imprimés de citations du président, se pavanaient comme des putes. Le restaurant exploite scandaleusement Mao, si celui-ci ressuscitait aujourd'hui il mourrait une fois de plus sous le choc.

– Une blague circule, dit l'inspecteur Jiang. Mao revient sur la place Tian'anmen, là où les touristes font gagner une fortune à un petit malin qui les photographie avec lui. Une honte...

8

– Laissez Mao tranquille», l'interrompit le secrétaire du Parti Li avec humeur.

En rapprochant le cendrier, Chen se dit que, honte ou pas, une blague aux dépens de Mao demeurait tabou. Elle n'en était pas moins une illustration éclatante de la société. Mao était devenu lui aussi un produit rentable. Châtiment ou karma ? Chen méditait sous les ronds de fumée qui s'élevaient en spirale quand il s'aperçut que Li, avec qui il partageait le cendrier, s'impatientait à côté de lui.

«La base économique conditionne la superstructure idéologique…» Chen parvint à énoncer ce postulat marxiste acquis à l'université, mais il en resta là. Ce qui caractérisait le «socialisme à la chinoise» actuel, toutefois, était l'incompatibilité entre les deux. Avec une économie de marché entièrement capitaliste – et encore au «stade de l'accumulation primitive», pour utiliser une autre formule marxiste – quelle sorte de superstructure communiste ou de civilisation spirituelle pouvait-on attendre ?

En tout cas, en tant qu'«intellectuel» ayant étudié l'anglais à l'université avant d'être nommé dans la police par l'État à la remise de son diplôme dans les années quatre-vingt, il valait mieux qu'il trouve quelque chose à dire. De surcroît il était à présent inspecteur principal et cadre du Parti en pleine ascension.

«Allons, inspecteur principal Chen, vous n'êtes pas que policier, mais aussi poète reconnu», insista le commissaire Zhang. «Révolutionnaire de la vieille génération», retraité depuis longtemps, Zhang assistait encore aux réunions d'études politiques du bureau, convaincu que les problèmes actuels découlaient d'une insuffisance de ce genre de séances. «Vous avez sûrement beaucoup à nous dire sur la nécessité de reconstruire une civilisation spirituelle.»

Chen devina facilement ce qui se cachait derrière la remarque de Zhang. Une critique implicite, non seulement au poète sous le policier, mais aussi envers son côté libéral.

« Je suis venu dans un autobus bondé ce matin, commença Chen en s'éclaircissant la gorge, un vieil homme est entré avec difficulté en s'aidant de sa béquille. Quand l'autobus a fait un arrêt brusque, il est tombé. Personne ne lui a cédé sa place. Un passager assis a fait remarquer que nous n'étions plus au temps du camarade Lei Feng et du modèle mythique de communiste généreux de l'époque de Mao... »

Encore une fois, il n'alla pas plus loin. C'était peut-être une coïncidence si les gens continuaient à mentionner Mao comme un revenant, qu'ils l'aimaient ou pas. Chen écrasa sa cigarette, prêt à poursuivre, mais la sonnerie aiguë de son portable retentit dans la salle de réunion.

« Salut, c'est Yong, dit une voix féminine claire et fraîche, je t'appelle à propos de Ling. »

Ling était sa petite amie de Pékin, ou plutôt son ex-petite amie, bien qu'ils n'aient jamais exprimé ouvertement la fin de leur longue relation épisodique. Yong, amie et ancienne collègue de Ling, avait essayé de leur faciliter les choses, pratiquement depuis l'époque où il était étudiant.

« Qu'est-il arrivé à Ling ? » s'exclama-t-il, oubliant qu'il était en réunion avant de voir le regard étonné de ses collègues. Il se leva aussitôt. « Excusez-moi, il me faut prendre cet appel. »

« Ling s'est mariée, annonça Yong.

– Quoi ? » Il se précipita dans le couloir.

Il n'aurait pas dû être aussi surpris. Leur relation était

condamnée depuis longtemps. Le fait que Ling soit une ECS – une enfant de cadre supérieur –, puisque son père était un haut dignitaire du Parti, était un obstacle insurmontable; lui-même était incapable de s'imaginer devenir ECS grâce à elle; l'injustice sociale venait renforcer orgueil d'une part et préjugés de l'autre; Pékin et Shanghai étaient très éloignés, et tant de choses les séparaient…

Il s'était répété que ce n'était pas la faute de Ling. Mais la nouvelle lui portait quand même un rude coup.

«Lui aussi est un ECS, et un homme d'affaires en vue, et cadre du Parti. Même si ces choses-là n'intéressent pas vraiment Ling, tu le sais…»

Il écouta la suite, adossé contre le mur dans un coin du couloir, les yeux fixés sur la paroi d'en face comme sur une page blanche. Il avait l'impression d'écouter l'histoire de tierces personnes.

«Tu aurais dû insister, conclut Yong en prenant de nouveau la défense de Ling. Tu ne peux pas demander à une femme de t'attendre éternellement.

– Je comprends.

– Si c'est le cas, il n'est peut-être pas trop tard.» Yong décocha la flèche du Parthe. «Elle tient encore énormément à toi. Viens à Pékin, j'aurai beaucoup de choses à te dire. Tu n'es pas venu depuis longtemps. J'ai presque oublié à quoi tu ressembles.»

Ainsi, Yong ne renonçait pas, alors que Ling elle-même l'avait déjà fait en épousant quelqu'un d'autre. En substance, Yong lui demandait d'aller à Pékin en «mission de sauvetage».

Quand il revint enfin dans la salle de réunion, la séance touchait à sa fin. Le commissaire Zhang secoua la tête frénétiquement. Li adressa à Chen un long regard inquisiteur. Lorsqu'il s'assit à côté du secrétaire du Parti, Chen ne dit pas un mot jusqu'à la fin de la réunion.

Lorsque les assistants commencèrent à se retirer, Li prit Chen à part. «Tout va bien, camarade inspecteur principal Chen?

– Tout va bien, répondit Chen en reprenant son rôle officiel. Le thème d'aujourd'hui était important.»

Avant de rentrer chez lui, Chen décida de rendre visite à sa mère. Il n'aurait aucun plaisir à préparer un dîner pour lui tout seul ce soir-là.

En débouchant dans la rue de Jiujiang, il ralentit le pas. Il était presque six heures. Sa mère vivait seule dans ce vieux quartier, elle était de santé fragile et dépensait peu. Pour sa visite impromptue, il valait mieux acheter des plats préparés. Il se souvint d'une petite gargote au coin de la rue. Il était souvent passé devant en jetant un coup d'œil curieux à l'intérieur, sans jamais entrer.

Un petit garçon faisait rouler un cerceau de fer rouillé à l'entrée d'une rue adjacente, un spectacle que Chen n'avait pas vu depuis longtemps et qui lui était pourtant familier, comme si le cerceau ramenait des souvenirs d'enfance dans le soir tombant.

Il éprouva alors une inquiétude à propos de sa visite à sa mère. Celle-ci lui manquait et il s'en voulait de n'avoir pas pu s'occuper d'elle autant qu'il l'aurait souhaité, mais il redoutait les habituels sermons à propos de son célibat prolongé. Elle citerait Confucius: *Certaines choses font qu'un homme n'est pas un bon fils, et ne pas avoir de descendance est la plus grave.* Ce n'était pas le jour.

Après un bref regard à la devanture de la gargote, qui

paraissait miteuse, sordide, guère différente de ce qu'elle était des années plus tôt, il entra, décidé à dîner là tout seul. Dans un décor triste, une ampoule nue suspendue au plafond taché d'humidité et de fumée jetait une faible lueur sur trois ou quatre tables maculées et bancales. La plupart des clients, l'air aussi minable que l'endroit, n'avaient devant eux que de l'alcool bon marché et des assiettes de cacahuètes bouillies.

Une serveuse rondouillarde et courte sur pattes, qui devait avoir dans les cinquante-cinq ans, lui tendit un menu sale dans un silence maussade. Il commanda une bière Tsing Tao, deux plats froids – du tofu séché à la sauce rouge et un œuf de cent ans à la sauce soja – et lui demanda: «Vous avez des spécialités?

– Tripes, poumon, cœur de porc, etc., tout cela cuit à la vapeur avec du vin de riz. Notre chef fait encore son propre vin de riz. C'est une vieille spécialité de Shanghai. Vous n'en trouverez nulle part ailleurs.

– Formidable. Je prendrai ça, dit-il en refermant le menu. Et aussi une tête de carpe fumée. Une petite.»

Elle l'examina de haut en bas avec surprise – visiblement un gros client pour cet endroit exigu. Il n'était pas moins surpris lui-même d'avoir aussi bon appétit ce soir-là.

À une table du fond, un des clients se retourna et Chen reconnut Gang, un habitant du quartier. Celui-ci avait été un dirigeant puissant dans l'organisation des Gardes rouges de Shanghai au début de la Révolution culturelle, mais, depuis, sa chute avait été complète, il avait fini sans emploi, ivrogne, et traînait dans le quartier en vivant d'expédients. Chen avait appris les malheurs de l'ex-Garde rouge légendaire par sa mère.

Gang, qui ne le reconnaissait sans doute pas, se retourna davantage en s'éclaircissant la gorge et en frappant violemment sur la table. «Les sages et les érudits sont solitaires pendant des milliers d'années. Seul un ivrogne laisse son nom derrière lui.»

Cela ressemblait à une citation de Li Bai, un poète de la dynastie des Tang dont le penchant pour la boisson était connu.

«Vous savez qui je suis? poursuivit Gang. Le commandant en chef du troisième quartier général des Gardes rouges de Shanghai. Un soldat loyal de Mao qui a mené des millions de Gardes rouges combattre pour lui. Et à la fin, il nous a jetés à une meute de loups.»

La serveuse posa les plats froids et la Tsing Tao sur la table de Chen. «Les nouilles et la spécialité du chef arrivent.»

Dès qu'elle se fut éloignée, Gang se leva et tituba en marmonnant avec un sourire jusqu'aux oreilles. Il tenait une minuscule bouteille d'alcool, de celles que les ivrognes appellent un «petit pétard».

«Ainsi vous êtes un nouveau venu, jeune homme. Je voudrais vous donner un ou deux conseils. La vie est courte, soixante à soixante-dix ans, aucune raison de perdre votre temps à vous inquiéter jusqu'à ce que vous ayez les cheveux blancs. Le cœur brisé à cause d'une femme? Allons donc. Une femme est comme une tête de poisson fumé. Pas beaucoup de chair et trop d'arêtes, elle vous regarde avec des yeux effrayants sur un plat blanc. Si vous n'y prenez pas garde, une arête se plante dans votre gorge en un rien de temps. Pensez à Mao. Détruit par sa femme lui aussi – ou ses femmes. Il a fini par se bousiller le cerveau.»

Gang parlait comme un pochard, sautant du coq à

l'âne, à peine cohérent, mais Chen était intrigué, et même captivé.

«Vous avez donc eu votre heure de gloire pendant la Révolution culturelle, dit Chen en invitant Gang d'un geste à s'asseoir à sa table.

– La révolution est une garce. Elle vous séduit et vous jette comme une serpillière pleine de la merde et de la crasse de son cul.» Gang s'assit face à Chen, prit un morceau de tofu séché avec les doigts et téta sa bouteille vide. «Et une garce est comme la révolution, elle vous embrouille la tête et le cœur.

– C'est comme ça que vous avez fini ici? À cause des femmes et de la révolution?

– Il ne me reste plus rien, rien que la bouteille. Elle ne vous lâche jamais. Quand vous êtes bourré, vous dansez avec votre ombre, si loyale, si douce, si patiente, et qui ne vous marche jamais sur les pieds. La vie est courte, comme une goutte de rosée au petit matin. Les corbeaux noirs tournoient déjà au-dessus de votre tête, de plus en plus près. Alors à la vôtre. Je lève mon verre. Puisque c'est la première fois que vous venez, c'est moi qui régale, dit Gang en avalant une grande gorgée du verre de bière que Chen avait fait glisser vers lui. J'ai bien l'intention de vous conduire sur la route du monde.»

Chen saisit une tranche d'œuf de cent ans avec ses baguettes et essaya d'imaginer Gang conduisant un policier sur la route. Celui-ci mit la main à la poche de son pantalon. Il ne ramena que deux petites pièces. Il fouilla de nouveau. Toujours les mêmes pièces sur la table. «Mince alors. J'ai changé de pantalon ce matin et j'ai oublié mon portefeuille chez moi. Prêtez-moi dix yuans, jeune homme. Je vous les rendrai demain.»

15

C'était évidemment une arnaque, mais Chen prenait un plaisir pervers à la compagnie de Gang ce soir-là et il lui tendit deux billets de dix yuans.

«Tante Yao, une bouteille de Fleuve Yang, une portion de joue de porc et une douzaine de pattes de poulet sauce piquante!» cria Gang en direction de la cuisine avec le geste de la main du Garde rouge d'autrefois, prêt à charger.

Tante Yao, la serveuse, sortit de la cuisine et prit la commande et l'argent de Gang avec un regard critique.

«Vieille crapule! Encore un de tes coups tordus?»

Lorsqu'elle le prit au collet et le traîna de force à sa table tel un poulet emporté par un faucon, des rires énormes éclatèrent dans la gargote, comme dans une série télévisée.

Elle revint vers Chen. «Ne l'écoutez pas. Il joue ce mauvais tour à tous les nouveaux clients, il raconte toujours la même histoire pour qu'on ait pitié de lui et qu'on lui donne de l'argent pour se soûler. Ce qui est pire, c'est qu'un jeune client a été victime de sa mauvaise influence et qu'il est devenu un maudit ivrogne comme lui.

– Merci, Tante Yao. Ne vous inquiétez pas pour moi. Je tiens à manger tranquillement.

– Bien. Je ne crois pas qu'il vous dérangera de nouveau. Espérons qu'il arrête ses conneries», dit-elle en regardant par-dessus son épaule.

«Ne vous inquiétez pas pour moi», lança à son tour Gang de sa table tandis que Tante Yao allait à la cuisine.

Tante Yao devait être l'unique serveuse de l'établissement depuis des années et bien connaître les habitués. Elle revint bientôt à la table de Chen avec les nouilles et la spécialité du chef. Celle-ci était servie dans une petite marmite rustique, encore fumante, comme si elle sortait d'une cuisine de campagne. Les nouilles au bœuf semblaient à la fois brûlantes et fraîches.

Elle s'assit sur un tabouret non loin de sa table, paraissant monter la garde pour s'assurer que Chen dînait tranquillement.

Mais il était dit qu'il ne passerait pas une soirée paisible. Il plongeait ses baguettes dans la marmite odorante quand son portable sonna. Peut-être un nouvel appel de Yong, pensa-t-il, elle n'abandonnait pas facilement.

«Camarade inspecteur principal Chen, ici Huang Keming, à Pékin.

– Oh, ministre Huang.

– Nous devons parler. Le moment vous convient?»

Il ne lui convenait pas, mais Chen décida de ne pas le dire au nouveau ministre de la Sécurité publique. Huang, quant à lui, posait la question uniquement pour la forme. Chen se leva, sortit vite de la gargote en couvrant le téléphone des deux mains. «Oui, je vous écoute, ministre Huang.

– Savez-vous quelque chose sur Shang Yunguan, la reine de l'écran des années cinquante?

– Shang Yunguan… Shang, j'ai vu un ou deux de ses films, il y a longtemps. Ça ne m'a pas vraiment marqué. Elle s'est suicidée au début de la Révolution culturelle, il me semble.

– Exact, elle était très célèbre dans les années cinquante et au début des années soixante. Quand le président Mao est venu à Shanghai, il a dansé avec elle dans les soirées organisées par les autorités de la ville.

– Oui?

– Elle aurait pu détenir quelque chose de lui.

17

– Quelque chose de Mao?» Chen fut aussitôt en alerte, tout en ayant du mal à cacher l'ironie de sa voix. «Qu'est-ce que ça pourrait être?

– Nous ne le savons pas.

– Peut-être des photos avec des légendes disant: "Notre grand timonier a encouragé une artiste révolutionnaire à apporter une nouvelle contribution", ou "Que cent fleurs s'épanouissent." Nos journaux et nos revues étaient pleins de photos de lui.

– Shang aurait pu donner ce quelque chose à sa fille Qian, poursuivit Huang sans répondre, laquelle est morte dans un accident vers la fin de la Révolution culturelle en laissant une fille appelée Jiao. Vous allez donc entrer en contact avec Jiao.

– Pourquoi?

– Elle l'a peut-être.

– Quelque chose de Mao... vous voulez dire des documents?

– Par exemple, oui.

– Shang, Qian ou Jiao ont-elles jamais montré quelque chose à quelqu'un?

– Non. Pas à ma connaissance.

– Alors il n'y a peut-être rien, ministre Huang.

– Comment pouvez-vous en être sûr?

– Shang étant ce qu'elle était, sa maison a dû être soigneusement fouillée et pillée par les Gardes rouges. Ils n'ont rien trouvé, n'est-ce pas? Les documents de Mao – quels qu'ils aient pu être – n'avaient rien d'un décret impérial de clémence de l'ancien temps. Loin de la sauver, ils lui ont plutôt causé des ennuis. Pourquoi les aurait-elle laissés à sa fille Qian? Et comment Qian, morte dans un accident, les aurait-elle donnés à sa fille Jiao?

18

– Camarade inspecteur principal Chen!» À l'évidence, Huang n'était pas content de la réponse. «Nous ne pouvons pas nous permettre de négliger cette éventualité. Il y a des éléments très suspects concernant Jiao. Par exemple, elle a quitté son travail il y a environ un an et a déménagé dans un appartement luxueux. D'où venait l'argent? À présent, elle se rend régulièrement chez quelqu'un, à des soirées où l'on trouve des gens de Hong Kong, de Taiwan ou des pays occidentaux. Pour quoi faire? L'hôte, un certain M. Xie, entretient une rancœur tenace contre Mao. Elle aurait donc pu essayer de vendre les documents de Mao contre une avance.

– Une avance pour un livre? Si elle a déjà touché l'argent, je ne pense pas que nous puissions faire quoi que ce soit. L'éditeur doit être déjà en possession des documents.

– Peut-être pas encore, pas en totalité. Elle a pu conclure un arrangement pour sa sécurité. Si le livre était publié alors qu'elle se trouve en Chine, elle risquerait des ennuis. Elle est bien trop prudente...

– A-t-elle déposé une demande de passeport?

– Non, pas encore. Une précipitation manifeste ne lui vaudrait rien de bon.»

Le ministre présentait peut-être des arguments valables, mais Chen avait beaucoup de questions à poser.

«Pourquoi cet intérêt soudain pour Jiao? dit-il après une pause. Shang est morte il y a des années.

– C'est une longue histoire. En bref, c'est à cause de deux livres. Le premier est un essai intitulé *Nuages et pluie à Shanghai.* Vous avez dû en entendre parler.

– Non.

– Vous êtes trop pris par votre travail, inspecteur principal Chen. C'est un best-seller, qui parle de Qian, et aussi de Shang.

– Ah bon?

– Et l'autre livre, les mémoires du médecin personnel de Mao...

– J'en ai entendu parler, mais je ne l'ai pas lu.

– Une dure leçon. Quand le médecin a demandé un passeport pour se rendre aux États-Unis pour raisons de santé, nous l'avons laissé partir. Résultat, il a publié son livre là-bas. Il est bourré d'inventions sur la vie privée de Mao. Mais les lecteurs sont friands de ces horribles détails et les avalent sans broncher. Le livre se vend comme des petits pains dans le monde entier. Réimprimé dix fois en un an.»

Chen savait que des histoires avaient couru sur la vie privée de Mao. Lorsque Mme Mao avait été dénoncée, peu après la Révolution culturelle, comme «sorcière aux os blancs», d'affreux détails sur sa vie d'actrice de troisième catégorie avaient été révélés, certains ayant un lien direct ou indirect avec Mao. Les autorités de Pékin avaient vite mis fin aux «rumeurs». Après tout, on ne pouvait pas isoler Mme Mao de Mao.

«Les deux livres ont donc laissé envisager la possibilité que Jiao possède ce document et l'utilise aujourd'hui contre Mao, contre l'intérêt de notre Parti.

– Je suis dans le brouillard complet, ministre Huang.

– Ne rentrons pas dans les détails au téléphone. Vous en saurez davantage grâce au dossier constitué par la Sécurité intérieure.

– La Sécurité intérieure a déjà enquêté?» demanda Chen en haussant les sourcils. La Sécurité intérieure était la police des polices, chargée d'ordinaire des affaires les plus politiques. «Dans ce cas, pourquoi devrais-je m'en mêler?

– Elle suit Jiao depuis des semaines, sans succès. Elle a donc décidé de prendre des mesures plus radicales, mais certains camarades dirigeants de Pékin ne pensent pas que ce soit une bonne idée. Le camarade Zhao, l'ancien secrétaire de la Commission centrale de contrôle de la discipline, est l'un d'eux. En effet, nous devons réfléchir aux répercussions. Xie et Jiao sont tous deux connus dans leurs cercles, ils ont des liens avec les médias occidentaux. De plus, si nous allons trop loin, Jiao pourrait commettre un geste désespéré.

– Que puis-je y changer en intervenant ?

– Vous allez vous mettre en relation avec Jiao d'une manière différente. Pour la surveiller, ainsi que tous ses proches, et découvrir ce que Shang a laissé… Il faut le récupérer…

– Un moment. Quelle manière différente ?

– Eh bien, celle qui vous paraîtra susceptible de marcher. Douceur plutôt que rudesse, vous voyez ce que je veux dire.

– Non, je ne suis pas 007, ministre Huang.

– C'est une mission que vous ne pouvez pas refuser, camarade inspecteur principal Chen. Toute calomnie contre Mao, le fondateur du Parti communiste chinois, affecterait la légitimité du Parti. C'est une tâche pour vous, le camarade Zhao vous a recommandé à moi. Vous pourriez prendre contact à l'occasion de ces soirées, vous mêler aux autres, parler anglais ou citer vos poèmes.

– Donc je dois approcher Jiao n'importe comment sauf en tant que policier…

– C'est dans l'intérêt du Parti.

– Le camarade Zhao aurait pu me dire la même chose dans une autre affaire, répondit Chen avec une impression de déjà-vu et tout en sachant qu'il était inutile de discuter. Mais rien ne garantit que Shang ait laissé quelque chose.

– Vous n'avez pas à vous inquiéter pour ça. Poursuivez la route que vous aurez choisie, nous vous faisons confiance. J'ai parlé avec votre secrétaire du Parti Li. Il va bientôt prendre sa retraite, vous savez. En accomplissant ce travail, vous progresserez vers un poste de plus haute responsabilité.»

C'était une allusion sans équivoque, mais Chen voulait-il d'un tel poste de plus haute responsabilité?

En éteignant son portable, il sut qu'il n'avait pas le choix.

Lorsqu'il rentra dans la gargote, les nouilles étaient froides, la spécialité de la maison était graisseuse et grisâtre à la surface de la marmite, et la bière, éventée. Il n'avait plus d'appétit.

Tante Yao se précipita pour lui proposer de réchauffer les nouilles, qui après avoir trempé si longtemps dans la soupe ressembleraient forcément à de la colle gluante.

«Non, merci», dit-il en secouant la tête avant de tirer son portefeuille de sa poche au moment où Gang revenait vers lui en boitillant.

«Je vous reconnais, à présent, dit celui-ci. Vous habitiez dans notre quartier, vous m'appeliez Oncle Gang. Vous ne vous rappelez pas?

– Vous êtes... répondit Chen qui ne voulait pas montrer qu'il l'avait reconnu depuis longtemps.

– Un homme qui réussit peut n'avoir pas bonne mémoire, dit Gang avec une lueur fugitive dans les yeux. Je m'occuperai des restes.

– Je n'ai touché à rien, sauf à la tête de poisson.

– Je vous fais confiance.» Gang lui tapa sur l'épaule. «Vous êtes devenu quelqu'un.»

La tête de carpe fumée les regardait de ses yeux effrayants.

2

Il était plus de huit heures quand Chen rentra chez lui. La chambre présentait un spectacle de désolation, comme pour se mettre au diapason de ses pensées. Le lit défait, la tasse à moitié vide sur la table de nuit, un pépin d'orange moisi dans le cendrier, comme un grain de beauté – le grain de beauté sur le menton de Mao. Il appuya de toutes ses forces sur le couvercle du Thermos. Pas une goutte d'eau ne sortit. Il mit une bouilloire sur le gaz, dans l'espoir qu'une tasse de bon thé lui éclaircisse les idées pour pouvoir travailler.

Mais il lui vint d'abord à l'esprit une image fragmentée de Ling lui servant le thé dans une maison carrée de Pékin, ses doigts détachant et semant des pétales dans sa tasse, debout en robe d'été blanche près de la fenêtre de papier ; sa silhouette se dessinait contre l'obscurité de la nuit tel un poirier en fleurs...

La nouvelle de son mariage n'était pas tellement imprévisible. Il se répéta que ce n'était pas la faute de Ling ; elle ne pouvait pas s'empêcher d'être la fille d'un membre du Bureau politique.

Pas plus qu'il ne pouvait s'empêcher d'être policier.

Il fit un effort pour se concentrer sur le travail qui l'attendait, le poing sous sa joue gauche, comme s'il combattait un mal de dent. Il ne souhaitait pas mener une enquête liée à Mao, même indirectement. Le portrait du président dominait toujours la porte de la place Tian'anmen. Essayer seulement de s'approcher du squelette de la vie privée de Mao pouvait constituer un suicide politique pour un policier membre du Parti.

Chen prit un morceau de papier pour essayer de griffonner quelques notes quand le secrétaire du Parti Li appela.

«Le ministre Huang m'a informé de votre mission spéciale. Ne vous tracassez pas pour votre travail au bureau. Et rien ne vous oblige à m'en parler.

– Je ne sais pas quoi dire, secrétaire du Parti Li.»

L'eau se mit à bouillir et à siffler sur le gaz. Li, autrefois son mentor dans les arcanes politiques du bureau, le considérait désormais comme un rival. «Je sais à peine de quoi il s'agit, pour le moment. Mais je ne peux pas dire non.

– Le ministre a dit que vous bénéficieriez de tous les moyens du bureau. Alors allez-y, et dites-moi de quoi vous avez besoin.

– Ne parlez à personne de cette mission. Dites que je prends un congé pour raisons personnelles.» Il ajouta: «Et l'inspecteur Yu assurera la direction de la brigade des affaires spéciales.

– J'annoncerai sa nomination provisoire demain. L'inspecteur Yu est votre homme de confiance, je le sais. Vous n'allez rien dire à votre partenaire?

– Non, pas au sujet de la mission.

– Appelez-moi si vous avez besoin de quoi que ce soit.

– Je le ferai, secrétaire du Parti Li.»

Il raccrocha, puis il marcha un moment de long en large avant de découvrir que la boîte à thé était vide. Il fouilla dans le tiroir sans pouvoir trouver la moindre feuille de thé. Pas de café non plus. La cafetière était cassée depuis des semaines.

Il sifflota en se frottant le menton. Il s'était coupé le matin en se rasant. Une journée pourrie dès le début.

On frappa soudain à la porte. À sa grande surprise, c'était la livraison du paquet de la Sécurité intérieure contenant les informations sur Jiao. Il n'avait pas tardé.

Chen s'assit à sa table devant une tasse d'eau chaude et un dossier impressionnant constitué de plusieurs chemises. La Sécurité intérieure avait mené des recherches approfondies. Le dossier contenait des renseignements non seulement sur Jiao, mais aussi sur Qian et Shang. Les trois générations.

Chen choisit de commencer par Shang et alluma une cigarette. La qualité de l'eau était toujours aussi mauvaise. Sans thé, elle avait un goût bizarre.

Shang venait d'une «bonne famille». Dans les années trente, encore à l'université, elle avait été sacrée «reine de la faculté» et surnommée «Phénix» avant d'être découverte par un metteur en scène. Elle était bientôt devenue une gracieuse actrice de premier plan, mais après 1949, sa carrière avait connu des revers à cause des origines des siens et des problèmes politiques de son mari. Et aussi de son image. Les rôles de dame élégante de la haute société, portant des vêtements de haute couture dans des demeures splendides, avaient pratiquement disparu des écrans de la Chine socialiste. Mao avait déclaré que la littérature et l'art devaient être au service des ouvriers, des paysans et des soldats en les mettant en scène. Ses photos avaient pourtant réapparu tout à coup dans la presse, le président Mao encourageait Shang et ses collègues à tourner de nouveaux films révolutionnaires. Elle avait été la vedette de plusieurs films dans des rôles d'ouvrière ou de paysanne et avait obtenu d'innombrables prix. Sa carrière avait toutefois connu une fin brutale avec la Révolution culturelle. Comme d'autres artistes connus, elle avait été soumise à la critique publique et aux persécutions. Le Groupe de la Révolution culturelle du Comité central avait envoyé une équipe spéciale l'interroger à Shanghai. Peu après, Shang se suicidait, laissant seule sa fille Qian.

Une histoire triste, mais pas extraordinaire en ce temps-là, pensa Chen en se levant pour fouiller de nouveau dans le tiroir. Cette fois, il découvrit un petit sachet de ginseng. Il ignorait depuis quand il traînait là. Il le jeta dans la tasse en espérant qu'il lui redonnerait de l'énergie. À cause du coup de téléphone de Pékin, il n'avait pratiquement pas dîné.

En sirotant le ginseng, il s'attaqua à la deuxième génération : Qian, héroïne du best-seller *Nuages et pluie à Shanghai*.

Restée orpheline après la mort de Shang, Qian avait eu beaucoup de mal à s'adapter à sa nouvelle vie. Sous le poids de la disgrâce de Shang et confrontée malgré elle à la « scandaleuse saga sexuelle » de celle-ci, Qian était devenue une « traînée ». À cette époque-là, une fille de famille réputée réactionnaire était censée se conduire avec une extrême rigueur, mais elle avait succombé à la passion de la jeunesse et était tombée amoureuse d'un jeune homme appelé Tan, lui aussi de famille « noire[1] ». Désespérant de l'avenir en Chine ils avaient pris le risque de s'enfuir à Hong Kong. Rattrapés, ils avaient été ramenés à Shanghai, où Tan s'était suicidé. Qian avait survécu parce

---

1. C'est sous cette étiquette générique que tout individu dont les origines de classe, les propos ou les actions étaient jugés condamnables était mis au ban durant la Révolution culturelle. [NdÉ]

qu'elle était enceinte, et elle avait donné naissance à une fille, mais bientôt elle s'était éprise d'un garçon du nom de Peng, plus jeune qu'elle de dix ans environ, dont on disait qu'il ressemblait à Tan. Peng fut condamné à la prison pour perversité sexuelle et, peu après, Qian mourait dans un accident, vers la fin de la Révolution culturelle.

Chen reposa le dossier en avalant une gorgée de ginseng amer. Un drame de la Révolution culturelle qui impliquait deux générations. Ce qui s'était passé pendant ces années-là semblait à présent absurde, cruel, et presque impensable. Que le gouvernement de Pékin demande au peuple de regarder vers l'avenir et non en arrière était compréhensible.

Il ouvrit enfin le rapport d'enquête sur Jiao en se concentrant sur ce qu'il y avait de suspect.

Jiao était née après la mort de Tan. Elle était encore toute petite à la mort de Qian et avait grandi dans un orphelinat. Comme l'«herbe foulée et piétinée» d'une chanson sentimentale populaire, Jiao n'était pas allée au lycée. Et n'avait donc pas pu trouver de travail convenable. Contrairement aux autres filles de son âge, elle n'avait ni amis ni distractions, toujours en proie aux tragiques souvenirs familiaux, alors que les autres avaient le plus souvent oublié cette période de l'Histoire.

Au bout de deux ou trois ans de difficultés où elle avait enchaîné les emplois précaires, elle avait trouvé un poste de réceptionniste dans une entreprise privée. Mais avec la publication de *Nuages et pluie à Shanghai*, Jiao avait soudain abandonné son travail, acheté un appartement luxueux et entamé une toute nouvelle existence. On la soupçonnait d'avoir gagné beaucoup d'argent avec ce livre, mais l'éditeur niait l'avoir payée. On avait alors supposé qu'il y avait un homme derrière sa métamorphose. En général, un «protecteur» Gros-Sous exhibait sa maîtresse comme un objet de valeur, et son identité finissait par être connue. En ce qui concernait Jiao, la Sécurité intérieure n'avait rien trouvé. En dépit d'une surveillance vigilante, elle n'avait jamais vu d'homme entrer chez elle ni marcher à ses côtés. L'hypothèse d'un gros héritage était à écarter. Shang n'avait rien laissé, tous ses biens avaient été saisis par les Gardes rouges au début de la Révolution culturelle. La Sécurité intérieure avait interrogé la banque de Jiao sur son compte. Une somme modeste s'y trouvait. Elle avait acheté son appartement en liquide – «une valise pleine de billets» – sans recourir à aucun prêt hypothécaire.

Pour une jeune fille, elle paraissait entourée de bien des mystères, mais la Sécurité intérieure soutenait qu'elle n'était pas l'unique suspecte.

Xie était suspect lui aussi. Jiao était devenue récemment une habituée de sa demeure. Le grand-père de Xie avait possédé de grosses entreprises dans les années trente et fait construire une énorme maison, le manoir Xie, considéré en son temps comme un des plus magnifiques bâtiments de Shanghai. Le père de Xie lui avait succédé dans les années quarante, devenant ainsi un «capitaliste noir» dans les années cinquante.

Xie avait grandi en écoutant les récits d'anciennes gloires, parmi les fêtes et les conversations de salon derrière les portes et les fenêtres fermées. Abrité par le superbe manoir et les restes de la fortune, il taquinait le pinceau au lieu de travailler. C'était un véritable miracle qu'il soit parvenu à conserver la maison intacte durant la Révolution culturelle. Au début des années quatre-vingt, il avait recommencé à donner des réceptions. Mais la plupart des personnes présentes étaient plus ou moins comme lui – au seuil de la vieillesse et appauvries, sauf dans le souvenir de l'histoire de leurs familles autrefois illustres. Pour elles, les réceptions étaient le lieu où leurs rêves devenaient réalité, ne serait-ce que pour un soir. Bientôt, la nostalgie collective de la ville, à la mode à Shanghai, fit connaître ces réunions et certains s'enorgueillissaient d'aller au manoir Xie, comme si c'était un symbole de leur statut social. Taiwanais et étrangers s'y joignaient. Un journal occidental avait décrit les réceptions comme «la dernière image de la vieille ville en voie de disparition».

Dernière image ou pas, ce ne devait pas être aussi idyllique pour tout le monde. Sans emploi, Xie avait du mal à entretenir la maison et à recevoir, et sa femme avait divorcé plusieurs années auparavant pour émigrer aux États-Unis, le laissant seul dans la maison vide. Il s'était consolé en collectionnant de vieilles reliques des années trente: une machine à écrire Underwood, de la vaisselle plaquée argent, deux pavillons de haut-parleurs, plusieurs vieux combinés téléphoniques, des phonographes hors d'usage, une chaufferette en cuivre, etc. Après tout, c'était ce dont ses grands-parents et ses parents lui avaient parlé et ce qu'il avait vu dans les albums de famille jaunis, où il enterrait désormais sa solitude. Cette collection avait contribué à la légende du manoir.

Ces dernières années, Xie avait aussi commencé à enseigner la peinture chez lui. On disait qu'il appliquait une règle non écrite pour la sélection de ses élèves: uniquement des jeunes filles, jolies et talentueuses. D'après certains qui connaissaient Xie depuis des années, il avait peut-être, bien que sexagénaire, pris modèle sur Jia Baoyu dans *Le Rêve dans le pavillon rouge*[1].

Jiao fréquentait à la fois les réceptions et les cours de peinture, malgré le fait que les hommes qui venaient soient âgés ou vieux jeu, et que Xie n'ait guère de formation de peintre.

La Sécurité intérieure proposait donc l'interprétation suivante : Xie agissait comme intermédiaire en présentant à Jiao des personnes intéressées par les documents en sa possession. Des éditeurs étrangers seraient prêts à payer une énorme avance pour un livre sur la vie privée de Mao, comme pour les mémoires de son médecin. Les réceptions offraient à Jiao l'occasion de rencontrer ces acheteurs éventuels.

La Sécurité intérieure suggérait en conséquence d'effectuer une descente dans la maison en s'abritant derrière une affaire de mœurs ou n'importe quoi d'autre qui mette Xie en difficulté. Il ne devait pas être impossible de le faire parler. Une fois qu'il se serait mis à table, on pourrait s'occuper de Jiao.

Mais les autorités de Pékin n'aimaient pas la «manière forte» suggérée, et elles n'étaient pas convaincues qu'elle fonctionnerait, c'est pourquoi elles faisaient appel à Chen.

Chen ne trouva pas dans le dossier le livre écrit par le médecin personnel de Mao. Il était interdit. Ni le fameux *Nuages et pluie à Shanghai*.

Il était très intrigué par le titre du best-seller. «Nuages

---

1. Œuvre inachevée (1791) de Cao Xueqin, *Le Rêve dans le pavillon rouge* (*Honglou meng*) est considéré comme le plus grand roman chinois. C'est une histoire d'amour au dénouement tragique autour de trois jeunes nobles, oisifs et choyés : Précieux Jade (Jia Baoyu), et ses deux cousines, Grande Sœur Joyau et Sœurette Lin Jade Sombre. [NdÉ]

et pluie» était une métaphore courante pour l'amour sexuel dans la littérature classique, évoquant les amants emportés sur des nuages moelleux et l'arrivée de la pluie tiède. Elle trouvait son origine dans une ode qui décrivait la rencontre du roi de Chu avec la déesse du mont aux Chamanes qui avait déclaré qu'elle reviendrait sous forme de nuages et de pluie. Mais «nuages et pluie» s'utilisait également dans une expression : *D'un tournemain, les nuages, d'un autre, la pluie,* qui désignait les changements continuels et imprévisibles en politique.

Le titre du livre pouvait-il avoir ce double sens?

Il regarda l'heure sur la table de nuit. Dix heures et quart. Il décida d'aller acheter *Nuages et pluie à Shanghai* à la librairie voisine qui restait ouverte tard, parfois jusqu'à minuit.

3

C'était un magasin privé, situé à cinq minutes à pied de chez lui. Du trottoir d'en face enveloppé dans l'obscurité, Chen vit que la lumière était encore allumée.

Le propriétaire, Fei Grosse Barbe, avait lancé son affaire dans l'espoir de gagner de l'argent en vendant des livres sérieux, tout en écrivant un roman postmoderniste. Ses espérances s'étaient heurtées à la réalité et il était devenu un libraire réaliste qui tenait une boutique pleine de best-sellers et de camelote moins sensationnelle. Les clients pouvaient néanmoins trouver encore de bons livres sur un minuscule rayon – c'était sa façon à lui d'être nostalgique. Et il restait ouvert tard à cause de son insomnie, provoquée, disait-il, par son roman postmoderniste jamais achevé.

Pour Chen, cette ouverture tardive était une bénédiction. Il y avait aussi un bon petit restaurant de boulettes, juste au coin de la rue. Souvent, après avoir acheté un ou deux livres, Chen y allait lire en mangeant une portion de boulettes frites ou à la vapeur, avec un verre de bière. La serveuse portait un corsage à dos nu et évoluait dans des mules à talons hauts, comme sortie des vers de Wei Zhuang:

Près de l'urne de vin, la fille est une lune,
Ses bras nus ont la blancheur du givre.

Elle était aimable avec lui, mais aussi avec les autres clients.

«Bienvenue.» Fei l'accueillit avec son sourire habituel sous ses lunettes à verres en cul de bouteille, en passant un peigne en plastique dans ses cheveux clairsemés.

Ils n'avaient jamais eu de longue conversation. C'était sans doute aussi bien. Fei n'aurait pas parlé aussi librement s'il avait su que Chen était inspecteur de police. Contrairement à ceux des maisons *shikumen* des vieux quartiers, les habitants des immeubles d'habitation d'ici ne se connaissaient pas vraiment.

Chen décida de s'attarder un moment, comme d'habitude, avant de demander le livre qu'il voulait. Inutile de provoquer des conjectures inutiles.

À sa grande surprise, il tomba sur plusieurs ouvrages sur les opéras révolutionnaires modernes de Pékin, les seuls qui existaient pendant la Révolution culturelle.

«Pourquoi cet intérêt soudain pour eux?

– Eh bien, ceux à qui ils plaisaient sont maintenant d'âge mûr. Ils revoient le passé comme faisant partie de leur jeunesse idéaliste. Quelles que soient les réalités, ils ne veulent pas rayer leurs jeunes années. Du coup, ces «antiquités rouges» se vendent très bien. Devinez quelle est celle qui a le plus de succès?» Fei fit une pause pour assurer son effet. «Le Petit Livre rouge de Mao.

– Quoi! s'exclama Chen. Il s'en est imprimé des milliards d'exemplaires ces années-là. Comment peut-il être devenu un livre rare ou ancien?

– Vous en avez encore un chez vous?

– Sûrement pas.

– Vous voyez? Les gens s'en sont débarrassés peu après la Révolution culturelle, mais à présent ils y reviennent.

– Pourquoi?

– Pour ceux que la réforme matérialiste a laissés au bord de la route, les années Mao deviennent un grand mythe. Une sorte d'âge d'or sans fossé entre les riches et les pauvres, sans corruption généralisée du Parti, ni crime organisé, ni prostitution, mais avec l'assurance médicale gratuite, la retraite stable et le logement contrôlé par l'État.

– C'est vrai. Le prix du logement a crevé le plafond, mais les nouvelles constructions pullulent à présent à Shanghai.

– Vous pouvez vous les offrir? demanda Fei avec un sourire ironique. Pas moi, en tout cas. *Aux portes de pourpre pourrissent vin et viande; / Mais dans les rues gisent les os des morts de froid.* Vous n'avez pas entendu ce qu'on raconte aujourd'hui? Qu'on a travaillé dur pour le socialisme et le communisme pendant des décennies, mais que du jour au lendemain le capitalisme est revenu...

– Elle est bien bonne. À propos, avez-vous un livre intitulé *Nuages et pluie à Shanghai*? Je crois qu'il parle justement des années Mao», demanda Chen d'un air désinvolte.

Fei le jaugea. «Ce n'est pas ce que vous choisissez d'habitude, monsieur.

– Je suis en congé cette semaine. Quelqu'un m'a conseillé ce livre.

– Il est épuisé depuis peu, mais j'en ai moi-même un exemplaire. Je peux vous le prêter, un vieux client comme vous.

– Merci beaucoup, M. Fei. Il a eu un tel succès?

– Vous n'en avez jamais entendu parler?

– Non.» Le ministre avait posé la même question. «Il raconte le destin tragique d'une jeune fille, n'est-ce pas?

– Mais il y a autre chose dans le livre. Entre les lignes.

– Autre chose?» Chen offrit une cigarette à Fei.

«Vous avez sûrement entendu parler de Shang.

– Oui, la star de cinéma.

– C'était la mère de Qian, l'héroïne du livre. Il y a un proverbe dans *Le Livre de la Voie et de la Vertu*: *Dans l'infortune réside la fortune, et dans la fortune réside l'infortune.* C'est très dialectique.» Fei tira une bouffée. «Au début des années cinquante, la dégringolade avait déjà commencé pour Shang, mais sa carrière a redémarré. Pourquoi? Parce qu'elle a dansé avec le président Mao, chuchotant à son oreille, s'abandonnant contre sa large épaule... Dieu seul sait combien de fois Mao est venu à Shanghai pour ça, restant de plus en plus tard dans la soirée, puis jusqu'au matin. Dans la danse, la douceur du corps de Shang envahissait le sien comme les nuages, comme la pluie...

– Le livre raconte tout ça?

– Non, il n'aurait pas été publié. L'auteur a pris beaucoup de précautions. Cela dit, l'histoire de sa vie a été en elle-même plus que mouvementée. Mao aurait pu choisir pour danser n'importe quelle partenaire, n'importe quand, n'importe où. Alors, quelle faveur impériale ! Toutes les femmes l'enviaient. Finalement, elle en a payé le prix au début de la Révolution culturelle, quand une équipe spéciale est venue de Pékin et l'a placée en isolement pour l'interroger, ce qui l'a conduite au suicide.

– Pourquoi l'isolement ?

– D'après le livre, l'équipe spéciale essayait de lui faire avouer le crime de "complot et calomnie contre notre grand dirigeant Mao". Je n'ai toutefois rien trouvé de déplacé dans le livre, sauf qu'après la première danse avec Mao, Shang dit à une amie : "Le président Mao est grand... en tout."

– Allons donc, "grand" signifie simplement "grand". On a toujours dit que Mao était un grand dirigeant, dit Chen en se frottant le menton. Mais pourquoi la persécution ?

– Vous ne voyez toujours pas ? Mme Mao était une furie. Shang était plus jeune, plus jolie, et plus en faveur auprès de Mao – du moins pour un temps. Dès lors que Mme Mao a acquis un énorme pouvoir, pendant la Révolution culturelle, elle s'est dépêchée de se venger en envoyant une équipe spéciale enquêter à Shanghai. Voilà l'histoire réelle derrière celle de Qian relatée dans le livre. »

C'était là un scénario que les lecteurs ordinaires pouvaient facilement imaginer, mais il n'expliquait pas pourquoi les autorités de Pékin s'intéressaient soudain à Jiao, ce que Fei ignorait.

Chen décida d'obtenir un peu plus.

« À propos de Mao, avez-vous un livre écrit par son médecin personnel ?

– Vous n'êtes pas policier, n'est-ce pas? Si on trouvait ce livre ici, mon magasin serait fermé du jour au lendemain.

– Oh non, je suis seulement curieux, puisque nous parlons de Mao.

– Non, je ne l'ai pas, mais un de mes amis l'a lu. Toutes ces histoires à propos de la vie privée de Mao. Impossible de trouver ces détails sordides dans aucune publication officielle.

– Je vois.

– Je vais vous chercher *Nuages et pluie à Shanghai*», dit Fei en disparaissant derrière le rayonnage du fond.

Chen choisit un livre sur l'histoire de l'industrie du cinéma à Shanghai et un autre sur les intellectuels et les artistes durant la Révolution culturelle. Avec *Nuages et pluie à Shanghai* en plus, il pourrait reconstituer une histoire de la vie de Shang. Il ajouta à son panier une nouvelle édition de poésie de la dynastie des Tang. Inutile de laisser Fei soupçonner qu'il faisait des recherches sur Shang.

Fei revint avec le livre. Il arborait en couverture une photo de Qian, dans un coin de laquelle figurait une autre photo, celle de Shang, floue, presque indéfinie sur le fond.

Quand Chen sortit son portefeuille au comptoir, Fei sembla se rappeler quelque chose. «Regardez-la, dit-il en montrant l'image de Shang. Quelle tragédie! Dire qu'elle a peut-être été assassinée!

– Assassinée?

– Beaucoup de célébrités se sont suicidées en ce temps-là, mais elles ont été un grand nombre à se faire battre ou persécuter à mort. Le suicide n'était la faute de personne, sauf des morts – conclusion commode pour le gouvernement du Parti.

– Je vois», fit Chen. Là encore, le commentaire de Fei reflétait l'opinion commune à propos de cette époque-là. «Quant à l'équipe spéciale de Pékin, il existe une autre interprétation.» Fei semblait ne pas vouloir laisser partir le seul client de la librairie. «Shang devait détenir un secret dangereux. C'est pourquoi on l'a fait taire une fois pour toutes. Vous vous rappelez le procès de la Bande des Quatre? Mme Mao a été accusée d'avoir persécuté les stars de cinéma qu'elle avait côtoyées dans les années trente.»

C'était vrai. Ces vedettes avaient été victimes de persécutions parce qu'elles savaient que Mme Mao avait été une actrice de troisième catégorie. Mais Shang était trop jeune alors.

Il remercia Fei et sortit pour aller au restaurant de boulettes.

Au coin de la rue, il eut la déception de voir qu'une boutique de robes mandchoues avait remplacé le restaurant. Le magasin était fermé. Dans la vitrine un mannequin en robe rouge s'exhibait dans une pose coquette, boutons défaits.

Il y avait une autre gargote ouverte la nuit, pas très loin de là, mais l'envie lui était passée. Il revint lentement sur ses pas avec ses livres.

Rentré chez lui, il se mit à lire, l'estomac vide. Une sirène lointaine perça le silence nocturne. Absurde, pensa-t-il en tournant une page. Comment garantir le compte rendu rationnel d'une existence humaine? Bientôt, il fut pris par l'histoire – et par l'histoire entre les lignes.

Deux heures plus tard, il feuilletait les dernières pages de *Nuages et pluie à Shanghai*. En étirant son cou douloureux il se laissa tomber sur le canapé, comme le poisson écrasé sur le lieu de la mort de Shang dans le livre.

Le récit était assez proche de ce à quoi il s'attendait. Une de ces histoires des souffrances d'une belle femme, faisant écho au motif archétypal du «destin fragile» d'une beauté. L'auteur était adroit, il se concentrait surtout sur Qian, tout en parvenant à conserver Shang en toile de fond.

Comme dans une peinture traditionnelle de paysage, les lecteurs pouvaient voir davantage dans les vides.

Il n'y avait pas grand-chose à propos de Jiao. Elle n'avait que deux ans à la mort de Qian. La structure du livre expliquait cette absence.

Chen se leva pour aller et venir dans la pièce. Il alluma une cigarette et se dit qu'il avait une idée générale de la relation de Shang avec Mao, mais aucune de ce que Mao avait pu laisser à Shang.

Une autre question se posait. Mao avait-il été au courant de l'équipe spéciale venue de Pékin? Après tout, Shang n'était pas une simple «artiste noire». Les choses étaient peut-être plus compliquées que ne l'avait dit le ministre Huang.

Alors quoi faire?

Cette enquête, il ne pouvait pas la refuser. Mais il pouvait essayer de la mener «à la rebelle», à sa manière, sérieuse à ses yeux sinon à ceux des autres.

Comme la plupart des gens de sa génération, Chen n'avait pas pris la question de Mao très à cœur. Dans son enfance, il l'avait révéré, mais le cours de la Révolution culturelle, notamment la mort prématurée de son père, avait ébranlé ses convictions. Les choses avaient alors changé pour lui du tout au tout. En temps que membre de «l'élite» de la société, il avait pourtant essayé depuis de se convaincre qu'il avait une foi inébranlable dans le Parti.

Chen avait comme tout le monde entendu des histoires sur la vie privée de Mao. Après la Révolution culturelle, les gardes du corps ou les infirmières du président avaient décrit dans leurs mémoires des penchants qui ramenaient l'idole à un être humain : sa passion particulière pour le porc gras, par exemple, ou son aversion déplorable pour le brossage des dents. Ces témoignages se vendaient bien. Sans doute parce que les gens cherchaient autre chose derrière ces anecdotes. Il y avait aussi des histoires non publiées qui circulaient. Mais comme les archives de Mao étaient toujours gardées secrètes, Chen n'avait pas de position tranchée sur la véracité de ces « autres » histoires.

Par ailleurs, Chen considérait Mao comme un personnage historique trop complexe pour être jugé. Après tout, il n'était pas historien mais policier. Ces dernières années, cependant, il trouvait de plus en plus difficile, même pour un policier, de rester à l'écart de l'époque de Mao. En Chine, beaucoup de choses et beaucoup d'affaires criminelles devaient être considérées dans une perspective historique sur laquelle persistait l'ombre de Mao.

Il était temps pour lui d'aborder l'affaire concernant Mao – l'affaire Mao. L'enquête pourrait peut-être apporter à l'inspecteur principal une meilleure approche, faute d'autre chose.

Elle allait pouvoir aussi l'occuper, l'empêcher de penser à la crise personnelle qu'il traversait.

Il se rassit, prit une feuille de papier et jeta dessus les idées qui lui passaient par la tête avant de les organiser en un plan réalisable. À la fin, il décida de diviser son enquête en deux parties. En ce qui concernait Jiao, il allait coopérer avec la Sécurité intérieure ; en ce qui concernait Mao, il agirait seul.

Il allait donc, avant tout, trouver ce qui pouvait être utilisé contre Mao dans sa relation avec Shang. Une enquête derrière l'enquête, à l'instar de l'histoire derrière l'histoire dans *Nuages et pluie à Shanghai*.

L'idéal serait d'entrer en contact avec l'équipe spéciale de Pékin d'alors, mais c'était une mission impossible. Trop de temps avait passé. Et les personnes en cause seraient sans doute sur leurs gardes.

Faute de mieux, il se mettrait en rapport avec l'auteur du livre, qui n'avait peut-être pas utilisé toutes les informations dont il disposait sur la mort de Shang. Il allait aussi essayer d'obtenir un exemplaire des mémoires du médecin personnel de Mao.

Le tic-tac du réveil était presque imperceptible. L'inspecteur principal Chen lui jeta un regard: il était presque deux heures du matin. Il avala deux somnifères.

Il lui fallut près d'un quart d'heure avant de sentir que les cachets commençaient à agir. Un fragment du poème de Li Shangyin lui vint à l'esprit à travers des vagues de torpeur. Li se trouvait être aussi le poète de la dynastie des Tang que Mao préférait.

Étoile de la nuit d'hier, vent de la nuit d'hier,
Près du mur ouest de la tour peinte, à l'est de la salle aux
                                    [canneliers.
Mon corps n'est pas un phénix bigarré qui de ses deux ailes
                                    [s'envole,
Mais nos cœurs sont l'un à l'autre liés, grâce aux pouvoirs
                          [magiques de la corne de rhinocéros.

4

Chen se réveilla avec une image sur le point de s'effacer: une jeune femme en *qipao*[1] rouge, surgissant soudain d'un pas léger tel un été, avec des larmes de reconnaissance, une feuille tombée caressant ses pieds nus, des bracelets aux chevilles, une chanson comme des nuages blancs, comme une pluie légère, qui disparaissait...

Encore désorienté, il réussit à revenir à ce premier matin de l'affaire Mao, ainsi qu'il appelait sa mission depuis la veille.

Ses pensées n'en continuaient pas moins à tourner autour de l'image de son rêve.

Peut-être à cause de Ling; il se rappela en se massant les tempes qu'elle avait porté une robe semblable, d'une autre couleur; peut-être à cause de Shang, qui en portait une sur une photo noir et blanc du livre; ou à cause d'une affaire de meurtres en série qu'il avait traitée il n'y avait pas très longtemps[2]...

Mais les images des rêves sont irrationnelles, se dit-il. Une idée surgit à l'improviste, comme la femme en *qipao* rouge de son rêve. Il se leva comme un somnambule et composa un numéro de téléphone qui figurait dans son carnet d'adresses.

«Pardonnez-moi de vous appeler si tôt, M. Shen.

– Inspecteur principal Chen. Un vieil homme se réveille tôt. Je suis debout depuis deux heures. Que puis-je pour vous?

---

1. Robe fourreau, très ajustée et plus ou moins fendue sur le côté. [NdÉ]
2. Voir, du même auteur, *De soie et de sang*, Liana Levi, 2007. [NdÉ]

– Connaîtriez-vous Xie, par hasard? Le propriétaire du manoir Xie de la rue de Shaoxing? Je me rappelle que vous habitiez tout près de ce quartier.

– Je le connais en effet. Il est devenu un grand spécialiste des années trente et de la mode de l'époque. Il m'en a parlé il y a deux ou trois semaines.

– Vous êtes allé à ses réceptions?

– Non, je suis trop vieux pour ses réunions élégantes, mais j'allais à celles de son père. Avant 1949, bien entendu. C'est pourquoi il m'appelle Oncle. Que voulez-vous de lui, inspecteur principal Chen?

– C'est une chance qu'il vous considère comme son oncle. J'envisage un projet de livre sur le vieux Shanghai. Ce serait magnifique si vous acceptiez de me présenter à lui.

– Les paillettes des années folles peuvent en effet offrir un autre mythe de la ville aux parvenus d'aujourd'hui. Ils ont besoin de s'inventer une tradition pour justifier leur extravagance. Je vous présenterai. C'est facile.

– Merci beaucoup, M. Shen. Vous pouvez lui dire que je suis un écrivain – et ancien homme d'affaires – qui s'intéresse aux années trente. Ne parlez pas de mon activité de policier.

– J'ignore ce que fait exactement Xie, dit le vieil homme avec une hésitation, mais je le crois inoffensif.

– Je ne ferai rien contre lui, M. Shen, vous avez ma parole. C'est seulement parce qu'il ne parlerait sans doute pas librement à un policier.

– Je vous fais confiance, inspecteur principal Chen. Je vais lui téléphoner, et vous écrire une lettre de recommandation disant que je vous connais comme écrivain de talent et homme estimable. Ne vous inquiétez pas. Je vous ferai remettre la lettre.

– Je ne sais comment vous remercier.

– C'est inutile.» Shen ajouta avec un petit rire: «Vous me donnerez un exemplaire de votre livre quand il paraîtra.» En raccrochant, Chen aperçut, sur la table de nuit, un mot gribouillé de son écriture sans soin au dos d'une boîte d'allumettes: *Poésie.*

Qu'est-ce que ça pouvait bien signifier?

Il ne se souvenait pas d'avoir écrit sur la boîte d'allumettes.

On frappa à la porte alors qu'il était plongé dans ses réflexions. Encore une livraison à propos de l'affaire, pensa-t-il. Il eut la surprise de découvrir un paquet expédié de l'étranger, de Londres, par Ling. Posté pendant sa lune de miel. Ce voyage n'avait rien de surprenant. Les nouveaux mariés étaient tous deux des ECS qui avaient réussi, ils pouvaient se le permettre.

Il déchira l'emballage, qui révéla un gros livre: *The Waste Land: A Facsimile and Transcript of the Original Draft Including the Annotations of Ezra Pound.* Le paquet ne contenait aucun message.

C'était un ouvrage contenant les manuscrits de *La Terre vaine*, avec les modifications apportées par Eliot, par Pound et les annotations en marge aux différents stades de l'écriture. Un livre propre à éclairer le rapport entre la vie personnelle d'Eliot et son œuvre «impersonnelle», songea Chen en parcourant quelques pages.

Mais ce n'était pas le moment de se mettre à lire. Il n'était d'ailleurs pas d'humeur. S'il avait eu ce livre juste après l'université, il l'aurait utilisé pour sa traduction d'Eliot, elle aurait peut-être été meilleure, ce qui aurait pu changer sa carrière. Mais pour le moment, en pleine affaire Mao, le volume était presque inopportun, au mieux, il ne représentait qu'un prix de consolation. Ling ne l'avait pas complètement oublié, comme une note de bas de page à la fin d'un chapitre.

Il réfléchissait à la manière de tourner un petit mot de remerciement quand il entendit frapper de nouveau. Cette fois, un inconnu se trouvait sur le seuil et lui tendait la main d'un air cérémonieux. Un homme de haute taille au visage carré et sérieux, large d'épaules, la quarantaine, qui lui montra sa plaque.

«Je suis le lieutenant Song Keqiang, de la Sécurité intérieure. Le ministre Huang m'a informé que vous participiez à notre enquête.

– Lieutenant Song, j'allais prendre contact avec vous. Entrez, s'il vous plaît. Je viens de lire le dossier. Il faut que nous parlions.

– Toutes les informations de base figurent dans le dossier, dit Song en s'asseyant sur la chaise que Chen lui avançait. Vous avez des questions, inspecteur principal Chen?

– Avez-vous une idée à propos de ces documents de Mao? Je veux dire, qu'est-ce que Shang a bien pu laisser?

– Des photos, des journaux intimes, des lettres, tout est possible.

– Je vois. Y a-t-il eu du nouveau depuis que le dossier a été constitué? demanda Chen en versant un verre d'eau au visiteur. Excusez-moi, je n'ai plus de thé.

– Avez-vous lu ce qui touche à l'ex-épouse de Xie?

– Oui.

– Elle vient de revenir. Elle était chez Xie la semaine dernière. On les a vus sangloter dans le jardin.

– Ils sont divorcés, mais y a-t-il quelque chose de suspect dans leur entretien, lieutenant Song?

– Elle a coupé tous les ponts quand elle a quitté la

Chine. Ni lettres ni coups de téléphone pendant des années. Pourquoi cette rencontre soudaine?

– Comment savoir ce qui se passe entre mari et femme? Xie a de la valeur à présent, avec son manoir et sa collection. Ils n'ont pas d'enfants, vous voyez ce que je veux dire.

– Ce n'est pas tout. Il y a deux jours, elle a fait venir un étranger au manoir. Pourquoi? Nous avons aussi appris qu'elle a réservé son billet de retour pour dans quinze jours.

– Ce qui signifie?

– Que nous devons conclure l'affaire avant qu'elle ne retourne aux États-Unis.

– Je ne dispose donc que de deux semaines?

– Moins de deux semaines, inspecteur principal Chen. Au cas où votre méthode ne fonctionnerait pas, nous aurons besoin de temps pour appliquer la nôtre.»

Chen n'aimait pas la méthode de la Sécurité intérieure. C'était trop facile d'employer la «manière forte» avec Xie ou Jiao sous n'importe quel prétexte. Chen, qui appartenait à la police et non à la Sécurité, était troublé, et pas seulement à cause des conséquences éventuelles. Mais il ne voulut pas affronter Song dès leur première rencontre. La Sécurité intérieure avait toutes les raisons d'être mécontente de Chen, dont la mission était une mise en cause de ses compétences.

«D'après le ministre Huang, vous avez proposé une couverture pour moi, par le biais des réceptions de Xie.

– Oui. Avec votre anglais et votre poésie, vous serez comme un poisson dans l'eau.

– Cette remarque n'était pas nécessaire, lieutenant Song, répliqua Chen conscient du sarcasme de Song. Vous devez y aller souvent vous-même, comme un dragon échoué dans un bassin peu profond.

– Un de nos agents s'y rend. Si vous voulez, vous pouvez le suivre à la réception.

– Merci, mais j'ai déjà donné quelques coups de téléphone. Je pense pouvoir y aller tout seul et rencontrer votre homme sur place. Quel est son nom?

– Vous y allez tout seul? Bravo.» Sans répondre à la question de Chen, il ajouta: «Vous avancez vite.

– C'est une affaire spéciale, non?

– Eh bien, puisque vous y allez, vous verrez tout par vous-même, conclut Song en se levant brusquement. Nous en reparlerons après votre visite.»

Chen se leva à son tour et l'accompagna à la porte.

Pourquoi Song était-il venu? se demanda Chen en écoutant ses pas s'éloigner dans l'escalier. Ce pouvait être une sorte de geste officiel à l'intention du ministre Huang et d'autres «camarades dirigeants de Pékin», mais Chen en doutait.

Il se demanda si l'inspecteur Yu avait entendu parler de quelque chose au bureau. Mais il ne pouvait pas demander l'aide de Yu. Une affaire concernant Mao pouvait avoir des conséquences imprévisibles, trop graves pour un policier impliqué dans l'enquête.

Il pensa alors au Vieux Chasseur, le père de Yu, un policier à la retraite que Chen connaissait bien et en qui il avait toute confiance. En tant que retraité, il passait facilement inaperçu et pouvait aussi en savoir davantage sur la période de la Révolution culturelle, alors que Chen était encore écolier. Pour cette affaire, mieux valait sonder d'abord le vieil homme. Les gens avaient des opinions très différentes sur Mao. Maintenant que la corruption devenait omniprésente et que le fossé entre riches et pauvres se creusait, certains commençaient à le regretter, pensant avoir connu des jours meilleurs de son temps. Beaucoup continuaient d'être attirés par l'idéal d'une société égalitaire utopique prôné par Mao. Si le Vieux Chasseur en faisait partie, Chen n'aborderait pas le sujet.

Revenu à son bureau, il trouva que la carte de remerciements était une tâche tout aussi difficile. Il ne savait pas quoi dire, mais il eut une idée : choisir un cadeau pour elle plutôt qu'écrire une carte, de même qu'elle lui avait envoyé un livre. Un message en l'absence de message.

On frappa encore une fois à la porte. Une telle succession de visites était étrange…

Mais ce n'était que la lettre de Shen, portant un cachet rouge au bas de la page. Shen recommandait Chen chaudement en vantant sa carrière dans les affaires et son intérêt pour la littérature. À en croire la lettre, Chen souhaitait s'atteler à un projet littéraire sur le Shanghai des années trente.

Chen se rappela une déclaration semblable faite par Ouyang, un ami qu'il avait rencontré à Canton, sauf qu'Ouyang était un véritable homme d'affaires qui n'avait jamais pu se permettre de se consacrer à un projet littéraire. Une étrange coïncidence.

5

Au début de l'après-midi, Chen arriva rue de Shaoxing, une rue tranquille bordée de vieux bâtiments magnifiques entourés de hauts murs.

C'était un quartier qui lui était relativement familier en raison de la présence d'une maison d'édition. Pourtant, derrière les hauts murs, derrière les persiennes, ces maisons semblaient raconter des histoires mystérieuses et inexplicables.

Au lieu de se rendre directement au manoir Xie, il se dirigea vers un minuscule café qui semblait aménagé dans une pièce d'habitation, avec seulement trois ou quatre tables à l'intérieur. Un comptoir étroit où trônaient plusieurs machines à café et des présentoirs de bouteilles de vin occupait un tiers de l'espace. Il jeta un regard curieux vers la porte du fond. Le propriétaire habitait apparemment derrière.

Il choisit une table près de la vitrine. Pour la réception de fin d'après-midi, il avait mis des lunettes, un costume élégant en tissu léger et changé de coiffure. En dehors de l'homme de la Sécurité intérieure, personne ne le reconnaîtrait. Il regarda son reflet dans la vitrine avec amusement en pensant à quel point les gens qui seraient présents étaient différents du cercle où il était connu. Si l'habit ne fait pas le moine, il en fait au moins le rôle.

Une fillette sortit de derrière la porte, par laquelle Chen put apercevoir une autre porte conduisant à une ruelle. Ce pouvait être une écolière qui participait au travail de la famille, elle lui servit un café avec un gentil sourire. Le café était cher, mais fraîchement moulu, et fort.

En avalant une petite gorgée, il composa le numéro de l'Association des écrivains de Shanghai. Une jeune secrétaire répondit. Elle était très coopérative, mais ne savait pas grand-chose de Diao, l'auteur de *Nuages et pluie à Shanghai*. Celui-ci n'était pas membre de l'association, qui ne le connaissait que depuis la publication de son livre. Elle vérifia les dossiers et déclara que Diao ne se trouvait pas actuellement à Shanghai.

Il téléphona donc à Wang, président de l'Association des écrivains chinois à Pékin, en lui demandant de localiser Diao. Wang promit de le rappeler dès qu'il aurait quelque information.

Chen posa son portable à côté de sa tasse et sortit le dossier de Xie pour revoir de près l'histoire du manoir. Les bâtiments prestigieux du quartier avaient connu bien des vicissitudes. Au début des années cinquante, des hauts dignitaires du Parti s'étaient installés là en chassant la plupart des anciens résidents. Cela avait été encore pire au début de la Révolution culturelle. Une grande maison pouvait être saisie par une douzaine de familles ouvrières, chacune occupant une pièce de force – une « action révolutionnaire » qui abolissait les derniers privilèges de la société d'avant 1949. Au début des années quatre-vingt-dix, nombre de ces vieux bâtiments avaient été détruits pour laisser place à de nouvelles constructions. C'était miraculeux que Xie ait pu conserver si longtemps sa maison en l'état, et on laissait entendre dans son entourage que c'était grâce au sacrifice de son ex-épouse. Elle avait eu, disait-on, une liaison avec un éminent commandant des Gardes rouges qui leur avait permis de rester chez eux sans être inquiétés. Mais elle avait divorcé et était partie aux États-Unis avant qu'on ne redécouvre la valeur du manoir.

Quoi qu'il en soit, la maison de l'autre côté de la rue était superbe sous le soleil de l'après-midi. Quand Chen leva les yeux, personne n'approchait encore. Il tua le temps en tournant sa petite cuillère dans sa tasse.

49

Des jeunes entrèrent et commandèrent à grands cris du café, du Coca-Cola et un assortiment d'amuse-gueules dans un joyeux vacarme, sans lui prêter attention.

Vingt-cinq minutes plus tard, il aperçut une voiture noire s'arrêter devant le manoir. Deux jeunes filles descendirent et firent un signe de la main au conducteur du véhicule, qui n'était pas un taxi. De là où il était assis, Chen ne put pas voir la personne qui leur ouvrit la porte. Bientôt, un homme arriva en taxi et se dirigea à son tour vers le manoir. Chen se leva, paya son café et sortit.

Vu de près, le manoir Xie lui apparut un peu miteux et délabré. La peinture de la porte était toute défraîchie. Pas d'interphone. Il appuya sur une sonnette décolorée et dut attendre plusieurs minutes avant que ne se présente un homme grand et maigre d'une cinquantaine d'années qui examina son attaché-case telle une carte de visite.

« M. Xie ? s'enquit Chen.

– Il est à l'intérieur. Veuillez entrer. Vous êtes un peu en avance pour la réception. »

Chen ne connaissait pas l'heure exacte de la réception, mais des gens continuaient d'arriver de temps à autre.

Il pénétra dans un salon spacieux tout en longueur avec, sur un côté, de grandes portes-fenêtres donnant sur un jardin. Des chaises étaient alignées le long du mur. Plusieurs personnes se tenaient près des fenêtres, un verre à la main. La réception n'avait pas encore commencé. Personne ne prit la peine de l'accueillir ni même de constater sa présence. Il remarqua dans le groupe une femme mûre, un peu dodue, qui s'éventait sans cesse avec un petit éventail de soie. La climatisation fonctionnait à peine.

À un bout du salon, il y avait une autre pièce derrière des portes coulissantes en verre dépoli. Dans l'entrebâillement des portes, Chen aperçut une jupe rouge. Les élèves devaient prendre leurs cours à l'intérieur. En cette fin d'après-midi se déroulaient sans doute deux activités, le cours de peinture et le bal.

Chen s'avança vers le groupe près de la porte-fenêtre. À Shanghai on appelait parfois ces gens-là des Vieilles Lunes – rappelant les Vieilles Cannes, expression qui désignait en pidgin les messieurs de la haute société qui brandissaient des cannes à pommeau de cuivre dans les années trente. Ils effectuaient un retour dans les années quatre-vingt-dix, leur connaissance des années trente étant devenue «à la mode» et même «rentable».

«Je m'appelle Chen.» Il se présenta à un homme aux cheveux argentés, aux lunettes cerclées d'or et dont la chaîne de montre en or pendait du gousset. «Je suis écrivain.»

L'homme fit un signe de la tête et ajusta ses lunettes sur son nez aquilin, sans dire un mot. Il poursuivit sa conversation avec un vieux monsieur joufflu.

Chen n'appartenait manifestement pas à leur monde. Personne ne semblait s'intéresser à lui. Il parvint pourtant à se présenter ici et là en essayant de se mêler aux conversations. Les Vieilles Lunes étaient toutes des nostalgiques du passé. Elles échangeaient sans fin des anecdotes sur les «bonnes familles» dont elles étaient issues, une critique implicite aux parvenus dépourvus d'histoire et de bon goût. Elles restaient indifférentes à la présence d'un étranger sans famille illustre ni mémoire de ces années fabuleuses.

Ce n'est qu'un quart d'heure plus tard qu'un homme sortit de la pièce du fond en lui tendant la main de loin. Un homme d'aspect ordinaire, d'une soixantaine d'années, plutôt petit, un peu trop gros, avec des cheveux clairsemés et un visage anguleux, portant une jaquette grise sur un pantalon de soirée noir. Il parlait avec un fort accent de Shanghai.

«Je suis Xie. Je ne savais pas que vous étiez arrivé, M. Chen. Excusez-moi. Je donne un cours à l'intérieur.»

Xie conduisit Chen dans l'autre pièce – sans doute une grande salle à manger à l'origine, devenue un atelier pour les cours de peinture. Il y avait là six ou sept jeunes filles, dont les deux qu'il avait aperçues du café, toutes occupées à leur travail. L'une était en salopette couverte de peinture; une autre, en robe d'été; une autre portait une sorte de turban sur les cheveux, et une autre encore, un T-shirt XXL et un short en jean effrangé. Un spectacle peut-être ordinaire dans un cours de peinture.

Il reconnut ensuite Jiao, une grande jeune fille en chemisier blanc et jupe en jean, près de la fenêtre. Elle avait de grands yeux et un nez droit, son visage en forme de graine de melon présentait une légère ressemblance avec celui de Shang. Elle paraissait plus jeune que sur la photo et travaillait sur une esquisse, vive et rayonnante.

Xie ne le présenta pas à ses élèves qui semblaient absorbées dans leur travail. Il fit signe à Chen de s'asseoir sur un canapé d'angle et prit un fauteuil.

«C'est plus calme ici, dit Xie à voix basse. M. Shen parle de vous de façon très élogieuse.

– Je lui ai parlé de mon projet de livre et il m'a recommandé de m'adresser à vous, répondit Chen. Je vous sais très occupé, mais mon projet gagnerait beaucoup à ce que je vienne vous voir de temps en temps.

– Venez quand vous voulez, Chen. Shen est un vieil ami de mon père, il est comme un oncle pour moi. Il m'a fourni beaucoup de renseignements sur les vêtements des années trente. Donc vous êtes le bienvenu. Je sais que vous parlez bien l'anglais. Quelquefois nous avons aussi des hôtes étrangers.

– J'espère ne gêner ni vos cours ni vos réceptions.

– J'enseigne deux ou trois fois par semaine. Si la peinture vous intéresse, vous pouvez participer. Les leçons n'ont rien de formel. Quant aux réceptions, plus il y a de monde, mieux c'est.»

La jeune fille en salopette s'approcha en tenant une grande aquarelle. Xie la prit et l'étudia une minute avant de signaler en indiquant un coin : « Il y a trop de lumière, ici, Yang.

– Merci.» Elle lui tapota l'épaule avec une familiarité inhabituelle à l'égard d'un professeur.

Xie paraissait bien s'entendre avec ses élèves. Avec un hochement de tête, il dit à Chen : «Les filles sont vraiment faites d'eau.»

On aurait dit une évocation du *Rêve dans le pavillon rouge*. Xie s'était peut-être sérieusement vu en Baoyu, le héros charmant et irrésistible du célèbre roman classique, sauf que Baoyu était jeune et né avec un morceau de jade précieux dans la bouche.

Un homme corpulent d'un certain âge fit irruption et conduisit vers Xie une mince jeune fille qui ressemblait à un mannequin.

«Je vous présente M. Gong Luhao, dit Xie à Chen. Son grand-père était le roi du renard blanc.

– Le roi du renard blanc?» répéta Chen. La perplexité le fit se lever.

«Mon grand-père était dans la fourrure avant 1940, on le connaissait surtout pour son incomparable choix dans ce genre de fourrure», expliqua M. Gong. Il indiqua la jeune fille : « Son grand-père était lié à la famille Weng. Elle veut étudier avec vous.

– Elle peut me soumettre des exemples de son travail. Voici M. Chen. Un homme d'affaires accompli, et désormais écrivain. Ami de M. Shen, qui travaillait à la banque de l'Industrie dans les années trente.

– Oh, M. Shen, mon père le connaissait bien.»

Visiblement, Chen n'était personne ici ; il ne s'y trouvait que grâce à M. Shen qui l'avait introduit.

Quelqu'un sonna une cloche dans le salon en déclarant d'une voix forte : « C'est l'heure du bal, M. Xie.»

« Le cours est terminé, dit Xie à ses élèves. Si vous voulez continuer à travailler ici, vous pouvez rester, ou bien vous pouvez prendre part au bal.»

Xie conduisit Chen au salon, une main sur son épaule comme un vieil ami, très probablement à l'intention de l'assistance.

Les lumières tamisées, les airs à la mode dans les années trente – Chen reconnut celui d'un vieux film d'Hollywood : c'était une véritable machine à remonter le temps. Il y avait beaucoup de monde à présent, la salle s'était remplie pendant que Chen et son hôte se trouvaient dans l'autre pièce.

Xie accueillait les visiteurs et faisait les présentations, ne pouvant accorder que quelques mots à chacun. Il réussit pourtant à s'occuper de Chen et insistait chaque fois qu'il le pouvait sur le fait qu'il était recommandé par M. Shen. Si personne ne semblait s'intéresser au futur écrivain, personne ne soupçonnait non plus son identité. Grâce aux hommes d'affaires de sa connaissance, Gu et Lu, Chen savait parler comme eux. Chose curieuse, aucun des individus présents n'était véritablement dans les affaires.

On commença à danser. La plupart des gens se connaissaient. Certains devaient être habitués à danser ensemble et venaient dans ce but. Chen pensa à inviter quelqu'un, mais il se ravisa. Bien qu'il ait appris les danses de salon au cours de sa formation professionnelle, il n'avait guère eu d'occasions de s'exercer. Il se retrouva assis seul sur une des chaises le long du mur. Mais ce n'était pas désagréable de faire une pause et d'observer, tout en pensant avec un brin d'autodérision qu'il « faisait tapisserie ».

Xie était très occupé à changer constamment les disques. Au lieu d'un lecteur de CD, il utilisait un vieux phonographe et une pile de 78 tours. Il essuyait soigneusement chacun avec un mouchoir de soie blanche, comme si c'était pour lui la chose la plus importante du monde.

Les gens s'abandonnaient à l'univers de leur imagination nostalgique, au rythme lent de la danse, à la musique langoureuse, bercés par les bribes d'anecdotes sur d'anciennes gloires, indifférents à ce qui se passait à l'extérieur. Chen se demanda à quoi tout cela rimait.

Mais que pouvaient-ils faire d'autre ? Leurs « belles années » étaient révolues, ils essayaient de se raccrocher à l'illusion que leur vie avait un sens ou une valeur. Comme l'écrivait Zhaungzi il y a très, très longtemps : *Tu n'es pas poisson, alors comment peux-tu savoir que le poisson n'est pas content ?* Ce n'était pas le rôle d'un policier de se poser ce genre de questions.

Il aperçut de nouveau Jiao, venue se percher sur l'accoudoir du canapé où Xie était assis. Ils parlèrent un instant, presque en chuchotant. Elle était plutôt gentille avec lui, mais c'était vrai de la plupart des autres jeunes filles.

Celle qui s'appelait Yang s'approcha de Chen, toujours en salopette, et lui sourit. Il répondit par un sourire en secouant la tête d'un air confus. Elle comprit et obliqua vers un autre homme. La salle se réchauffait.

Au bout d'un moment, il se glissa dans l'atelier. Il pouvait regarder dehors par la porte coulissante entrouverte. Un des danseurs appartenait peut-être à la Sécurité intérieure, mais Chen ne s'y intéressait pas particulièrement. Il alla regarder l'esquisse sur laquelle travaillait Jiao et fut impressionné par l'image d'une jacinthe épanouie dans les bras d'une jeune fille, sur fond de nuit de néon changeant. Il y avait une pile de revues sur une table d'angle, datant pour la plupart des années trente. Il s'assit sur le canapé et prit un album de peinture.

Il fut surpris de voir arriver Jiao sur ses mules à talons hauts, tenant un verre à long pied.

« Salut, vous êtes nouveau ici.

– Salut, c'est la première fois que je viens. Je m'appelle Chen.

– Je m'appelle Jiao. Il paraît que vous êtes romancier. »

Elle avait pu surprendre sa conversation avec Xie, ou l'apprendre de Xie quelques minutes plus tôt.

« Pas vraiment, je viens de commencer à écrire.

– Comme c'est intéressant. »

C'était, semblait-il, la réaction courante à sa nouvelle identité. Mais au lieu de partir, elle se glissa dans le fauteuil que Xie avait occupé, une jambe repliée sous elle. Elle fit tourner le verre entre ses doigts, l'air content de se trouver dans l'atelier en compagnie de Chen.

« Quelle bande assommante là-dehors. Bonne idée de souffler un peu ici », dit-elle, des sourires pleins ses grands yeux. «D'après M. Xie, vous êtes un homme d'affaires comblé. Pourquoi vouloir changer de carrière?»

Il s'était préparé à cette question.

«Eh bien, je me suis dit: les gens cherchent à gagner de l'argent – il est vrai qu'ils vivent de l'argent, mais peuvent-ils vivre dans l'argent?

– Les gens font de l'argent, mais l'argent fait aussi les gens.

– Excellente remarque, Jiao. À propos, j'ai oublié de vous demander dans quel domaine vous ou votre illustre famille travaillez, puisque les gens ici tiennent tellement à mettre en avant la situation de leur famille.

– Je suis contente que vous ne l'ayez pas fait. Et ne commencez pas maintenant, s'il vous plaît. Vous voulez écrire sur le passé, pas vivre dans le passé», dit-elle en portant le verre à ses lèvres. Elle avait des dents blanches quelque peu irrégulières. «J'ai gagné un peu d'argent en travaillant dans une entreprise, comme vous, et je fais ce que je veux, pour me ressourcer pendant un temps.»

La réponse ne le surprit pas outre mesure. Jiao avait déjà pu la donner plusieurs fois. Sauf qu'elle n'était pas vraiment convaincante. Dans sa version à lui, il avait sa propre entreprise et avait pu économiser suffisamment pour «écrire». Elle avait été réceptionniste, pour un salaire modeste.

«Dans la société actuelle, ce n'est pas facile pour une jolie jeune fille comme vous d'abandonner courageusement la vague, dit Chen en paraphrasant un proverbe comme tout écrivain en herbe. M. Xie doit être un professeur épatant.

– La plupart de ses œuvres concernent de vieux manoirs de la ville. Il est passionné par son sujet et, à travers sa touche exaltée, il projette une valeur dans ce qu'il voit. Chacun des bâtiments semble offrir par ses fenêtres une histoire chatoyante, réellement passionnante. Bien entendu, son talent vient s'ajouter à sa vision des choses.

– C'est très intéressant, dit Chen en ayant recours à son tour à la réaction ordinaire. Depuis combien de temps suivez-vous les cours ici?

– Six mois environ. Xie est très connu dans le milieu.» Elle prit une gorgée de vin et changea de sujet. «Parlez-moi de ce que vous écrivez, M. Chen.

–J'écris sur le Shanghai des années trente. C'est comme ça qu'on m'a recommandé Xie.

– Personne n'est mieux indiqué. Ni aucun autre endroit qu'ici.» Elle se leva. «Maintenant que nous avons fait une pause, allons danser. C'est bon pour votre livre.

– Je sais à peine danser, Jiao.

– Vous apprendrez très vite. Il y a un an à peine, je ne connaissais pas la différence entre un charleston et un tango.»

C'était probablement vrai. Un an plus tôt, elle travaillait encore en bas de l'échelle, seule, sans aucune vie sociale.

Jiao était une partenaire compétente et patiente. Chen ne tarda pas à se laisser guider par elle, non sans cahots, mais sans heurts. Tournoyant sur ses talons hauts, elle dansait sans effort, ses cheveux d'un noir étincelant se détachaient sur les murs blancs.

C'était un soir d'été. En tenant la taille souple de Jiao, et tandis qu'une ballade langoureuse s'insinuait dans la douce rêverie du manoir, il remarqua que son chemisier blanc n'était pas boutonné jusqu'en haut et révélait un séduisant décolleté. Elle leva les yeux, le pinceau de la lumière posa une touche miroitante sur sa joue, des mèches de ses cheveux effleurèrent le visage de Chen. Dans les ondulations de la musique, Chen pensa soudain à ce qu'il avait lu sur Mao et Shang, dans un magnifique manoir comme celui-ci, dans la même ville...

Dans le palais céleste, quelle année est celle-ci ? Un fragment d'un poème de la dynastie des Song traversa son esprit pendant que la main de Jiao serrait la sienne.

«Vous n'êtes pas mal du tout», dit-elle, ses lèvres douces contre son oreille dans une appréciation faussement sérieuse de ses qualités de danseur.

«Parfait», dit Xie en glissant près d'eux dans les bras d'une matrone.

«Elle conduit bien, dit Chen.

– Quelques-uns là-bas jouent au Monopoly, un jeu passionnant.» Il ajouta : «Tout en anglais.»

Chen avait entendu parler de ce jeu, populaire en Occident. Rien d'étonnant à ce qu'il apparaisse dans ce lieu, mais cela lui rappela les vers de Li Shangyin à propos d'un autre jeu, dans une autre soirée.

En face l'un de l'autre passait le crochet, tiède était le vin du
[printemps.
En deux camps aux énigmes nous jouions ; rouge était la bougie.

Un soir où le poète de la dynastie des Tang se sentait tout à fait étranger avec de joyeux fêtards, il composa ces vers en regrettant de n'être pas *un phénix bigarré qui de ses deux ailes s'envole* auprès de sa bien-aimée, et se comparant à *l'herbe brisée par le vent,* sans but. Au moins en avait-il tiré des vers merveilleux. Et Chen ?

La soirée se poursuivait, une danse après l'autre, un verre après l'autre, un air après l'autre...

Chen conversa avec quelques-uns, dont l'homme aux cheveux argentés, lunettes d'or et chaîne d'or, M. Zhou, de l'illustre famille Zhou qui avait eu le monopole de l'importation de vin rouge dans les années trente. Zhou se montra amical après avoir appris les liens entre Chen et M. Shen.

«Xie est un coussin brodé rempli de paille, déclara-t-il. Quel bouffon! Mais M. Shen est vraiment un vieil aristocrate, d'une famille de banquiers de premier plan et lui-même homme de grande culture.»

Chen s'étonna de la critique sévère vis-à-vis de leur hôte. Il murmura quelques mots vagues. Il y avait Vieilles Lunes et Vieilles Lunes.

Entre conversation et danse, Chen réussit à rester jusqu'à la fin de la réception. Lorsque retentit *Ce n'est qu'un au revoir* dans la salle à moitié vide et que Xie se frotta les yeux remplis de sommeil, Chen s'en alla en même temps que Jiao et plusieurs autres jeunes filles.

Une voiture de luxe attendait l'une d'elles. Jiao monta dans un taxi avec une certaine Loriot, elles n'habitaient pas loin l'une de l'autre. Elle lui fit un signe dans la nuit étoilée. Chen attendit le prochain taxi.

Sur le trottoir, il crut entendre un piano par une fenêtre ouverte sur la rue silencieuse. Il décida de marcher jusqu'à la station de métro de la rue de Ruijin. Pas mal pour un début, se dit-il en avançant d'un pas nonchalant.

Il ne pouvait pas juger Jiao après une seule rencontre, exclure d'emblée la possibilité qu'elle se fasse entretenir, mais aucune voiture ne l'attendait à la sortie du manoir. Un Gros-Sous serait venu la chercher ou en aurait chargé quelqu'un. Elle n'avait pas non plus reçu de coup de téléphone pendant la soirée... Intelligente et vive comme elle était, il avait du mal à l'imaginer en «petite concubine», *ernai,* un nouveau terme qui se répandait rapidement.

Quant à Xie, Chen ne le voyait pas comme un «coussin rempli de paille». Plutôt comme quelqu'un capable de jouer la comédie pour donner un sens à sa vie, et qui, à la longue, se laissait prendre au jeu.

Et Chen se surprit à fredonner un passage de *Quand pourras-tu revenir,* une des chansons nostalgiques dont Xie avait passé le disque.

L'inspecteur principal tenait lui aussi un rôle, celui d'un futur écrivain romantique, mais seulement pour deux semaines. L'agent de la Sécurité intérieure allait certainement faire un rapport après l'avoir vu danser avec Jiao.

6

Le Vieux Chasseur fut très intrigué par l'invitation de Chen dans une maison de thé de la rue de Hengshan.

En arrivant en vue de la superbe maison *Parfum des Tang,* il se dit que Chen connaissait bien sa passion pour le thé, mais pas très bien le thé. Dans un endroit aussi à la mode on devait payer le service, l'atmosphère, la prétendue culture, mais sûrement pas le thé lui-même.

Une serveuse svelte en *qipao* à fleurs fendu sur les côtés se précipita sur ses talons hauts pour le conduire dans un salon privé de style ancien, à une table d'acajou déjà dressée où les tasses à thé délicates étaient aussi petites et exquises que des litchis pelés.

Comme Chen n'était pas encore arrivé, le Vieux Chasseur but seul. Le thé, d'une étonnante banalité, ressemblait à de l'eau chaude.

Comme dit le vieux dicton, *on ne brûle pas sans raison de l'encens au temple des Trois Trésors*. De quoi Chen allait-il lui parler? D'une affaire spéciale, vraisemblablement. Si c'était le cas, Chen n'aurait pas dû en discuter avec lui mais avec son fils, l'inspecteur Yu, qui était son partenaire depuis des années. Tous deux étaient très bons amis.

De ce fait, le Vieux Chasseur avait été lui aussi en contact étroit avec Chen, dont il avait une haute opinion. Il ne restait plus beaucoup de policiers capables et honnêtes tels que lui, dans cette époque de corruption généralisée. Yu avait beaucoup de chance d'avoir travaillé avec un patron-partenaire comme Chen.

Quelque chose toutefois lui échappait chez Chen – têtu, scrupuleux en même temps qu'intelligent, perspicace, et parfois sournois à sa manière. Sa promotion au rang d'inspecteur principal à trente ans et quelques parlait d'elle-même. Après avoir travaillé dur dans la police toute sa vie, le Vieux Chasseur avait pris sa retraite avec le grade de sergent.

À en croire les relations qu'il conservait au bureau, Chen avait reçu, pendant une réunion, un message de Pékin concernant sa petite amie ECS, qui l'avait accablé. Le lendemain, il avait pris un congé sans explication. Les rumeurs de ce genre se répandaient vite.

Alors que le Vieux Chasseur s'apprêtait à boire sa deuxième tasse, la serveuse revint, accompagnée de Chen.

«Excusez-moi de vous avoir fait attendre, dit-il en prenant la tasse que le Vieux Chasseur lui tendait. Merci.»

La serveuse se saisit de la théière. Elle ajouta de l'eau chaude avant de verser le thé, la courbe gracieuse du liquide s'achevant dans les tasses minuscules. Mais au lieu de les leur servir, elle les vida dans la jatte en terre posée à côté. «Pour réchauffer vos tasses», expliqua-t-elle, ses doigts d'une blancheur éclatante sur la tasse. «C'est le début de notre cérémonie du thé. Celui-ci doit se déguster lentement.»

Le Vieux Chasseur avait entendu parler de la fameuse cérémonie du thé japonaise, mais il avait pour principe de rejeter tout ce qui venait du Japon. Son oncle avait été tué dans la guerre sino-japonaise, et ce souvenir le travaillait. Quand le thé fut enfin servi, il vida sa tasse d'un coup – à son habitude. La serveuse se hâta de la remplir.

Il remarqua que Chen pianotait sur la table, d'un air absent. Peut-être un signe d'approbation, mais aussi d'impatience. À la façon dont le thé était servi, avec la serveuse qui attendait auprès d'eux, ils n'allaient pas pouvoir parler.

«Au Japon, boire le thé est présenté comme une sorte d'art qui se cultive. Foutaises. C'est le thé qu'on aime, pas tout le tralala autour, dit-il. Comme dit le proverbe, *un imbécile dédaigne la perle inestimable, mais conserve l'écrin tape-à-l'œil.*

– Vous avez tout à fait raison, spécialement avec une collection de vieux dictons pour vous soutenir», dit Chen. Il fit un sourire à la serveuse. «Nous dégusterons le thé tout seuls. Vous n'êtes pas obligée de rester avec nous.

– Mais nous procédons ainsi dans notre maison de thé, répondit-elle en rougissant de confusion. C'est très à la mode en ce moment.

– Eh bien, nous sommes démodés. Que voulez-vous, *on ne peut rien tirer d'élégant d'un morceau de bois pourri*, conclut-il. Merci.»

«Excusez-moi, dit Chen après le départ de la serveuse. C'est la seule maison de thé que je connaisse disposant d'un salon privé où discuter.

– Je vois. Quoi de nouveau sous le soleil, chef ?

– Nous ne nous sommes pas parlé depuis longtemps.»

Le Vieux Chasseur savait que c'était un prétexte et il demanda sur un ton dégagé : «Vous profitez bien de vos vacances ?

– Pas exactement.

– *Huit ou neuf fois sur dix, les choses tournent mal en ce monde*, mais, comme dit le proverbe : *Qui sait si c'était un malheur ou un bonheur quand le vieillard de la frontière a perdu son cheval ?* Des vacances vous feront du bien, chef. Vous avez travaillé trop dur.

– J'aimerais pouvoir vous en dire plus sur le malheur et le bonheur, répondit Chen évasivement, mais je ne prends pas ces vacances pour des raisons personnelles.

– Je comprends. Vous savez quoi ? Depuis quelques mois je me délecte de *La Chronique des trois royaumes* dans la version de l'opéra de Suzhou. Les deux dernières lignes sont extraordinaires : *Beaucoup de choses, passées et présentes, sont racontées par d'autres comme des histoires autour d'une tasse de thé.*

– Vous avez une telle passion pour l'opéra de Suzhou, dit Chen. Le temps passe vite. Quand j'ai lu pour la première fois *La Chronique des trois royaumes*, j'étais encore à l'école. Il y a pas mal de choses que je n'ai pas comprises dans ce roman. Par exemple, l'épisode où Cao Cao construit secrètement ses propres tombeaux.

– Oui, il en fait construire plusieurs et tue ensuite tous les ouvriers, pour que personne ne connaisse l'emplacement de sa véritable sépulture. Cao Cao n'a pas été le seul. Le premier empereur de Qin a agi de même. Il a été jusqu'à faire enterrer des gens et des personnages en terre cuite, avec lui et dans différents tombeaux.

– Connaître le secret de l'empereur pouvait vraiment être mortel. »

Le Vieux Chasseur posa sa tasse en percevant quelque chose d'étrange chez le jeune policier. Celui-ci ne l'aurait pas invité pour bavarder tranquillement des empereurs et de leurs tombeaux.

« Qu'est-ce qui vous tracasse, chef ? »

Chen hocha la tête sans répondre et leva sa tasse. « Regardez la phrase écrite sur cette tasse. *Longue vie, vie éternelle !* À l'origine, un hymne aux empereurs. Pendant la Révolution culturelle, la première phrase que j'ai appris à dire en anglais a été *Longue vie, vie éternelle au président Mao !* Exactement la même phrase que pour les empereurs il y a des milliers d'années. Mao le savait certainement, a-t-il fait une objection ? »

Le Vieux Chasseur commença à soupçonner qu'il pouvait s'agir d'une enquête secrète impliquant Mao. Il avait déjà travaillé avec Chen, pas en tant que partenaire officiel, mais ils se faisaient confiance. Chen allait directement au but. S'il s'agissait de Mao, toutefois, la situation était différente. Chen devait être prudent, et pas seulement pour lui-même. Le Vieux Chasseur devait l'assurer de son soutien, quelles que soient les circonstances.

« Vous avez frappé juste, chef. Mao était un empereur moderne, malgré tous ses discours sur le marxisme ou le communisme. Durant les années de la Révolution culturelle, tout ce qu'il disait – un mot, une phrase – était considéré comme "décret suprême" et nous devions le fêter en battant les tambours et en défilant sous le soleil écrasant dans les rues de la ville. On ne pouvait même pas se plaindre de la chaleur. Une fois, j'ai même eu une insolation. Dans les temps anciens, un empereur était comparé au soleil, mais Mao, lui, était tout simplement le soleil. Je me souviens qu'un membre du Bureau politique a été jeté en prison pour diffamation contre Mao parce qu'il avait écrit un article sur les taches solaires.

– Vous en savez beaucoup sur ces années-là, mais ce n'est peut-être pas juste de juger Mao dans ce domaine, si l'on considère la longue histoire féodale en Chine.

– Je ne sais rien de cette soi-disant histoire féodale, ce n'est pas un terme familier dans l'opéra de Suzhou. Un empereur est un empereur, c'est tout ce que je sais.»

Il prit une gorgée de son thé, où les feuilles s'ouvraient soudain, têtards dans la tasse blanche. «Je vais vous parler d'une affaire dont j'ai été chargé vers la fin de la Révolution culturelle.

– Une affaire pendant la Révolution culturelle? Racontez-moi, Vieux Chasseur.

– Dans l'opéra de Suzhou, on raconte une histoire en commençant par le tout début. Pour comprendre la Révolution culturelle, il faut aussi commencer par le début.

– Vous parlez vraiment comme un chanteur d'opéra de Suzhou, vous savez enrichir votre discours par des proverbes et subjuguer l'auditoire par des digressions avant d'arriver à un point crucial. Alors oui, s'il vous plaît, commencez par le tout début. Le thé se met seulement à avoir du goût, et je suis tout ouïe.

– J'avais à peu près votre âge, chef. Li Guohua, alors sous-secrétaire du Parti, m'a confié une mission, la première "grande affaire politique" de ma carrière. À cette époque-là, tout le monde avait une foi aveugle en Mao et en la propagande communiste. Policier de base, j'étais très fier de travailler pour la révolution prolétarienne. J'avais juré de combattre pour Mao comme les jeunes Gardes rouges. Alors j'ai appelé secrètement cette affaire une affaire Mao.

– Une affaire Mao?

– Ça m'avait donné des ailes. Je me sentais recouvert d'un grand drapeau, d'une "peau de tigre". Le suspect s'appelait Teng, un professeur de lycée accusé de calomnier Mao dans son cours. Né dans une famille d'ouvriers, membre de la jeunesse communiste, Teng fréquentait la fille d'une famille politiquement hors de tout soupçon ; sa culpabilité semblait donc très invraisemblable. Je me suis rendu au lycée, où Teng avait déjà été mis en isolement et où on l'interrogeait depuis des jours.

– En quoi consistait le crime de Teng?

– J'y arrive, Chen. Vous ne pouvez pas déguster le tofu fumant si vous êtes aussi impatient, répondit le Vieux Chasseur en levant bien haut sa tasse. À l'époque, les poèmes de Mao occupaient une place considérable dans le livre de textes de la classe. Teng était accusé d'avoir donné une interprétation malveillante et diffamatoire d'un poème. Pourtant, Teng maintenait que sa présentation se fondait sur les publications officielles, après des recherches et une préparation approfondies...

– Un instant, de quel poème parlez-vous?

– Du poème de Mao inspiré par sa femme Yang Kaihui.

– Ah, celui-là...» Chen murmura le premier vers du poème. «*J'ai perdu ma fière Yang et toi, ton Liu...* Quand j'étais au lycée, ce poème était considéré comme l'exemple parfait du romantisme révolutionnaire. Emporté par son imagination, Mao décrit l'âme loyale de Yang s'envolant vers la lune, où l'immortelle qui habite la lune danse et lui sert le vin d'osmanthe, et verse une pluie de larmes en apprenant la victoire du Parti communiste en Chine. Mao avait beaucoup aimé sa première femme...

– Non, c'était sa deuxième, l'interrompit le Vieux Chasseur. Mao avait eu une première femme, Luo, lorsqu'il vivait encore au Hunan. D'après sa biographie officielle, c'était un mariage arrangé et Mao ne reconnaissait pas Luo comme sa femme, bien qu'il ait vécu avec elle pendant deux ou trois ans. Bien entendu, les publications officielles n'ont jamais donné de détails sur leur vie de couple. Puis il est tombé amoureux de Kaihui et l'a épousée. Cette fois, le mariage a été jugé comme un acte révolutionnaire, vu les circonstances.

– Vous êtes vraiment une autorité sur le sujet. J'aurais dû le savoir.» Chen leva sa tasse. «Désolé que ce ne soit que du thé. Honneur à votre compétence.

– Au diable ma compétence! dit le Vieux Chasseur avec un geste de la main. Revenons à l'affaire en question. Teng affirmait vouloir montrer à ses élèves quels grands sacrifices avait faits Mao pour la révolution. Son jeune frère, sa femme Kaihui, leurs enfants et ceux de sa troisième femme, Zizhen, tous étaient morts ou perdus pour la révolution...

– Il n'y a aucun mal à ça, remarqua Chen.

– C'est aussi ce que je pensais. J'ai eu de la peine à tirer les choses au clair. Teng était en isolement depuis des jours, c'était déjà un homme brisé qui ne pouvait que répéter sans cesse sa déclaration comme un robot: "J'ai seulement rassemblé les informations trouvées dans plusieurs livres. Elles devaient être erronées."

«J'ai questionné ses collègues. Ils ont déclaré que Teng

faisait un travail consciencieux, du moins en apparence. Dans les années soixante-dix, il n'y avait pas de photocopieuse dans le lycée. Il avait dû se démener pour taper les stencils, copier des passages de nombreux livres, assurer lui-même la relecture et payer les frais de sa poche. J'ai rassemblé les informations qu'il avait recueillies, relatives à la deuxième femme de Mao, Kaihui, et à la troisième, Zizhen. Tout le matériel que Teng avait distribué à ses élèves provenait de publications officielles – dans le but de rendre hommage à l'esprit révolutionnaire de Mao, aucun doute là-dessus.

« Mais voilà qu'un élève, après avoir tout lu, a dit en classe : "Professeur Teng, il y a une erreur dans votre texte. Le président Mao n'a pas pu épouser Zizhen cette année-là." Or, Teng était un homme très studieux et obstiné. Il avait dans son sac le livre original, il l'a pris et a vérifié devant la classe. "Aucune erreur. Travaillez et ne me dérangez plus." L'élève, exaspéré par la réaction de Teng et trop influencé par la théorie de la lutte des classes de Mao, s'est adressé à l'Équipe de propagande de la pensée de Mao du lycée, en disant que selon Teng, Mao avait épousé Zizhen alors que Kaihui était encore vivante.

« Or, dans la plupart des publications officielles, il n'y avait aucune mention de la date du mariage de Mao avec Zizhen. Il allait de soi qu'il l'avait épousée après la mort de Kaihui. Pourtant, en rapprochant un paragraphe indiquant la date du mariage avec Zizhen et une phrase d'un autre texte donnant la date de décès de Kaihui, il devenait évident comme le nez au milieu de la figure que Mao avait été bigame… »

Le Vieux Chasseur fit une pause théâtrale et prit la théière, mais il constata avec dépit qu'il n'y avait plus d'eau. Il décida de poursuivre sans en redemander. L'instant était crucial.

«La conclusion était indiscutable. Et c'était un désastre pour Teng. S'il n'avait pas été aussi scrupuleux, il aurait pu admettre que c'était une faute de frappe. Mais, confronté à l'Équipe de propagande de la pensée de Mao, il a continué d'affirmer qu'il avait tout vérifié avec soin. Il a même montré le livre qui donnait la date du mariage de Mao avec Zizhen.

– Qui a écrit ce livre ?

– Quelqu'un qui avait travaillé pour Mao, son ordonnance. L'Équipe de propagande avait dû mettre Teng en isolement, de crainte qu'il ne continue de parler. Elle a fait un rapport à la police, pour se débarrasser de cette bombe. Et l'affaire m'a été confiée.

«Après avoir étudié tous les éléments, j'ai proposé à Li d'écrire à l'auteur pour lui demander sa coopération. Li m'a passé un savon, il a déclaré que je ne comprenais pas la complexité de la lutte des classes et qu'il était impossible de joindre l'auteur. Teng devait avouer qu'il avait calomnié Mao, insistait-il, ou admettre au moins que c'était une faute de frappe grossière de sa part. Je n'avais pas le choix et j'ai continué à "enquêter" en me changeant en porte-parole de la fameuse citation de Mao : *Indulgence pour ceux qui avouent leur crime, et sévérité pour ceux qui résistent.* J'ai essayé de conseiller Teng en citant tous les proverbes dont je disposais, tels que : *Un héros doit savoir faire la part du feu,* ou *Il faut baisser la tête sous l'auvent de son voisin,* mais il ne m'a pas écouté. Deux jours plus tard, il s'est suicidé en laissant un testament écrit avec son sang, une seule phrase : "Longue vie, vie éternelle au président Mao !"»

Il se tut de nouveau pour boire une gorgée dans sa tasse vide, la gorge soudain sèche.

«Li a jugé cette conclusion acceptable. "Le criminel s'est suicidé, conscient du châtiment encouru pour son crime." C'est ainsi que finit l'affaire Mao. Deux ou trois mois plus tard, Mao est mort.

– Quelle histoire!

– Une enquête que je n'ai jamais pu me sortir de la tête. Je ne sais pas combien de fois je me suis dit que ce n'était qu'une mission. Après tout, des millions et des millions de gens sont morts comme des fourmis, comme des brins d'herbe, pendant la Révolution culturelle. En dehors de crier cette citation de Mao à Teng, je n'ai pas exercé de grande pression sur lui. J'étais policier, je faisais simplement ce que j'étais censé faire. Mais la question est: aurais-je pu essayer de faire plus pour l'aider? Cette question me poursuit comme une mouche qui revient toujours à vos oreilles en bourdonnant.

«Après la Révolution culturelle, il y a eu une courte période de "rectification des erreurs". Sans rien dire au secrétaire du Parti Li, je suis allé un jour au lycée de Teng. J'ai été consterné de voir qu'il n'y avait aucune rectification, parce qu'il n'y avait pas eu d'affaire Teng. Rien d'enregistré. Il s'était suicidé au cours d'une enquête non officielle. Un point c'est tout. *Le désastre entre et sort par la bouche.* Personne ne voulait parler de Teng avec Mao en toile de fond.

«J'avais gardé mes notes d'enquête, et j'ai réussi à mettre la main sur les livres mentionnés par Teng, ainsi que sur de nouvelles publications concernant Mao. J'avais espéré prouver la faute de frappe de Teng ou qu'un des auteurs en avait fait une. Dans un cas comme dans l'autre, il fallait que je me décharge d'une partie des responsabilités. Je me trompais moi-même, bien sûr, c'était *comme voler une cloche qui sonne en se bouchant les oreilles.* Mais plus je lisais, plus j'étais accablé...

– Attendez, Vieux Chasseur, l'interrompit Chen en voyant revenir la serveuse. Rapportez-nous de l'eau chaude.

– Deux Thermos, précisa le Vieux Chasseur.

– Nous ne servons pas l'eau chaude de cette manière, protesta-t-elle faiblement.

– Nous avons payé pour le salon privé. Nous pourrions au moins boire notre thé comme il nous plaît.»

Quand l'eau arriva telle qu'il l'avait demandée, le Vieux Chasseur fit signe à la serveuse de sortir, se servit et reprit.

«À propos des mariages de Mao, voici un résumé de ce que j'ai rassemblé de diverses sources. Après leur mariage, Kaihui a donné naissance à trois garçons. En 1927, Mao est parti dans les montagnes de Jingjiang comme combattant de la guérilla, laissant Kaihui et ses jeunes enfants dans le faubourg de Changsha. Moins d'un an plus tard, cependant, il a épousé Zizhen qui n'avait que dix-sept ans. "La fleur du comté de Yongxing", comme on la surnommait, était elle aussi combattante dans les montagnes. La date est avérée par un article écrit par un responsable du Parti et publié par la *Revue d'Histoire.* D'après l'auteur, c'était un nouveau sacrifice pour la révolution: Zizhen était la jeune sœur d'un chef partisan, et Mao devait l'épouser pour la consolidation des forces révolutionnaires. "Toute critique du mariage de Mao avec Zizhen est irresponsable, faite sans la juste perspective historique."

– C'est incroyable! Un prétexte éhonté.

– Quels qu'aient été les prétextes, Mao a épousé

72

Zizhen en commettant une indéniable bigamie. Dans les montagnes, il s'est perdu dans les nuages et la pluie de son corps souple et juvénile. Elle lui a donné une fille la même année.

– Mao se sentait peut-être très seul là-haut. Il a pu s'égarer dans un moment de passion. Ce ne serait pas très juste de le juger sur un seul épisode de sa vie personnelle.

– Ce n'est pas à moi de le juger en tant que chef suprême du Parti. Je vérifiais simplement ce qu'il avait fait à ses femmes en tant qu'homme.

– Mao croyait peut-être que Yang était déjà morte.

– Non, Kaihui ne savait rien de sa trahison, elle a chargé quelqu'un de lui apporter des chaussures de feutre qu'elle avait cousues pour lui. Elle a demandé plusieurs fois à le rejoindre dans les montagnes, mais il a toujours refusé. Comme dans un opéra de Suzhou, *il n'entend que le rire de la nouvelle, mais pas les pleurs de l'ancienne*. Et il y a autre chose, dit le Vieux Chasseur en prenant une gorgée de thé comme si c'était du vin. Quelque chose que vous n'allez pas croire.

– Enfin! le point culminant de l'opéra de Suzhou, s'exclama Chen en hochant la tête comme un spectateur fidèle.

– Au début, les nationalistes de Changsha ne se sont pas trop préoccupés de Kaihui et de ses enfants. En 1930, quand Mao a assiégé la ville de Changsha, la situation a changé radicalement. Kaihui et ses enfants étaient en danger. Mao aurait dû les faire sortir de la ville. Il n'a rien tenté pour les sauver. Le siège a duré environ vingt jours et Mao et ses soldats étaient tout près de chez elle, mais il n'a pas bougé. Il n'a même pas essayé de prendre contact avec elle.

«Après l'échec du siège, les nationalistes ont arrêté Kaihui en représailles. Ils voulaient qu'elle signe une promesse de couper tout lien avec Mao, mais elle a refusé. Elle a été exécutée quelque temps après. On dit qu'elle a été traînée pieds nus jusqu'au lieu de son exécution – selon une superstition locale, son fantôme devenait ainsi incapable de retrouver le chemin de chez elle, de revenir jusqu'à Mao.

– Quelle horreur! s'écria Chen en prenant sa tasse qu'il reposa aussitôt. Et quel vieux chasseur vous êtes, vraiment, pour avoir exhumé toutes ces informations!

– Je ne dis pas que Mao l'a fait tuer exprès. Mais il n'est pas exagéré de dire qu'il était responsable de sa mort. Il aurait dû penser aux conséquences.

– Je comprends maintenant ce que Mao a dit des années plus tard: *Si je mourais cent fois, je ne pourrais pas réparer la mort de Kaihui.* Il a dû écrire ce poème par culpabilité.

– J'ai discuté de ce poème avec un vieil ami, un professeur d'histoire qui a fait des recherches approfondies sur Mao, pas seulement sur sa vie personnelle. Il dit que c'était un homme au cœur de serpent et d'araignée, et il pense que Mao s'est débarrassé de Kaihui de cette façon parce qu'il ne pouvait pas se permettre de laisser les deux femmes se rencontrer dans les montagnes. Après tout, c'est une possibilité à ne pas écarter. Il a parfois agi de manière semblable avec ses camarades du Parti.

– Les gens ont différentes opinions.

– Je ne veux pas m'éterniser là-dessus, mais le souvenir de cette affaire Mao me hante depuis tout ce temps. Quand Yu est revenu à Shanghai comme ancien "jeune instruit", j'ai décidé de prendre ma retraite anticipée pour qu'il puisse me remplacer. Mais il y avait une autre raison. L'affaire Mao. Je ne suis pas un policier honorable, nous nous connaissons depuis très longtemps, chef, et je ne vous avais jamais raconté cette affaire. Ni à personne d'autre, pas même à Yu. Une pierre sur mon cœur, vraiment.

– Vous avez fait tout ce que vous pouviez. C'était pendant la Révolution culturelle. Pourquoi être si sévère avec vous-même?» dit Chen, l'émotion perceptible dans sa voix. «Je suis heureux que vous m'en ayez parlé. Ce n'est pas seulement une leçon sur comment être un policier consciencieux, mais aussi une aide considérable dans la mission dont je vais vous parler.

– Une mission concernant Mao, je présume. Puis-je vous aider en quoi que ce soit?

– Vous êtes perspicace. Maintenant que vous m'avez parlé de votre enquête, je crois que je ne devrais pas hésiter à vous révéler la mienne. Vous m'avez déjà aidé plus que vous ne pouvez l'imaginer.

– Que voulez-vous dire, inspecteur principal Chen?

– On m'a confié une affaire Mao, comme vous avez appelé la vôtre. Elle n'est pas directement liée à lui, mais à une femme de sa connaissance, et je suis plein de doutes et de réserves. À ce stade, je ne peux vous dire que très peu de chose, parce que je ne sais à peu près rien.

– Je comprends. Quant à ce que Mao était capable de faire à ses femmes, vous avez peut-être entendu ce qui est ensuite arrivé à Zizhen. Elle a dû se faire soigner dans un hôpital psychiatrique de Moscou, laissant Mao seul à Yan'an, de sorte qu'ils étaient "séparés naturellement" quand Jiang Qing s'est introduite dans sa vie jusqu'à devenir Mme Mao. Mais attention, séparés, pas divorcés. Mao a maintenu Zizhen à l'hôpital durant trois ans, toute seule, sans qu'elle parle russe, sans riz chinois, pendant qu'il se vautrait dans la luxure avec Mme Mao, une actrice sexy de série B.

– En effet, s'il a agi ainsi avec ses épouses, Yang puis Zizhen, je ne doute pas qu'il ait pu le faire avec Shang.

– Shang… la vedette de cinéma?»

Ce fut le tour de Chen de résumer son «affaire Mao», encore que brièvement. Le Vieux Chasseur écouta, et comprit, sans avoir à exiger tous les détails, pourquoi Chen s'était adressé à lui plutôt qu'à son fils.

«Vous avez décidément besoin d'aide, inspecteur principal Chen. Impossible de tout faire seul. Même à la retraite, je suis un fouineur, tout le monde le sait. Si je pose une question ou deux sur ces années-là, personne ne s'en formalisera. En tant que conseiller auprès du service de Régulation de la circulation métropolitaine – poste honoraire dont je vous suis redevable – je peux choisir de patrouiller dans n'importe quel secteur sous couvert d'étude de terrain. Vous ne pouvez pas trouver de meilleur assistant.

– *Le peuple juge un général au son de ses tambours de guerre,* et vos conseils seront précieux. Je ne sais pas encore exactement comment procéder, mais vous pourriez m'aider, je crois, en surveillant le secteur où habite Jiao. Vous devrez être prudent. Quelqu'un pourrait vous suivre.

– *Ils peuvent prendre la grand-route, mais je traverserai la rivière sur une seule planche.* Ne vous inquiétez pas pour moi. On ne m'appelle pas le Vieux Chasseur pour rien.

– Il y a aussi deux hommes sur lesquels j'aimerais que vous effectuiez des vérifications. Tan, le premier amant de Qian, mort il y a des années, et Peng, le second, qui est toujours vivant.» Chen nota leurs noms sur un bout de papier. «Quelle que soit la planche que vous choisirez pour traverser, ne le faites jamais en tant que policier, même retraité. La Sécurité intérieure est sur l'affaire.

– Vraiment! Alors la dernière bataille risque d'être la meilleure. L'affaire Mao… Merci, inspecteur principal Chen, dit-il en se levant lentement. J'ai enfin l'occasion de me racheter. »

7

C'était sa quatrième visite au manoir Xie en quelques jours. Chen appuya sur la sonnette, l'autre main tenant une grande boîte de chocolats Lindt, la marque allemande de luxe tout juste apparue sur le marché, à l'intention des nouveaux riches de Shanghai.

Cet après-midi-là, son hôte mit plus longtemps que d'habitude à lui ouvrir.

Chen pensait avoir été plutôt bien accepté par les habitués, qui le prenaient pour un banal coureur de soirées, prétextant un projet de livre. Et pourquoi pas? L'identité de quelqu'un peut toujours être supposée ou construite par les autres.

Il y avait deux ou trois bals par semaine. Ce n'était finalement pas très difficile pour Chen de jouer l'ancien homme d'affaires intéressé par le vieux Shanghai. Il était capable de se mêler aux Vieilles Lunes en parsemant son discours de phrases en anglais ou d'argot des affaires, et en répétant des anecdotes littéraires ou des répliques de vieux films; le tout, bien qu'un peu livresque, parvenait à le faire passer pour n'importe quoi sauf un policier.

Réciproquement, il était venu à accepter ces gens-là, pathétiques mais inoffensifs, qui essayaient seulement de s'accrocher à une illusoire sauvegarde de leurs valeurs par tous les moyens possibles. Ces réunions démodées en étaient un. Ils étaient peut-être conscients de leur absurdité, mais que pouvaient-ils faire d'autre? Sinon ils n'auraient même pas été des Vieilles Lunes.

Tout comme l'inspecteur principal Chen, qui n'était là qu'à cause de cette absurde affaire Mao.

Il y avait un autre avantage à son rôle, celui de pouvoir approcher Jiao en faisant mine de s'intéresser aux vieux films. Jiao ne parlait pas de sa famille, mais ce n'était un secret pour personne que sa grand-mère était Shang. Chen avait été prudent, n'affichant qu'une curiosité modérée. Jiao s'était montrée aimable avec lui.

Chen s'entendait bien avec plusieurs autres personnes. Il avait eu une longue conversation avec M. Zhou à propos de Zhang Ailing, une romancière révélée d'abord dans les années trente et redécouverte dans les années quatre-vingt-dix. Les connaissances qu'avait Chen de son œuvre avaient impressionné Zhou.

«J'ai dansé avec elle à la *Porte de la joie*», avait-il déclaré, une lueur derrière ses lunettes cerclées d'or. «Quelle femme! Elle dansait comme un poème, et la beauté de ses mots semblait virevolter page après page. Hélas, elle aurait dû rester parmi les siens. Une fleur de Shanghai ne pouvait pas survivre au vent et à la tempête de San Francisco.»

Chen avait répondu par un murmure indistinct, en se demandant si l'histoire de Zhou était vraie, notamment son tour de danse avec Ailing.

Yang, la jeune fille rencontrée à sa première visite, semblait aussi le trouver sympathique et insistait pour l'emmener à une autre fête.

«Vous ne devriez pas vous plonger seulement dans les

soirées "années trente" démodées, M. Chen. Vous devez essayer les années quatre-vingt-dix. Shanghai a été élu récemment la ville la plus passionnante du monde pour la jeunesse. Il y a une soirée pyjama ce week-end...»

Il l'avait interrompue: «Vous avez raison, Yang, mais laissez-moi profiter encore un peu des années trente – pour mon livre.

– Toujours votre livre. Je ne vous comprends pas, M. Chen.»

Il ne comprenait pas vraiment non plus ces élèves du cours de peinture. Pour certaines, c'était sans doute chic de venir, ou nécessaire à la vanité de leur statut social – des cours privés dans le célèbre manoir. Bon nombre d'entre elles étaient comme Jiao, sans emploi régulier ni revenu connu. Si quelque chose distinguait Jiao, c'était qu'elle travaillait beaucoup: non seulement elle restait plus tard, mais elle arrivait parfois avant les cours. Elle peignait dans l'atelier, dans le salon et dans le jardin. Elle assistait parfois aussi aux soirées, bien qu'elle n'ait pas semblé s'intéresser beaucoup à ces convives plus âgés.

Xie finit par arriver après que Chen eut sonné plusieurs fois et frappé du poing à la porte.

«Excusez-moi, M. Chen, quelque chose est détraqué dans la vieille sonnette», dit-il.

Comme d'habitude, il conduisit Chen directement à l'atelier où il donnait son cours. Jiao peignait près de la fenêtre, en salopette beige, le dos pratiquement nu, les mains et les pieds couverts de peinture, les cheveux simplement noués d'un mouchoir bleu. Elle était absorbée dans son aquarelle et ne remarqua pas son entrée. Les autres élèves non plus, occupées à leurs esquisses ou leurs travaux à l'huile. La lumière de l'après-midi entrait à flots par la grande fenêtre et colorait aussi chacun des personnages dans la pièce.

Le cours avait quelque chose de détendu, presque intime. Xie ne donnait pas de cours magistraux. Il n'y avait pas non plus de modèles venus de l'extérieur. Certaines élèves avaient peut-être posé. Assis sur le même vieux canapé d'angle, Chen crut reconnaître une élève dans deux études de nu posées dans le coin.

Il ne connaissait pas grand-chose en peinture et ne pouvait donc pas juger. Mais sa culture poétique lui permettait de faire des remarques occasionnelles sur l'image et le symbole. Du moins, personne ne semblait voir d'objection à sa présence.

Xie allait d'une élève à l'autre, mais il parut maussade tout l'après-midi et parla très peu. Les élèves travaillaient en silence. Au bout de quelques minutes, Xie vint s'asseoir sur une chaise en plastique près de la longue table et s'accouda, la joue sur le poing.

Yang travaillait sur un carnet d'esquisses à côté de Jiao, attaquant le papier blanc au fusain, elle arrachait une feuille et recommençait sur une autre. Brusquement, elle jeta son fusain avec dépit et ses pieds chaussés de sandales trépignèrent sur le parquet.

«Je ferais mieux de ne pas déranger le cours, chuchota Chen à Xie. Je vais sortir un moment.

– Je vous suis.»

Ils sortirent dans le jardin. Compte tenu de son emplacement au centre de la ville, il était immense, mais loin d'être bien entretenu. Le gazon qui n'avait pas été tondu laissait apparaître ici et là des plaques brunes et nues, et les arbustes non taillés étaient flétris, noirs comme s'ils avaient brûlé. À gauche, un sentier envahi de mauvaises herbes serpentait vers une pergola poussiéreuse, abandonnée depuis longtemps. De toute évidence, Xie, trop âgé pour jardiner, n'avait pas les moyens de payer un professionnel.

Le lieutenant Song avait raison sur un point, se dit Chen. Faute de revenu régulier depuis des années, Xie devait manquer cruellement d'argent. Ce qu'il tirait de sa peinture suffisait à peine à conserver l'apparence du bâtiment – avec un minimum de confort et d'entretien. La climatisation à elle seule, bien que fonctionnant toujours au minimum, représentait une énorme facture d'électricité. Sans parler des soirées avec boissons et amuse-gueules. Ces Vieilles Lunes venaient le plus souvent les mains vides. D'après M. Zhou, toutes les autres pièces du bâtiment étaient à peine meublées et complètement inutilisées, à l'exception de la chambre à l'étage. Aussi Xie n'invitait-il jamais personne au-delà du salon. Quant à ce que lui payaient ses élèves, c'était au mieux symbolique.

Chen était sûr d'une chose. L'ex-femme de Xie l'avait quitté à cause de ses difficultés financières, de son refus de chercher un emploi régulier et de vendre la vieille maison ou ses objets. Les Vieilles Lunes n'avaient pas tardé à informer Chen sur le sujet. L'hypothèse de la Sécurité intérieure, selon laquelle Xie agissait comme agent littéraire pour négocier l'avance de Jiao, n'était donc pas tout à fait infondée.

« Asseyons-nous sous le poirier, proposa Xie. C'était l'endroit préféré de mon grand-père. »

Ils s'assirent sur des chaises longues en plastique. Incliné à demi en arrière, Chen pensa à ce que Huan Daoji, un général de l'Est de la dynastie des Jing, avait dit en voyant un grand arbre : *L'arbre a grandi ainsi, et l'homme ?*

81

Tandis qu'il s'abandonnait à une certaine mélancolie, Chen eut la surprise de voir un écureuil filer à travers la pelouse. Il n'avait jamais vu pareille chose à Shanghai.

Ils se turent pendant quelques minutes. Puis Xie poussa un soupir en croisant et décroisant les jambes.

«Quelque chose vous préoccupe, M. Xie?

– L'entreprise immobilière Vent d'Est est revenue faire une offre pour la maison. Ils veulent la démolir pour construire des appartements de luxe.

– Vous n'êtes pas obligé de vendre, dit Chen en rapprochant sa chaise longue. Actuellement, elle vaut une fortune sur le marché.

– Leur offre est ridicule – elle est également plafonnée, mais c'est une autre histoire. Je ne vendrai pas. Sans cette maison, je ne suis rien. Mais l'acheteur a des relations, des moyens noirs et blancs.»

Ce n'était pas la première fois que Xie recevait une offre pour sa maison, mais la combinaison du «noir», référence aux triades, et du «blanc», les fonctionnaires du gouvernement, se révélait trop forte pour lui. Chen aurait pu raconter bien des histoires sur ces puissants promoteurs.

«Un tel acheteur est capable de tout, conclut Xie.

– Votre maison a une réelle valeur historique et devrait être préservée à ce titre, dit Chen songeur. Officiellement, j'entends. Ainsi, personne ne pourrait vous l'arracher, relations blanches ou noires ou pas. Il se trouve que je connais quelqu'un au gouvernement de Shanghai. Si vous êtes d'accord, je peux donner quelques coups de téléphone pour vous.

– Quel homme de ressources vous êtes!» s'écria Xie, le visage soudain éclairé. «Comme je vous l'ai dit le premier

82

jour, M. Shen ne m'a jamais autant recommandé quelqu'un. Je l'ai justement appelé hier, et il m'a dit que vous n'aviez pas seulement des relations utiles, mais que vous êtes un Menshang moderne, toujours prêt à aider. Je parie que vous l'avez aidé lui aussi.

– Un Menshang moderne, allons donc. Ne prenez pas ses paroles trop à la lettre. Shen est un incorrigible poète, dit Chen en souriant.

– Je ne sais comment vous remercier. Si je peux faire quoi que ce soit pour votre projet de livre, dites-le-moi.

– Inutile de me remercier. C'est un tel plaisir pour moi de venir à vos soirées et à vos cours, ou d'être dans le jardin comme aujourd'hui. Il n'y a pas de lieu semblable dans toute la ville. Je viens d'une famille simple. Mon père était instituteur. C'est extraordinaire pour moi de rencontrer des personnes de vieilles familles. Jiao en particulier. La première fois que je suis venu, quelqu'un m'a dit que sa famille était très connue, mais elle-même n'en parle pas.

– Très connue en effet. Shang était sa grand-mère, mais Jiao n'en sait peut-être pas davantage que les autres.

– C'est passionnant. Comment est-elle venue à étudier la peinture avec vous?

– Les gens s'intéressent à mon travail à cause de son thème, les vieilles demeures. Elles ont pour la plupart disparu, sauf dans la mémoire d'un homme du passé comme moi. Et soudain les voici de nouveau à la mode, dit Xie avec un sourire ironique. Certaines élèves viennent sans doute pour suivre la tendance, mais je crois que Jiao est sérieuse.

– Comme vous savez, je ne suis pas critique d'art. Je pense pourtant qu'il y a quelque chose dans ses peintures, quelque chose de bien à elle. D'unique, même si je n'arrive pas vraiment à le définir, dit Chen en choisissant ses mots avec soin. Elle est encore très jeune, et elle a un long chemin à faire. Elle est élève ici presque à plein temps, n'est-ce pas? Elle doit avoir un pécule confortable.

— C'est une question que je me pose également, mais je ne lui ai jamais rien demandé.

— Pensez-vous que ses parents lui ont laissé une énorme fortune? Simple curiosité.

— Je ne pense pas, répondit Xie en le regardant, compte tenu des circonstances dans lesquelles sa mère est morte. Elle n'a rien pu lui laisser. D'ailleurs, tous les objets de valeur chez elle avaient été emportés par les Gardes rouges.

— Quelle tragédie pour sa famille... sa grand-mère et sa mère.

— C'est déprimant rien que de penser à ces années-là.»

Le tour que prenait la conversation mettait Xie visiblement mal à l'aise. Chen changea de sujet. «Les gens parlent des années trente et des années quatre-vingt-dix comme si l'histoire entre ces deux périodes avait été effacée telle une tache de café.

— Vous avez absolument raison, dit Xie avec un regard à sa montre. Le cours se termine. Je dois rentrer.

— Faites donc, M. Xie. Je vais rester un moment dans le jardin.»

Chen changea légèrement de position et regarda vers la fenêtre de l'atelier. Il vit bientôt la silhouette de Xie allant d'une élève à l'autre, parlant, tendant le doigt, faisant des gestes. De la pelouse, il n'entendait rien.

Il sortit son portable et appela le Vieux Chasseur. L'appel ne passa pas. Mais il vit qu'il avait un message, c'était Yong, à Pékin. Il décida de ne pas appuyer sur le bouton de rappel. Il savait qu'il s'agissait de Ling.

Venir était une vaine promesse, vous êtes partie sans laisser de
[traces
La lune éclaire la tour de biais, la cloche sonne la cinquième
[veille

Cette fois encore, les vers étaient de Li Shangyin, son poète Tang préféré. Après avoir traduit en anglais un recueil de poèmes d'amour classiques, Chen envisageait une anthologie de Li Shangyin, dont il avait déjà traduit plus de vingt poèmes. Un jour peut-être il réaliserait ce projet. Il avait aussi consacré une étude spéciale aux poèmes de Li en relation avec son amour pour son épouse, la fille du premier ministre Tang. Son étude était tout sauf impersonnelle, une manière que la poétique selon T. S. Eliot aurait désapprouvée.

Puis il vit quelques élèves se lever et ramasser leurs affaires. Elles commençaient à s'en aller.

Jiao avait pourtant l'air de rester, elle ajoutait encore des touches à son travail près de la fenêtre. Il semblait y avoir avec elle une autre élève, que Chen ne put qu'apercevoir fugitivement.

Peu après, Xie quitta lui aussi la pièce.

Chen resta assis là où il était, comme un écrivain perdu dans ses rêveries. Soudain, Jiao sortit dans le jardin. Elle était encore en salopette et marchait dans l'herbe haute en levant ses pieds nus. Avec ses longues jambes élégantes, elle se déplaçait comme une danseuse, un sourire radieux sur le visage.

«Salut, vous êtes bien, là, dans le jardin, M. Chen. Xie a mal à la tête. Je vais vous tenir compagnie.

– J'ai besoin de m'imprégner de l'atmosphère, pour mon livre, vous comprenez.

– M. Xie m'a parlé de votre généreuse proposition d'aide. Nous vous en sommes reconnaissants», dit-elle en s'asseyant au bord de la chaise longue que Xie venait d'occuper.

Il ne fut pas étonné que Xie lui en ait parlé, mais qu'elle ait dit «nous».

«Oh, ce n'est rien.

– Rien pour vous, mais tout pour lui.»

Leur conversation fut interrompue par l'arrivée de Yang.

«Accompagne-moi demain soir, Jiao. Comment une fille jeune comme toi peut choisir de passer autant de temps dans une vieille maison? Le monde extérieur est moderne, excitant. Tu verras, ils ont une salle de projection, et le karaoké est encore meilleur qu'au *Cabinet des médailles.*»

Le Cabinet des médailles était le nom d'un club de karaoké célèbre à Shanghai. Il s'agissait donc d'une soirée dans un endroit à la pointe de la mode.

«Je n'aime pas tellement ces soirées branchées, dit Jiao.

– Il ne se passe rien ici demain soir. Si ça ne te plaît pas là-bas, tu pourras partir quand tu voudras.

– Je vais y réfléchir, Yang.

– Et vous, M. Chen? demanda Yang avec une moue provocante.

– Je n'ai rien d'un danseur. La dernière fois, Jiao a dû m'apprendre pas à pas.

– Alors tu n'es plus responsable de toi seule, Jiao. Tu dois amener M. Chen! dit Yang en tournant les talons. Salut, Jiao. Salut, M. Chen.»

C'était une interruption intéressante parce qu'elle amenait une question qu'il se posait lui-même à propos de Jiao.

Pour les Vieilles Lunes, leurs fréquentes visites au

manoir qui symbolisait leurs rêves de jeunesse avaient un sens. Et elles n'avaient pas d'autre endroit où aller. Ce n'était certainement pas le cas de Jiao.

«Yang parle toujours comme ça, dit Jiao assise les bras autour des genoux. C'est un papillon, elle voltige d'une fête à l'autre. Ces soirées peuvent être éreintantes.»

Elles étaient peut-être pleines de gens à la mode, plus déchaînées, plus longues, comme dans les films à la télévision. Il n'en avait aucune idée.

Il se retint de poser une autre question. De quel milieu venait Yang? Pour écumer les soirées, toujours du dernier chic, c'était sûrement une «fille coûteuse». Il avait vu deux fois une somptueuse limousine l'attendre devant le manoir.

Mais il était là pour s'occuper de Jiao.

«Voltiger d'une soirée à l'autre, répéta-t-il, pour quoi faire?

– Tout dépend de votre optique. Quelle est celle d'un papillon? dit-elle avec un sourire pensif. Vous avez dû remarquer la chaufferette de cuivre près de la cheminée du salon, par exemple. Grand-mère Zhong l'utilisait comme poubelle dans l'ancien quartier. Mais ici, c'est devenu une précieuse antiquité, un symbole du vieux Shanghai.»

Jiao n'avait encore jamais mentionné Grand-mère Zhong. Et où se trouvait l'ancien quartier? Jiao avait grandi à l'orphelinat. Des membres de sa famille, sans doute. Quelqu'un de la génération de Shang. Il ne se souvenait de personne portant ce nom dans *Nuages et pluie à Shanghai*. Il devrait peut-être vérifier.

«C'est tout à fait juste, Jiao. Vous comptez faire carrière dans la peinture?

– J'ignore si j'en ai les capacités. J'aimerais le savoir, c'est pour ça que j'étudie avec M. Xie.

– Il est sans doute très connu dans son milieu, mais il n'a reçu aucune formation en peinture. Dites-moi, par simple curiosité, comment vous êtes venue à étudier avec lui?

– Vous êtes allé à l'université, mais tout le monde n'a pas la même chance, M. Chen. J'ai commencé à travailler très tôt. Pour moi, ç'a été une chance incroyable de trouver un tel professeur. Ici, j'étudie davantage que la peinture. M. Xie n'est pas un parvenu, et son travail saisit l'esprit du temps.»

Chen ne sut pas très bien ce qu'elle entendait par «l'esprit du temps», mais au lieu de le lui demander, il attendit.

«Il le saisit réellement tout entier, poursuivit-elle avec mélancolie, dans un état d'esprit qui lui est propre et qui place l'image dans sa perspective.»

Cela rappela soudain à Chen une remarque de son défunt père, qui voyait dans le confucianisme le cadre d'un système éthique permettant à chacun de donner un sens à sa vie. On pouvait peut-être dire la même chose du maoïsme, sauf que cela ne fonctionnait pas vraiment. De fait, pas même pour Mao lui-même, dont la double vie avait dû résulter de l'échec du système.

«C'est une analyse très pénétrante, dit-il en arrêtant le vagabondage de ses pensées.

– C'est seulement ma façon de regarder sa peinture, très inspirée par les aspirations et les misères de sa vie.»

Il fut frappé par sa réaction. Jiao était gentille avec Xie, peut-être pas à cause de son aide comme intermédiaire pour les «documents de Mao» comme le soupçonnait la Sécurité intérieure, mais à cause d'une admiration sincère pour son travail.

«D'après la théorie impersonnelle de T. S. Eliot, il faut séparer l'artiste de l'art. Un poème n'informe pas nécessairement sur un poète, ni un tableau…»

Son portable sonna avant qu'il puisse amener la conversation sur le sujet qu'il avait souhaité. L'écran indiquait un numéro hors de Shanghai. Jiao se leva en silence avec un signe de la main et se dirigea vers un coin ombragé du jardin.

C'était Wang, le président de l'Association des écrivains à Pékin. Il dit à Chen que Diao, l'auteur de *Nuages et pluie à Shanghai*, assistait à une conférence au Qinghai, mais qu'il ne rentrerait pas directement à Shanghai. À la demande de Chen, Wang promit de poursuivre ses efforts pour savoir exactement où se trouvait Diao.

Chen ferma son téléphone et vit Jiao accroupie dans le coin du jardin, elle arrachait à la main des mauvaises herbes et des brindilles, ses pieds nus salis de terre, comme une jardinière besogneuse. Ou une habitante du manoir s'occupant de son jardin.

C'était une image émouvante. La silhouette d'une jeune fille en fleur se dessinant sur les ruines d'un vieux jardin, ses épaules nues éclatantes de blancheur dans la lumière de l'après-midi, le ciel ponctué de nuages dérivant comme des voiles, le parfum de l'herbe s'élevant dans la brise fraîche.

Jiao était vive, et intelligente, malgré son peu d'instruction. En regardant la courbe de ses petites fesses pendant qu'elle se penchait sur son ouvrage, il aurait voulu en savoir davantage sur elle. Mais il se répéta que c'était une affaire Mao, et qu'il ne lui restait qu'une semaine jusqu'à la date fixée par la Sécurité intérieure. Il devait se montrer plus efficace dans son «approche».

Il se leva et alla s'accroupir à côté d'elle pour l'aider. Elle avait à ses pieds un tas d'herbes arrachées.

«Excusez-moi pour le coup de téléphone. Notre conversation me plaisait.

– À moi aussi.

– Il n'y a pas de bal ce soir, Jiao?

– Non.»

Il regarda sa montre. «J'aimerais rester plus longtemps, mais je dois régler une affaire urgente. Ce ne devrait pas être long. Si vous ne faites rien ce soir, que diriez-vous de continuer notre conversation en dînant?

– Ce serait très agréable, mais...

– Alors c'est décidé, dit-il en la regardant dans les yeux quelques secondes. Il y a un restaurant pas loin d'ici. C'était autrefois la résidence de Mme Chiang.

– Vous vivez beaucoup dans le passé. J'ai entendu dire que la cuisine n'y est pas extraordinaire, et c'est un restaurant cher. Mais beaucoup de gens veulent y aller.

– Ils veulent s'imaginer en président Chiang Kai-shek ou Mme Chiang, pendant une heure ou deux, autour d'un verre de mousseux. L'illusion n'est jamais trop chère.

– Quelle horreur!

– Que voulez-vous dire, Jiao?

– Pourquoi les gens ne peuvent-ils pas être eux-mêmes?

– Dans les écritures bouddhiques, tout est apparence, y compris soi-même, dit Chen en se relevant. Le restaurant est tout près. Vous pouvez y aller à pied. À ce soir donc.»

En sortant du manoir, il vit un homme d'une cinquantaine d'années qui s'attardait devant le petit café en jetant des regards furtifs à l'autre côté de la rue. Sans doute un agent de la Sécurité intérieure, se dit Chen, bien qu'il ne l'ait jamais vu auparavant. Si c'était le cas, la Sécurité le verrait bientôt en train de dîner aux chandelles avec Jiao et rapporterait que le romantique inspecteur principal avait lancé son «approche».

Après tout, c'était comme dans *Le Rêve dans le pavillon rouge*: *Quand le faux est vrai, le vrai est faux. Là où il n'y a rien, il y a tout.*

De même que, pendant leur conversation dans le jardin, Jiao voyait dans la peinture de Xie une chose non seulement invisible aux autres, mais étroitement liée à sa propre vie. De même, dans le livre que Ling lui avait envoyé, les critiques disaient avoir déchiffré la crise personnelle d'Eliot dans le manuscrit – son avenir incertain de poète, la faillite de son mariage, et le fardeau de la névrose de sa femme. Selon eux, l'eau pouvait symboliser dans le poème ce qui manquait au poète dans sa vie, autant sur le plan physique que métaphysique...

Une idée lui vint brutalement, pas tout à fait nouvelle puisqu'elle lui avait traversé l'esprit le soir où il avait été chargé de l'affaire Mao. Ce soir-là, il avait pensé au lien entre la vie de Li Shangyin et sa poésie. C'est pourquoi il avait griffonné le mot «poésie» sur la boîte d'allumettes avant de s'endormir. Sauf que, le lendemain, il avait oublié le rapport avec l'affaire Mao.

Pourrait-il trouver quelque chose à partir de la poésie de Mao? Pas seulement en tant que critique, mais davantage en tant que détective. Malgré le nombre de commentaires sur les messages révolutionnaires contenus dans les poèmes, certains vers avaient dû venir de son expérience et de ses élans personnels, consciemment ou inconsciemment, non dits, inconnus du public. Si le Vieux Chasseur était parvenu à découvrir ce qui était personnel à Mao derrière son poème à Kaihui, Chen, avec sa formation de critique littéraire, pourrait faire un meilleur travail encore.

Son excuse était devenue réalité, il avait désormais une affaire urgente à régler avant de rejoindre Jiao pour dîner. Il prit un raccourci vers la station de métro où il chercherait dans une librairie du centre commercial souterrain tous les livres relatifs aux poèmes de Mao, tel un maoïste convaincu.

8

L'inspecteur Yu se réveilla tôt et tendit le bras vers sa femme Peiqin, mais elle n'était pas auprès de lui. Elle faisait probablement les courses au marché du quartier, comme à son habitude le dimanche matin.

Il crut entendre un bruit étouffé devant la porte. Dans la vieille maison que partageaient tant de familles, certains résidents étaient déjà debout et vaquaient à leurs occupations. Il ne se leva pas. Il prit une cigarette et essaya de repasser mentalement ce qu'il avait fait les derniers jours.

L'accent qu'avait mis le Parti sur une nouvelle « société harmonieuse » donnait soudain au bureau un nouvel objectif. La brigade des affaires spéciales qu'il dirigeait en l'absence de Chen s'était vue chargée de plusieurs affaires. Celles-ci ne paraissaient pas tellement spéciales à Yu, mais le secrétaire du Parti les voyait d'un autre œil. Par exemple, la brigade devait surveiller un journaliste « fauteur de troubles » qui essayait de dénoncer certaines personnalités plus ou moins impliquées dans une affaire de corruption. Li avait présenté cette mission comme nécessaire à la «stabilité politique», elle-même préalable à la «société harmonieuse», condamnant les efforts du journaliste qui risquait d'entraîner la population à perdre confiance dans le Parti. Yu n'y mettait aucune ardeur. Surveiller quelqu'un ne signifie pas nécessairement voir ou faire quelque chose, se répéta-t-il en tirant longuement sur sa cigarette.

Il pensa de nouveau aux «vacances» impromptues de l'inspecteur principal Chen. Ce n'était pas le premier congé que Chen prenait ainsi, mais il lui en avait toujours parlé. Cette fois, Chen avait préféré prendre contact avec son père, le Vieux Chasseur.

D'après le policier retraité, la décision de Chen était tout à fait compréhensible. Trop de risques. «Savoir quelque chose pourrait réellement être mortel, mon fils.» Le Vieux Chasseur lui avait tout de même demandé de lui rapporter ce qu'il voyait ou entendait au bureau, notamment au sujet de la Sécurité intérieure.

Mais Yu se sentait lâché. Il aurait au moins dû être informé du type de mission dont il s'agissait. Il avait travaillé avec Chen sur tant d'affaires, traversé avec lui tant de tempêtes. Plus frustrant encore, même le Vieux Chasseur rechignait à lui donner des informations, tout en essayant d'obtenir son aide. C'étaient ses liens avec Hong, le policier du comité de quartier chargé du secteur de Jiling, qui intéressaient le Vieux Chasseur. Celui-ci avait demandé à Yu de contrôler les antécédents d'un homme du nom de Tan qui avait vécu dans le voisinage.

Hong avait été lui aussi un «jeune instruit» dans le Yunnan et était entré dans la police de Shanghai à peu près à la même époque que Yu. Ils se connaissaient depuis plus de vingt ans. Hong avait coopéré sans poser la moindre question, mais ses informations n'avaient fait que rendre Yu perplexe.

Au milieu des années soixante-dix, Tan, fils unique d'une famille capitaliste, avait essayé de passer clandestinement à Hong Kong avec sa petite amie Qian, également d'une famille «noire». Ils avaient été arrêtés. Tan avait subi de tels sévices qu'il s'était suicidé, laissant une lettre dans laquelle il endossait toute la responsabilité de leur tentative de fuite. C'était sans le moindre doute un suicide. Compréhensible, du reste. Pour un tel «crime», Tan aurait pu passer vingt ou trente ans à pourrir en prison. Il avait aussi essayé de protéger sa petite amie Qian.

Les parents de Tan étaient morts peu après, et Qian, deux ans plus tard.

Une histoire triste, mais Yu ne parvenait pas à comprendre comment un décès qui remontait à vingt ans pouvait avoir un rapport avec la mission de Chen.

Yu n'en était pourtant pas resté là. Il avait ensuite fait des recherches sur Peng, un autre amant de Qian. La première vérification n'avait guère donné de résultats. Peng avait été condamné à cinq ans de prison pour sa liaison avec une femme de plus de dix ans son aînée, car à cette époque-là, c'était un crime d'avoir des relations sexuelles hors mariage. Il ne s'en était jamais remis, et n'avait jamais occupé d'emploi stable depuis sa libération. La seule chose remarquable à propos de Peng, c'était qu'il ait réussi à se débrouiller pendant toutes ces années.

Yu ne voyait toujours pas en quoi son travail pouvait servir à Chen, qui aurait pu obtenir facilement ces informations en deux coups de téléphone.

Quant aux mouvements de la Sécurité intérieure, Yu n'avait rien entendu, du moins pas au bureau. Il y régnait un silence inhabituel, où la réticence du secrétaire du Parti Li à parler de l'absence de Chen était pour beaucoup.

Yu écrasa sa cigarette, encore plus troublé et plus seul qu'auparavant. Puis il s'assoupit malgré lui, avant d'avoir rangé le cendrier.

Lorsqu'il rouvrit les yeux, Peiqin était là, mi-assise mi-accroupie sur un tabouret de bois, en train de plumer un poulet dans une cuvette en plastique contenant de l'eau chaude, un Thermos recouvert de bambou à côté d'elle. Il y avait aussi par terre un panier plein de légumes et du tofu.

«La cuisine collective est trop bondée», dit-elle en levant les yeux vers lui, puis vers le cendrier sur la table de nuit.

Ainsi, le bruit qu'il avait entendu devant la porte devait venir du poulet qui résistait entre les mains de Peiqin. En tout cas, il était trop tard pour cacher le cendrier.

«Où est Qinqin? demanda-t-il.

– Étude en groupe. Il est parti tôt et rentrera tard ce soir.»

Yu rejeta la couverture en tissu-éponge et s'assit. «Je vais t'aider, Peiqin.

– Tu dis cela depuis que nous étions "jeunes instruits" dans le Yunnan, mais est-ce que tu m'as jamais aidée pour un seul poulet?

– Je l'ai fait au moins une fois dans le Yunnan. J'ai rapporté un poulet en pleine nuit, tu te rappelles?» Il était content qu'elle ne dise rien sur le fait qu'il avait fumé dès le réveil.

«C'est une honte pour un policier de parler comme ça.

– Je n'étais pas policier en ce temps-là.» Une nuit, quand ils vivaient dans le Yunnan, pauvres et affamés, Yu avait volé un poulet à un paysan Dai, et c'était Peiqin qui l'avait fait cuire en cachette.

À la lumière du matin, ses bras nus étaient parsemés de sang de poulet, comme des années plus tôt. Yu résista à la tentation d'allumer une autre cigarette.

«J'ai presque fini, dit Peiqin. Nous allons déguster une soupe au poulet élevé en liberté. Toi et Qinqin vous avez travaillé dur.»

En général, Peiqin ne cuisinait rien de spécial à dîner si Qinqin n'était pas avec eux. Une règle non écrite que Yu comprenait fort bien. Elle faisait tout pour soutenir Qinqin dans ses efforts: entrer dans une bonne université serait déterminant pour son avenir dans la Chine nouvelle.

«Soupe au poulet, ensuite filet de carpe frit à la tomate et fleur de bourse-à-pasteur avec du tofu, annonça Peiqin avec un sourire heureux. Aujourd'hui nous sommes dimanche, tu pourras aussi avoir un verre de vin jaune de Shaoxin.

– Mais tu n'étais pas obligée de prendre un poulet vivant. C'est trop de travail.

– Tu n'as donc rien appris de ton gourmet de patron? Il te dira l'énorme différence entre un poulet vivant élevé en liberté et un poulet de batterie surgelé.

– Comment pourrais-tu te tromper, Peiqin, à présent que l'inspecteur principal Chen est de ton côté dans le choix d'un poulet?

– Tu m'aideras en restant au lit et en ne fumant pas. Dernièrement, tu as eu à peine le temps de me parler.

– Tu as été très occupée toi aussi.

– Ne t'inquiète pas. Qinqin ira bientôt à l'université et je ne le serai plus. Du nouveau sur les vacances de Chen?»

Il savait qu'elle aborderait le sujet et il tendit machinalement la main vers le cendrier. Il lui raconta ce qu'il avait appris, principalement du Vieux Chasseur.

« S'il a choisi le Vieux Chasseur, c'est sans doute parce qu'il n'est plus policier et que personne ne fera attention à lui.

– Mais le Vieux Chasseur m'a aussi caché des informations.

– Il ne les avait pas, ou il a ses raisons. Où en est-il ?

– Il patrouille quelque part, il a pris quelqu'un en filature, je crois. Si je n'avais pas de liens avec Hong, il ne m'aurait peut-être rien laissé faire.

– Qu'est-ce que tu as trouvé ?

– J'ai fait des vérifications de routine sur deux hommes liés à une femme du nom de Qian, morte il y a environ vingt ans dans un accident de la circulation. L'un, Tan, est décédé deux ans avant elle – suicide, rien de suspect. Quant à l'autre, Peng, c'est un moins que rien, un de ces glandeurs qui traînent un peu partout.

– Dans ce cas, pourquoi tant d'histoires ? » Elle posa la pince à épiler dans la cuvette en plastique. « Qui le Vieux Chasseur a-t-il pris en filature ?

– Une jeune fille du nom de Jiao, la fille de Qian. Possible que ce soit une fille entretenue – une petite concubine.

– Qui l'entretient ?

– Personne n'en sait rien. À mon avis, c'est ce que le Vieux Chasseur essaie de découvrir, mais il m'interdit de l'approcher.

– Bizarre. Un Gros-Sous exhiberait sa maîtresse comme un diamant de cinq carats pour prouver sa réussite. À moins qu'il n'appartienne à un autre milieu.

– Qu'est-ce que tu veux dire ?

97

« – C'est peut-être un haut dignitaire du Parti qui essaie de garder sa liaison secrète. Il ne pourra pas le faire long-temps si la police commence à s'y intéresser.

– Pas seulement la police, la Sécurité intérieure aussi.

– Et l'inspecteur principal Chen. C'est mauvais, dit-elle soucieuse. Tu as appris autre chose de ton père ?

– Il a eu une longue conversation avec Chen et lui a raconté comment les constructeurs du tombeau de Cao Cao avaient ensuite été tués – à cause de ce qu'ils savaient. Mais c'était il y a plus de mille ans !

– Mauvais augure... Savoir quelque chose peut être mortel. Tu as remarqué quoi que ce soit d'inhabituel chez lui ?

– Il avait un livre – avec un drôle de titre, comme un livre de météorologie sur Shanghai...

– Le Vieux Chasseur n'est pas un grand lecteur. Le livre a sûrement un rapport avec l'enquête de Chen. Aucun souvenir du titre ?

– *Nuages et pluie...*

– Nuages et pluie... Oh, ça y est, ça y est...

– Quoi ?» demanda-t-il en remarquant dans ses yeux une expression d'impatience et d'excitation, comme si elle regardait quelque chose d'étrange, de scandaleux.

Elle sauta du tabouret en s'essuyant les mains sur son tablier et se pencha pour tirer un carton de sous le lit. « Je suis sûre de l'avoir. *Nuages et pluie à Shanghai.*

– C'est ça. C'est le titre du livre», dit-il en la suivant des yeux.

Dans la pièce, la seule bibliothèque de fortune était celle de Qinqin. Peiqin gardait ses propres livres, par exemple son roman préféré, *Le Rêve dans le pavillon rouge,* dans un endroit jusqu'alors inconnu de Yu. Le carton avait emballé des boîtes de conserve de viande Meiling et devait venir du restaurant où elle travaillait.

« Je vais le trouver. » Elle avait déjà le livre en main et le feuilletait fiévreusement. « Oui, voilà... Qian. Et Tan aussi, effectivement, dit-elle en brandissant le livre. Tu connais Shang, la star de cinéma ?

– Shang ? Je n'ai jamais vu ses films. Il me semble qu'elle était célèbre dans les années cinquante et qu'elle est morte pendant la Révolution culturelle.

– Elle s'est suicidée. » Elle regarda de nouveau la page. « Qian était la fille de Shang.

– C'est un livre sur Shang ?

– Non, sur sa fille Qian, mais il est célèbre surtout à cause de Shang, ou de l'homme avec qui elle couchait.

– Tu parles de qui ?

– De Mao ! » La lumière changeante du matin miroitait sur son visage comme dans un tableau. « Voilà pourquoi Chen ne veut pas t'impliquer. Et pourquoi ton secrétaire du Parti Li reste muet. À cause de Mao.

– Je n'y comprends rien, Peiqin.

– La liaison de Mao avec Shang a été évoquée dans un livre intitulé *Mao et ses femmes*. Tu n'en as jamais entendu parler ?

– Enfin, Peiqin, on ne peut pas prendre ces histoires au sérieux. Tu l'as lu ?

– Non, j'en ai lu des extraits dans une revue de Hong Kong qu'un client a apportée au restaurant. Le livre est interdit ici, naturellement, mais ce qu'il raconte est vrai. Mao aimait danser avec de belles jeunes femmes. La presse officielle le reconnaît désormais. Elle dit que Mao se surmenait et que le comité central du Parti voulait qu'il se détende en dansant. Shang est devenue pour lui une cavalière régulière. Ils ont dansé très souvent ensemble.

– Tu ne m'as jamais parlé de ces choses-là.

– Je ne veux pas parler de Mao. Pas ici. N'a-t-il pas déjà apporté assez de désastres sur nous tous?»

Yu fut déconcerté par la véhémence de sa réaction. Mais compte tenu de ce que la famille de Peiqin avait souffert pendant la Révolution culturelle, son attitude était compréhensible.

«Mao vivait à Pékin, et Shang, à Shanghai, dit-il. Comment était-ce possible?

– Mao venait de temps en temps à Shanghai. Chaque fois qu'il était ici, les hauts fonctionnaires organisaient des soirées pour lui dans une grande résidence qui avait appartenu à un homme d'affaires juif avant 1949 et Shang l'y attendait.

– Ils auraient pu danser sans coucher ensemble.

– Voyons, Yu. Mao pouvait danser avec n'importe qui à Pékin. Pourquoi faire tout ce voyage?

– Mao voyageait beaucoup. Je me souviens d'une chanson qui parle de ses voyages pour le bien du pays.

– Tu n'as jamais entendu ces histoires à propos de Mao? Je ne peux pas te croire, Yu. Shang n'a pas été la seule. Mao a eu des tas de secrétaires particulières, d'infirmières, d'assistantes. Tu te souviens de Phénix de Jade, la jolie secrétaire qui s'occupait de lui jour et nuit dans sa résidence impériale? Pense un peu, une jeune femme qui n'avait fréquenté que l'école élémentaire travaillant comme secrétaire particulière de Mao. La presse du Parti admet aujourd'hui que même Mme Mao devait courber l'échine devant Phénix de Jade. Pourquoi? Tout le monde connaît la réponse.

– Nous avons vu Phénix de Jade dans un documentaire quand nous étions dans le Yunnan, je m'en souviens. Une image d'une femme superbe qui soutenait Mao sortant de sa chambre. Et tu sais quoi ? À ce moment-là, je n'ai pas pu m'empêcher de deviner moi aussi qu'ils avaient une liaison, et je me suis senti terriblement coupable, comme si j'avais commis un crime impardonnable.

– Tu n'avais pas à te sentir coupable. Phénix de Jade est maintenant l'honorable directrice d'un restaurant Mao à Pékin, où elle se montre de temps en temps. L'affaire est florissante, il faut réserver plusieurs jours à l'avance.

– Mais tout ça s'est passé il y a très longtemps. Pourquoi cette soudaine mission pour Chen ?

– Ça, je n'en sais rien, répondit Peiqin en secouant la tête. À cause d'une lutte pour le pouvoir au sommet ?

– Non, je pense que le portrait de Mao à la porte de la place Tian'anmen est encore là pour longtemps.

– Je suis sûre que Chen fera appel à toi en cas de besoin. Ne t'en fais pas, mais... je comprends l'inquiétude du Vieux Chasseur, dit Peiqin en se levant brusquement. Je dois mettre le poulet dans la marmite ! Je reviens tout de suite. »

Elle réapparut une minute plus tard et reprit *Nuages et pluie à Shanghai*. « Je vais le relire attentivement. Je pourrai peut-être y trouver un indice pour ton patron.

– Tu as un faible, toi aussi, pour notre irrésistible inspecteur principal, dit Yu en feignant la jalousie. Mais il a un problème personnel en ce moment.

– Quel problème ?

– Ling, sa petite amie ECS de Pékin, a épousé quelqu'un d'autre – le bureau bruisse de rumeurs à ce propos. Il a reçu un coup de téléphone de Pékin pendant la réunion d'étude politique il y a deux jours. Quelqu'un a entendu une partie de sa conversation. Chen était accablé.

– Ce n'est peut-être pas un si grand mal pour lui. S'il a réussi en tant que policier ce n'est pas du tout grâce à elle. En réalité, je me suis souvent demandé ce qu'il serait advenu s'ils étaient restés ensemble. Tu vois ce que je veux dire.

– Il est inspecteur principal de plein droit, aucun doute là-dessus, confirma Yu. Mais ce qui est évident pour les autres ne l'est pas pour lui.

– Maintenant, il peut tourner la page. Tant qu'il avait constamment sa petite amie ECS en tête, il ne voyait pas les autres femmes. Nuage Blanc, par exemple.»

C'était un de ses thèmes favoris; or, la relation entre Chen et sa petite amie ECS était, dans les faits, terminée depuis longtemps. L'année précédente, Chen avait laissé passer plusieurs occasions d'aller à Pékin. Yu décida de ne rien en dire et répondit: «Non, pas Nuage Blanc. Je ne pense pas qu'elle lui convienne non plus.

– Tu sais ce que j'ai trouvé l'autre jour dans une librairie? dit Peiqin en fouillant de nouveau le carton avant d'en sortir une revue. Un poème de ton inspecteur principal. Pour son amie ECS, bien que ce ne soit pas clairement précisé. Même à l'époque, ils étaient déjà plongés dans des interprétations différentes. Il s'appelle "Version anglaise de Li Shangyin".»

Elle enleva son tablier et lut à haute voix.

Le parfum du jasmin dans tes cheveux puis dans ma tasse de thé, le soir où tu me croyais ivre, un moulin à vent orange à la fenêtre de papier de riz.

Le présent est, quand on y pense, déjà le passé. J'essaie de citer un vers
de Li Shangyin pour dire ce que je ne peux dire, mais la version anglaise ne lui rend pas justice (le traducteur, divorcé de son épouse américaine, a vu l'anglais le frapper comme un cheval aveugle),
ni à ton reflet la brume micacée d'un jade bleu de Lantian.
Étoile de la nuit d'hier, vent de la nuit d'hier... le souvenir d'une bougie soufflée, l'instant où un ver à soie de printemps s'enveloppe dans son cocon, quand la pluie devient montagne, et la montagne, pluie... Telle une peinture où Li Shangyin ouvre
la porte, et où la porte l'ouvre à la peinture, ce rouleau Tang que tu me montrais parmi les livres rares de la bibliothèque de Pékin, j'étais ébloui par tes pieds nus marquant un rythme de boléro sur la poussière légère du vieux plancher. Même alors, chacun plongé dans son interprétation, nous communiions.

«Pour moi, ça n'a ni queue ni tête, dit Yu avec un sourire perplexe. Comment peux-tu être aussi sûre que ce poème a été écrit pour elle?

– Elle travaillait à la bibliothèque de Pékin. Mais l'important est: pourquoi Li Shangyin? Li était considéré comme un arriviste parce qu'il avait épousé la fille du premier ministre d'alors. Malheureusement, le ministre a bientôt perdu son poste, ce qui a fait du tort à la carrière officielle de Li. Il a écrit ses plus beaux poèmes lyriques par dépit.

– Alors ç'a été finalement bénéfique pour sa poésie, n'est-ce pas?

– Si on veut. Chen est trop fier pour passer pour un arriviste.

– S'il tenait vraiment à elle, en quoi était-ce si important?

– Personne ne vit dans une bulle, spécialement dans votre bureau où la politique est partout. »

Elle s'emballait pour défendre Chen en agitant la revue qu'elle brandissait, le visage coloré comme une fleur. «Oh, la soupe de poulet! » Elle lâcha la revue. «Je dois aller baisser le feu.»

Il la regarda sortir en courant, amusé. Mais rapidement, il se tracassa de nouveau pour Chen. C'était une enquête dangereuse, le Vieux Chasseur l'avait prévenu.

L'inspecteur Yu devait agir, que l'inspecteur principal Chen le souhaite ou pas.

9

Chen se réveilla en clignant des yeux dans la lumière éclatante que laissait entrer le rideau à moitié tiré. Il essaya de reconstituer son «approche» de la veille avec Jiao, au restaurant.

Malgré le dîner «romantique» dans la salle mansardée et bien conservée sous les poutres prétendument de l'époque de Mme Chiang, deux petites lanternes rouges en papier suspendues au-dessus d'eux, il n'avait pas appris grand-chose de neuf. Assise en face de lui, en pantalon blanc et débardeur rose, ses épaules éblouissantes à la lumière des bougies, Jiao paraissait préoccupée, «les vagues d'automne» de ses yeux reflétaient quelque chose de lointain. En écartant une mèche de son front, elle avait coupé court à sa tentative d'amener la conversation sur l'histoire de sa famille. «Non, n'en parlons pas.» Autour d'eux, les serveurs et serveuses allaient et venaient, tous habillés à la mode des années trente.

Sans doute avait-elle rencontré beaucoup de gens comme lui, plus intéressés par sa grand-mère que par elle. Mieux valait ne pas insister. Par ailleurs, leur conversation était gênée par la musique trop forte d'un orchestre de Manille et les conversations bruyantes d'autres dîneurs qui échangeaient des plaisanteries sur Mme Chiang en faisant sauter les bouchons de champagne comme autrefois.

À la fin du repas, elle avait laissé l'ancien homme d'affaires qu'il prétendait être payer l'addition. Cette dépense ne l'inquiétait pas vraiment puisque la facture vertigineuse allait servir, pour une fois, de preuve de son travail consciencieux. Elle avait demandé au serveur d'emballer ce qui restait. «Pour M. Xie. Il ne sait pas faire la cuisine.»

Décidément, elle était très prévenante envers lui.

En se séparant devant le restaurant, ils s'étaient serré la main et il avait eu l'impression que celle de Jiao s'attardait dans la sienne. Il avait aperçu un fugitif sourire mélancolique, comme s'il touchait une corde sensible.

Mais cela ne suffisait pas, conclut l'inspecteur principal Chen en quittant son lit.

Il consulta d'abord son portable. Aucun message. Les informations reçues du Vieux Chasseur, y compris celles fournies indirectement par Yu, ne paraissaient pas prometteuses.

Il décida d'effectuer une sortie sur son deuxième front, un mouvement qu'il avait envisagé pendant sa conversation avec Jiao dans le jardin, éclairé par la poésie d'Eliot.

Pour son ouverture sur ce nouveau front, Chen avait fait ses devoirs: avant et après le dîner de la veille, il avait établi une liste des études sur la poésie de Mao ; en réalité, ce travail avait commencé longtemps auparavant. Il avait lu de nombreux ouvrages sur le sujet dès ses années de lycée, avec les *Citations du président Mao* et les *Poèmes du président Mao* comme livres de classe. Il se rappelait avoir copié plusieurs vers dans son journal pour se donner du courage lorsqu'il avait terminé le lycée.

Ne croyez pas qu'il soit de fer ce défilé puissant,
Dès ce jour nous le passerons par ses crêtes.
Nous le passerons par ses crêtes.
Ces monts verdâtres semblent une mer,
Ce soleil qui se meurt semble du sang.

Après la Révolution culturelle, Chen, comme tant d'autres, avait choisi d'oublier Mao et ses poèmes. C'était une page définitivement tournée. D'ailleurs, Mao écrivait en vers traditionnels, et Chen, en vers libres. Les poèmes du dirigeant lui revenaient à présent en mémoire, quoique plus ou moins fragmentés.

La plupart des poèmes de Mao étaient « révolutionnaires », du moins dans les interprétations officielles, y compris celui qu'il avait composé pour sa deuxième femme Kaihui, et un autre, écrit à propos d'une photo prise par sa quatrième femme, Mme Mao. Ces deux poèmes étaient toutefois les seuls qu'il se rappelait comme étant liés à la vie personnelle de Mao.

Ce n'était peut-être pas l'avis de certains critiques. Dans la critique littéraire chinoise traditionnelle, il existait une longue tradition de *suoying*, la recherche du véritable sens d'une œuvre dans la vie de l'auteur. Une telle approche en ce qui concernait Mao aurait sans doute été impossible, car il n'existait qu'une seule version de sa vie : la version officielle. Cependant, un spécialiste pouvait savoir quelque chose qui restait inaccessible à Chen.

Dans la liste des spécialistes de la poésie de Mao que Chen avait établie, certains étaient tellement réputés qu'il n'était pas en mesure d'entrer en relation avec eux directement, encore moins d'obtenir rapidement leur aide ; certains occupaient des postes élevés dans le Parti et avaient travaillé avec Mao, ce qui excluait également la possibilité d'apprendre d'eux quoi que ce soit ; d'autres étaient décédés, et d'autres résidaient trop loin de Shanghai. Le seul accessible était Long Wenjiang, un « spécialiste » très différent de tous les autres, membre lui aussi de l'Association des écrivains.

Long s'était fait connaître comme critique de la poésie de Mao pendant la Révolution culturelle, non pas à cause de ses études universitaires, mais de son statut de classe. Il était ouvrier. Après avoir recueilli pendant des années diverses annotations et interprétations des poèmes du président, il les avait rassemblées en un volume. La publication de l'édition annotée l'avait immédiatement consacré comme spécialiste de Mao, à une époque où les ouvriers et les paysans étaient encouragés à être les maîtres de la société socialiste. Il était ainsi devenu membre de l'Association des écrivains, ainsi qu'« écrivain professionnel ».

Mais la chance avait tourné pour Long après la mort de Mao en 1976. Pendant plusieurs années, rares furent ceux qui s'intéressaient à ce qui touchait à Mao. Les spécialistes s'étaient orientés vers d'autres projets, tels que la poésie des Tang ou des Song, mais comme Mao était le seul sujet que Long connaissait, il s'était acharné et avait parié sur un regain d'intérêt pour la période. Celui-ci avait finalement eu lieu et Mao était devenu une marque commerciale pleinement intégrée dans l'ère de la consommation, avec les restaurants Mao, les antiquités Mao; on collectionnait les badges Mao et les timbres à son effigie. Des Maos en plastique étaient devenus de puissants porte-bonheur et se balançaient devant le pare-brise des chauffeurs de taxi. Chen lui-même possédait un briquet en forme de Petit Livre rouge... un clic et une flamme jaillissait, comme la flamme révolutionnaire censée se répandre dans le monde.

Le seul héritage à n'avoir aucune valeur marchande dans ce renouveau collectif autour de Mao était sa poésie. Aucune maison d'édition n'avait manifesté d'intérêt pour l'édition revue de Long, en dépit de ses protestations et de ses discours passionnés au sein de l'Association des écrivains et au dehors.

Ce n'était pas le seul tracas de Long. Ces dernières années, l'Association des écrivains avait souffert de plusieurs restrictions des subventions gouvernementales. On parlait de réformer le statut des «écrivains professionnels». Pour l'instant, ceux qui étaient reconnus comme tels recevaient un salaire mensuel de l'association jusqu'à leur retraite, qu'ils aient ou non publié. On suggérait à présent une «période contractuelle» où les qualifications de chaque membre seraient examinées et déterminées par un comité. Long, aux abois, s'était mis à écrire des histoires courtes – sans aucun rapport avec Mao – afin de conserver son contrat.

Chen se souvenait d'une nouvelle publiée dans *Le Soir de Shanghai*. C'était une histoire amusante sur les crabes de rivière, jugée «politiquement incorrecte» par le comité de l'Association des écrivains dont Chen était membre. Il retrouva le journal afin de la relire en sirotant son thé.

C'était l'histoire réaliste d'un vieux professeur confucianiste et grand amateur de crabes. Il ne manquait jamais de citer les *Analectes* à la table du dîner : *Confucius ne mangeait pas un mets qui avait perdu sa couleur ou son odeur ordinaire. Il ne mangeait pas un mets qui n'était pas cuit convenablement. Il ne mangeait pas ce qui n'avait pas été coupé d'une manière régulière, ni ce qui n'avait pas été assaisonné avec la sauce convenable. (…) Il avait toujours du gingembre sur sa table. (…) Il ne manquait pas de faire une offrande aux ancêtres, et il l'offrait toujours avec respect.* «Il parle des crabes, pas d'autre chose ! s'enflammait-il. Tout y est, jusqu'au gingembre !» Lorsque le prix de ses chers crustacés devint prohibitif à la suite de la réforme économique, la sagesse confucéenne permit au professeur de se satisfaire uniquement de la sauce. Mais le jour où il fit des reproches à son petit-fils pour avoir volé un crabe, celui-ci envoya les préceptes de Confucius au diable et jura de devenir très riche pour pouvoir acheter autant de crabes qu'il voudrait.

Chen vérifia dans les *Analectes* de Confucius les nombreux interdits et les retrouva, mais à propos de viande et de poissons en général, et non du crabe exclusivement.

Long avait donc lu d'autres auteurs que Mao. Le comité de l'Association des écrivains avait émis un avis défavorable sur cette histoire parce qu'elle «abondait dans le sens des récriminations de la foule, sans montrer l'énorme progrès engendré par la réforme en Chine». De surcroît, elle ne présentait ni intrigue ni art de l'écriture au sens strict. Mais Chen l'aimait bien et pensait que les détails appétissants devaient venir de la propre passion de

Long pour les crabes. Chen aussi aimait les crabes. En tant qu'inspecteur principal, il connaissait des Gros-Sous qui l'invitaient de temps en temps à en manger, parmi d'autres délices. Son portable sonna. Par un curieux hasard, c'était justement un appel de Gu, chef d'entreprises prospère qui possédait en outre plusieurs clubs et restaurants. Chen ne put s'empêcher de mentionner l'histoire des crabes au cours de la conversation, en se demandant si on pouvait encore acheter des crabes au prix officiel.

Il appela ensuite l'Association des écrivains de Shanghai. Après une longue conversation avec le secrétaire général, il obtint les renseignements dont il avait besoin à propos de Long.

Puis il prépara une liste de questions en prévision de sa visite. Il en était à la moitié quand on frappa à la porte. À sa grande surprise, on lui livrait un panier de bambou plein de crabes de rivière vivants – au moins cinq kilos. Un petit mot de Gu y était joint.

Je sais que vous êtes trop pris pour venir dans mon restaurant. Un autre panier est livré chez votre mère.

Chen s'en voulut d'avoir parlé de cette histoire de crabes à Gu. Un tel panier coûtait sans doute une somme exorbitante, bien qu'il n'y ait aucun prix d'indiqué – pas encore. Mais ce matin-là Chen décida de se répéter un cliché : la fin justifie les moyens. Après tout, c'était une affaire Mao, et le panier venait à point pour son importante visite à Long.

Il appela donc celui-ci. Ils s'étaient déjà vus à l'association, mais Long dut être surpris que Chen propose de venir le voir, surtout lorsqu'il ajouta à la fin de la conversation : «J'apporterai quelque chose, nous prendrons un verre en bavardant.»

110

10

Environ une heure plus tard, Chen arriva dans une petite rue de la vieille ville, où Long l'attendait devant son immeuble. Bien que Chen l'ait prévenu, il fut sidéré en voyant le panier.

«Votre visite éclaire mon humble demeure, dit Long. Et vous me comblez avec tous ces crabes.

– J'ai été très impressionné par votre histoire, Long. Et il se trouve que je connais quelqu'un dans un restaurant. J'ai pu bénéficier du prix officiel, et j'ai décidé de venir vous voir.

– Vos relations ne me surprennent pas, camarade inspecteur principal Chen, mais je suis plus qu'étonné par le "prix officiel".»

Chen sourit sans donner d'explication, Long avait raison : il n'existait pas de «prix officiel».

Long reçut Chen dans sa pièce – qui combinait efficacement chambre, living, salle à manger et cuisine. La table, peinte en rouge, était déjà dressée au milieu. Du côté de la porte se trouvaient l'évier et un poêle à briquettes de charbon. Sur un des murs blancs, deux pinces de crabes écarlates étaient accrochées en guise de décoration.

«Aujourd'hui ma vieille épouse doit garder l'enfant de sa sœur, dit Long. Nous bavarderons à notre aise devant ce festin de crabes. Je vais les préparer. Ça ne prendra que quelques minutes.»

Il mit les crabes dans l'évier et les lava avec un petit balai de bambou. Pendant que les crustacés rampaient sous l'eau courante, il prit une grande marmite, la remplit d'eau à moitié et la posa sur le réchaud à propane.

«La cuisson à la vapeur est la plus simple et la meilleure.

– Je peux vous aider, Long?

– Émincez le gingembre, répondit Long en lui tendant un morceau. Pour la sauce.»

Il se pencha au-dessus de l'évier pour nettoyer les crabes avec une vieille brosse à dents. Quand Chen eut terminé sa tâche, Long se mit à ligoter les crabes un à un avec de la ficelle blanche.

«De cette façon, ils ne perdront pas leurs pattes dans les paniers vapeur», expliqua Long en les mettant dans la marmite.

Chen était déjà convaincu que le héros de l'histoire n'était autre que Long lui-même, tant sa manière de préparer les crabes était méticuleuse.

«Je vais vous dire une chose, inspecteur principal Chen. Au début des années soixante-dix, je mangeais des crabes tous les mois.»

C'était pendant la Révolution culturelle, se dit Chen, du temps où Long était un «lettré ouvrier révolutionnaire» jouissant de privilèges difficilement accessibles à d'autres.

«Je me doutais que votre histoire était tirée de votre propre expérience.»

La sauce spéciale au vinaigre, sucre et gingembre était prête. Long y trempa ses baguettes, goûta et se lécha les babines. Il ouvrit une bouteille de vin de riz jaune de Shaoxin et remplit deux verres.

«Buvons d'abord.

– À notre festin de crabes!»

Pendant que Chen s'asseyait à table, Long enleva le couvercle du panier vapeur et versa dans un grand plat les crabes fumants, d'un rouge et d'un blanc éclatants. «Ils doivent être servis chauds. J'en ai laissé quelques-uns encore vivants pour le moment.»

Ce disant, Long choisit un gros crabe sans autre cérémonie, et Chen l'imita. Il versa de la sauce dans la coquille, puis trempa un peu de glande reproductrice de crabe dans le liquide ambré. C'était délicieux.

Ce ne fut qu'après avoir terminé les glandes digestives du deuxième crabe que Long fit une pause avec un soupir et un hochement de tête satisfaits. Il retourna l'intérieur du crabe comme un gant et montra dans sa paume quelque chose qui ressemblait à un petit moine assis en méditation.

«Dans l'histoire du Serpent blanc, un moine indiscret doit se cacher après avoir brisé le bonheur d'un jeune couple. Finalement, il se réfugie dans une coquille de crabe. Regardez, il n'y a pas d'issue.

– Une histoire extraordinaire. Vous êtes un véritable expert en crabes, Long.

– Ne riez pas de mon exubérance. C'est mon premier repas de crabes cette année. Je ne peux pas m'en empêcher», marmonna Long avec un sourire embarrassé, une patte de crabe encore entre les dents. «Vous êtes un homme important. Vous n'étiez pas obligé d'apporter tout ce panier.

– Eh bien, vous êtes une autorité en matière de poésie de Mao. Autrefois, un étudiant apportait un jambon à son professeur, il est donc juste et convenable que je vienne avec des crabes. Ils sont loin de suffire à vous montrer mon respect.»

En extrayant la chair d'une pince avec une baguette, Long répondit: «Je suis très sensible à vos compliments.

– J'ai lu ses poèmes. Quoi qu'on puisse dire aujourd'hui sur Mao, ils ne sont pas mal du tout.

– Des poèmes magnifiques.» Long leva son verre. «Ce ne doit pas être facile à dire pour un jeune intellectuel comme vous. Vous êtes poète vous aussi.

– Mais j'écris des vers libres. Je ne m'y connais pas beaucoup en vers réguliers. Vous pourriez m'éclairer là-dessus.

– En termes de tradition poétique, Mao a écrit des poèmes *ci*, qui exigent un nombre précis de caractères par vers, avec des règles de ton et de rime. Mais on n'a pas besoin de se préoccuper de versification pour les apprécier. Comme dans "Neige", qui est plein d'images originales et audacieuses. Quelle vision sublime!

– Sublime, en effet», acquiesça Chen. Autant commencer par un poème qui n'avait pas de lien direct avec l'enquête. «Quelle imagination!

– C'est vrai.» Long, dont le vin déliait la langue, cita les derniers vers avec emphase. «*Pour trouver le véritable héros / Cherchons plutôt dans le présent.*

– Mais j'ai lu que ce poème a été aussi sujet à controverse. Mao place ce vers après une énumération de célèbres empereurs, et se considère lui-même comme plus grand qu'eux.

– On ne doit pas prendre un poème trop littéralement. "Le véritable héros", ici, ne se rapporte pas forcément au seul Mao. Rappelons-nous aussi qu'à cette époque-là Mao et le Parti communiste étaient considérés comme des "bandits sans instruction". Le poème montrait donc l'étendue de la culture de Mao, et il a été acclamé par les intellectuels.

– Votre interprétation est très éclairante, dit Chen qui n'était pas du tout convaincu. C'est cela que je suis venu chercher auprès d'un expert tel que vous.

– Il y a interprétation et interprétation. Certains peuvent en vouloir à Mao à cause de ce qu'ils ont subi pendant la Révolution culturelle, mais nous devons considérer les choses d'un point de vue historique.

– Exactement. Trop de gens n'arrivent pas à s'extraire de leur propre point de vue.

– De mon point de vue, par exemple, la sauce est indispensable. Simple, mais fondamentale, elle fait ressortir le meilleur du crabe, dit Long en versant de la sauce dans une autre coquille. Une fois, j'y ai même trempé des cailloux, et en fermant les yeux j'ai retrouvé tous mes souvenirs de crabes.

– C'est remarquable, Long. J'apprends beaucoup aujourd'hui, et pas seulement sur la poésie de Mao.

– Peu de maisons d'édition s'intéressent à la poésie de nos jours, dit Long en regardant Chen dans les yeux. Avez-vous l'intention d'écrire sur ses poèmes?

– Non, je ne suis pas un spécialiste comme vous. J'ai étudié l'anglais. Je m'intéresse à la traduction.

– La traduction?

– Oui, il existe une traduction officielle de la poésie de Mao réalisée dans les années soixante-dix – par des lettrés et des traducteurs fameux. Mais l'interprétation "politiquement correcte" a sans doute été poussée trop loin pendant ces années-là. Par exemple, certains de ses poèmes pouvaient être personnels et ne pas concerner seulement la révolution. Pourtant ces traducteurs devaient les rendre en termes révolutionnaires.

– C'est exact. Tout était politique en ce temps-là.

– La traduction de poèmes n'est pas seulement un rendu mot à mot. On doit pouvoir les lire comme des poèmes dans la langue cible.» Chen ouvrit son attaché-case et sortit la traduction de poèmes d'amour classiques. «C'est un recueil de poèmes réunis par Yang[1] que j'ai présentés, annotés et traduits. L'édition américaine vient juste de sortir. Pas beaucoup d'argent, mais beaucoup de battage ici.

– Oui, je me souviens que vous êtes allé à une conférence aux États-Unis il n'y a pas si longtemps. Vous connaissez beaucoup de monde là-bas.

– Un peu», dit Chen en pensant que Long avait dû entendre des histoires sur lui en tant que chef de la délégation – sinon sur son rôle de policier là-bas. «C'est pourquoi je viens vous voir aujourd'hui. Une maison d'édition s'intéresse à la traduction de la poésie de Mao.

– Rien d'étonnant. On sait quel poète et traducteur vous êtes, dit Long en écrasant une pince de crabe avec un petit marteau d'ébéniste. Je vous suis reconnaissant d'avoir pensé à moi pour ce projet. Mon édition annotée a été publiée il y a des années, mais j'ai achevé récemment un index des nouvelles publications sur la poésie de Mao. Je vous donnerai les deux.»

Pour une publication destinée à la Chine, il était probable que le matériel inédit soit limité. Et il ne lui fournirait pas ce qu'il cherchait. «Dans une traduction, la première étape est l'interprétation. Le poème que Mao a écrit pour la photo prise par Mme Mao, par exemple, pourrait être personnel.

– "Sur une photographie de la Grotte céleste prise sur

1. Voir du même auteur, *Encres de Chine*, Liana Levi, 2004. [NdT]

la montagne Lu par la camarade Li Jin[1]".» Long se mit à réciter le poème de mémoire en tenant une pince de crabe comme un bâton de craie.

Dans cette vaste étendue colorée par le crépuscule, voici un
[sapin en toute sa force;
Le vol éparpillé des nuages poursuit sa traversée sans troubler
[sa quiétude.
C'est au Ciel qu'on doit cette grotte féerique...
Vents et lumières sans limite habitent ces sommets fantastiques.

– Dans les années soixante, le poème était interprété comme une prise de position contre l'impérialisme et le révisionnisme – le vol éparpillé des nuages symbolisait les forces réactionnaires, mais il pouvait tout aussi bien représenter l'intimité entre Mao et Mme Mao, dit Chen en prenant à son tour une patte de crabe. Après la chute de la Bande des Quatre, Mme Mao est tombée plus bas qu'une merde de chien et on a dit que le poème était simplement l'expression de l'esprit révolutionnaire de Mao, qu'il n'avait rien à voir avec elle. Mais Mao aurait pu écrire ce poème comme un homme à une femme, dans un moment de passion. Inutile d'y plaquer une interprétation politique, n'est-ce pas?

– C'est vrai. Que puis-je faire pour vous, inspecteur principal Chen?

– Aidez-moi à trouver l'origine de ces poèmes pour en déduire une interprétation fiable. Je mentionnerai votre rôle de consultant. Et j'indiquerai dans mon

---

1. Mme Mao, née Luan Shumeng, a été connue sous les noms de Jiang Qing, Li Jin, Lan Ping et Li Yunhe. [NdT]

avant-propos que ma traduction est fondée sur vos recherches.

– Rien ne vous oblige à...

– En outre, je vous verserai dix pour cent des droits d'auteur sur les ventes, ici et à l'étranger.

– C'est beaucoup trop, inspecteur principal Chen. Dites-moi plus précisément ce dont vous avez besoin.

– Poursuivons avec ce poème pour Mme Mao. Que pensez-vous de son interprétation érotique ? En littérature classique, une "grotte féerique" peut être une métaphore pour... ce que vous savez. Les sommets fantastiques sont encore plus chargés d'évocations sexuelles. Le fait que c'était le poème d'un mari à sa femme se prête à une telle interprétation, bien que Mme Mao l'ait utilisé ensuite pour obtenir des avantages politiques.

– Non, ce n'est pas ainsi qu'on interprète un poème.

– Mais vous ne pouvez pas ignorer certaines images. Le sapin en toute sa force. Et dans le crépuscule de surcroît. Comme si cela ne suffisait pas, les nuages. Vous savez ce que signifient nuages et pluie dans la littérature classique. Sans parler des sommets fantastiques à la fin du poème. Mao n'était plus jeune à cette époque-là. Il ne lui était peut-être pas si facile d'atteindre le sommet, si vous voyez ce que je veux dire.

– C'est absurde !

– S'il s'agissait d'un poète romantique, après une nuit de nuages et de pluie, dans le paysage fabuleux des montagnes Lu, serait-ce si difficile à croire ?

– Le poème a été écrit en 1961. Mao et Mme Mao faisaient chambre à part depuis longtemps. Ils n'habitaient pas ensemble à la résidence des mers du Centre et du

Sud. Pourquoi Mao aurait-il tout à coup écrit un tel poème pour elle?

– Pour célébrer une rencontre impromptue ou une réconciliation dans les montagnes. Mao ne pouvait pas écrire sur cette nuit-là de façon explicite...

– C'est dans la tradition d'écrire à propos d'une peinture ou d'une photo, pour faire un compliment ou un commentaire. Il ne faut pas chercher plus loin. C'est tout ce que je peux dire.

– Très bien, Long. Laissons ce poème pour le moment. Voyons-en un autre. "Sur la photographie d'une milicienne". Un poème simple, lui aussi dans la tradition. Quand j'étais à l'école, on en avait fait une chanson.

– Je peux encore la chanter.» Long se leva, désireux de changer de sujet.

Vive comme le vent, qu'elle est martiale et belle avec son fusil
[de cinq pieds
Quand les premiers feux du matin éclairent le terrain d'exercice.
Cette fille de Chine a de hautes aspirations:
Elle n'aime plus les parures rouges, elle aime les tenues guerrières!

«Vous la chantez très bien, dit Chen en agitant d'un air pénétré la patte de crabe comme une baguette de chef d'orchestre.

– Mao disait que chaque Chinois devait être soldat. La photo incarnait cet esprit héroïque. Le poème fut un grand encouragement pour le peuple dans les années soixante.

– Mais connaissez-vous les circonstances de son écriture? L'identité de la milicienne?

– On ne doit pas prendre trop au sérieux certaines histoires.

119

– D'après ce que j'ai entendu dire, Long, Mao a écrit ce poème pour faire plaisir à une milicienne en particulier.

– Ce n'est qu'une rumeur. Donnez-moi un poème, n'importe lequel, et je pourrai affirmer qu'il a été écrit pour quelqu'un, en m'appuyant sur une histoire tirée par les cheveux.

– Le nom de la milicienne figure dans la presse officielle.

– Je regrette de ne pas pouvoir vous aider», dit Long hésitant, visiblement troublé, en regardant par-dessus son épaule. «Oh, les crabes refroidissent. Faisons-en cuire d'autres.

– Bonne idée.»

Pendant que Long ajoutait des crabes dans le panier vapeur, Chen étudia la situation. Il avait été trop direct. Malgré les crabes et le projet d'édition, Long n'était toujours pas prêt à révéler les détails de la vie privée de Mao... à un policier.

L'inspecteur principal Chen n'avait d'autre choix que de jouer son va-tout.

Quand Long revint à table avec un autre plat de crabes fumants, Chen reprit sur un ton sérieux. «Je voudrais vous parler de l'Association des écrivains.

– Ah oui, vous en êtes membre administrateur.

– Certains veulent appliquer la réforme du système des écrivains professionnels. En raison des restrictions des subventions gouvernementales, comme vous le savez, le changement semble inévitable.»

Celui-ci n'affecterait pas Chen qui avait son salaire régulier de policier, mais pour beaucoup d'«écrivains professionnels» tels que Long, il serait crucial.

«Qu'avez-vous entendu dire?

– Pour être juste, le système des écrivains professionnels a son mérite, répondit Chen en défaisant la ficelle autour d'un crabe. Nous devons prendre en considération la situation particulière de chacun. Les auteurs de best-sellers n'ont pas besoin que l'association leur verse de l'argent. Mais pour certains, dont le travail nécessite beaucoup de recherches, le salaire d'écrivain professionnel reste nécessaire, encore plus dans la conjoncture actuelle. J'ai fait valoir cet aspect pendant la réunion.

– Qu'ont dit les autres?

– Ils ont insisté sur le nombre de publications. En fin de compte, les écrivains peuvent dire ce qu'ils veulent sur leur travail, il faut bien retenir un critère. Un comité spécial va donc voter.

– Et vous êtes membre du comité?

– Oui, mais j'ai affaire à forte partie. Néanmoins…» Chen s'interrompit pour casser la pince de crabe en tapant dessus avec son poing. «… avec la traduction en anglais, et vous comme conseiller, je vais pouvoir plaider votre cause. Et la mienne.

– La vôtre? Vous-même n'êtes pas écrivain professionnel, je me trompe?

– Certains prétendent que je ne fais que suivre le modernisme occidental. C'est faux. J'ai traduit beaucoup de poèmes chinois classiques. Mais un recueil de poèmes de Mao serait un bon point pour moi.»

L'argument sembla convaincre Long, qui hocha la tête.

«Avec une publication d'envergure internationale, poursuivit Chen, je doute que quiconque puisse voter contre vous.

– Inspecteur principal Chen, je vous suis reconnaissant de votre soutien, et j'admire votre passion pour l'œuvre de Mao, dit Long en levant lentement son verre. Votre insistance pour une traduction fiable et objective est un gage de votre intégrité.»

Chen attendit que Long en dise plus. La menace qui pesait sur son statut d'écrivain professionnel avait changé sa vision des choses.

Un court silence suivit, troublé seulement par le bruit des crabes qui rampaient et se bousculaient au fond de la cuvette en crachant des bulles.

«Revenons à vos questions, inspecteur principal Chen, reprit Long. Certaines des informations que j'ai recueillies ne sont pas toujours le fruit d'une recherche approfondie. On pourrait même les qualifier de on-dit. Mais vous, un traducteur responsable, vous saurez certainement trier et juger.

– Bien entendu. J'assume toute la responsabilité de la traduction, assura Chen qui vit là une condition nécessaire pour que Long cède.

– Où avez-vous appris l'identité de la milicienne?

– Dans un journal de Pékin. À l'en croire, Mao a écrit ce poème pour une opératrice téléphonique des mers du Centre et du Sud. Elle s'était fait photographier en uniforme de milicienne et avait montré la photo à Mao. Mais comment a-t-elle réussi à faire cela? Une opératrice ordinaire n'aurait jamais pu s'approcher de Mao.

– Exactement, confirma Long en écrasant une patte de crabe avec force. En réalité, il existe plusieurs versions. Ce n'est un secret pour personne que Mao a dansé avec un grand nombre de femmes. En dehors d'elle, ses partenaires incluaient aussi les femmes qui travaillaient pour lui, telles que les serveuses dans son train privé, les infirmières ou les opératrices. Dans l'une des versions, c'est une infirmière particulière qui a montré sa photo à Mao.

– Parlez-moi des autres versions.

– Par exemple, avez-vous entendu parler d'une actrice de cinéma qui s'appelait Shang?»

Chen fut aussitôt sur le qui-vive. «Oui. Je vous écoute.

– Elle aussi a dansé avec Mao. On a dit que le poème était destiné à l'actrice, qui avait joué le rôle d'une milicienne au cinéma. J'ai vu ce film, Shang a d'ailleurs gagné un prix pour son interprétation. Mais comment être sûr que c'est bien elle qui a inspiré Mao? Je ne sais pas. On a bâti et rebâti des histoires abracadabrantes à propos de Mao. En tout cas, sur l'identité de la milicienne, nous n'avons pas le mot de la fin.

– Avez-vous des détails en ce qui concerne Shang?

– On l'appelait le "Phénix de l'industrie cinématographique". Un opéra de Pékin s'appelle *Badinage entre le dragon et le phénix*. Vous l'avez vu?

– Oui, il raconte la liaison d'un empereur Ming avec Sœur Phénix.

– Traditionnellement, le dragon symbolise l'empereur et le phénix, sa partenaire. Il pourrait aussi y avoir un rapport avec le poème pour Mme Mao, continua Long en finissant son verre d'un coup. Dans une version plus élaborée, Mme Mao connaissait l'origine du poème sur la milicienne et a demandé à Mao d'en écrire un sur la photo qu'elle avait prise – pour équilibrer les faveurs impériales ou, comme on disait, "partager le bienfait de la pluie et de la rosée divine". À propos, vous avez lu le livre... *Nuages et pluie à Shanghai*?

– Oui.

– Alors vous connaissez l'histoire. Les recherches que j'ai faites me portent à penser que Shang était la milicienne du poème.

– Pourquoi?

– J'ai parlé avec un collègue de l'actrice. Il m'a dit avoir vu dans sa chambre un rouleau calligraphié par Mao, au cours d'une visite chez elle avant la Révolution culturelle.

– "La milicienne"?

– Non, pas celui-là. "Ode à une fleur de prunier".

– Vraiment!» Chen n'avait jamais songé à faire un rapprochement entre ce poème et l'enquête. Il prit le volume de poèmes de Mao dans son attaché-case.

Le vent et la pluie ont accompagné le départ du printemps...
La neige folle accueille son retour;
Au surplomb de la falaise brillent mille pieds de glace;
Là cependant, une branche de fleurs offre sa grâce.

Elle ne revendique pas le printemps pour elle-même
Et porte seulement le message de sa venue.
Elle attend que les fleurs de la montagne brillent de tout leur
[éclat;
Alors, elle sourira au milieu d'elles.

«Il a été écrit en décembre 1961, d'après un poème de Lu You, un poète de la dynastie des Song. Écrire sur le poème d'un autre est aussi une convention poétique. Dans les deux œuvres, la fleur de prunier[1] symbolise l'esprit de résistance, mais d'un point de vue différent.»

Chen tourna une page et récita le poème de Lu cité en appendice.

---

1. Fleur de Prunier est le nom d'une concubine impériale, tristement célèbre pour avoir été délaissée par l'empereur Tang Xuanzong au profit d'une autre beauté, qui fit chanceler l'empire. [NdÉ]

À la porte du relais de poste, devant les ruines d'un pont,
Ses fleurs éclosent dans l'abandon et dans l'oubli.
Au crépuscule, la solitude est déjà assez triste;
Pourquoi ont-elles à souffrir encore du vent et de la pluie?

Elles ne se posent pas en rivales du printemps,
Bien qu'elles suscitent la jalousie de toutes les autres fleurs.
Mais leurs pétales vont tomber, se réduire en boue, devenir
                                              [poussière
Et il ne restera plus d'elles que leur parfum d'autrefois.

«Comme d'autres poèmes, "Ode à une fleur de prunier" était considéré comme plein de l'enthousiasme révolutionnaire de Mao, dit Long en remuant la sauce dans la coquille de crabe avec un cure-dents. C'est l'interprétation consacrée. J'ai lu dans un article que Mao a écrit son poème en réponse à une lettre d'admiration qui citait le poème de Lu. Or, celui-ci n'a rien à voir avec l'admiration. Il n'est que lamentation et auto-apitoiement. Poète patriote, Lu voulait servir son pays en combattant les troupes de Jin, mais sa position d'officier subalterne l'en a empêché. Encore une fois, c'est une convention dans la poésie traditionnelle de comparer quelqu'un de déçu à une beauté abandonnée ou à une fleur négligée. La signification du poème est donc sans équivoque.

– Vous êtes d'une perspicacité admirable, dit Chen en extirpant la chair d'une patte.

– Qui a pu envoyer ce poème à Mao? On peut raisonnablement imaginer qu'il s'agit d'une femme entretenant un rapport particulier avec lui. C'est la seule situation où un tel geste aurait eu un sens. Elle savait que Mao avait d'autres partenaires, mais elle n'allait pas se plaindre ouvertement. Mao lui a donc répondu par l'approbation. De son point de vue, il était naturel qu'un empereur ait trois cent soixante concubines. Tout en sachant que d'autres fleurs rivalisaient pour obtenir l'attention du printemps, cette femme devait se contenter de recevoir la première ses faveurs, en souriant au milieu de toutes les fleurs des montagnes.

– Je comprends pourquoi les critiques officiels ont dissimulé les circonstances réelles du poème, dit Chen qui pouvait à peine cacher son excitation. Sans doute Shang était la seule maîtresse de Mao assez instruite pour citer un poème comme celui-là. Celles qui travaillaient pour lui étaient pour la plupart des jeunes filles de la classe ouvrière.»

Long se pencha sur la coquille de crabe et finit la sauce en silence.

«Et à propos du rouleau calligraphié par Mao, pouvez-vous vous rappeler autre chose? demanda Chen. Par exemple, quand on écrivait un poème pour quelqu'un d'autre, on ajoutait d'habitude une courte dédicace, et un sceau rouge pour l'authentifier. Le collègue de Shang a-t-il remarqué quelque chose de ce genre sur le rouleau?

– Non, il ne l'a qu'aperçu dans sa chambre. Mais il est sûr que ce n'était pas une photocopie, cela n'existait pas à cette époque-là.

– J'aimerais, si possible, rencontrer ce collègue. Ce pourrait être décisif pour identifier le destinataire du poème. Bien entendu, nous n'avons pas besoin d'entrer dans les détails dans notre livre.

– Je ne suis pas sûr qu'il soit encore à Shanghai. Je ne l'ai pas vu depuis plusieurs années, mais j'essaierai.

– Ce serait formidable. Portons un toast à notre collaboration…»

La porte s'ouvrit soudain sans qu'aucun des deux ait entendu la clé tourner dans la serrure.

La femme de Long était de retour. Petite, les cheveux gris, des lunettes cerclées de noir, elle fronça les sourcils à la vue de la table jonchée de débris.

«Voici l'inspecteur principal Chen, de la police de Shanghai, également membre éminent de l'Association des écrivains de Shanghai», annonça Long, avec le bégaiement soudain d'un homme que sa femme mène à la baguette. «Il a apporté un plein panier de crabes. Je t'en ai gardé.»

Hors de question de continuer à parler de Mao en sa présence.

«Tu n'aurais pas dû boire autant», dit-elle à Long en tendant le doigt vers la bouteille vide restée sur la table, comme un point d'exclamation à l'envers. «Tu oublies que tu as de la tension.

– L'inspecteur principal Chen et moi travaillons ensemble sur une nouvelle traduction des poèmes de Mao. Elle sera publiée ici et à l'étranger. Je n'ai plus à m'en faire pour mon statut d'"écrivain professionnel".

– Vraiment! dit-elle incrédule.

– Ça se fête. Et nous recommencerons à manger des crabes comme avant.

– Excusez-moi, Mme Long. Je n'étais pas au courant pour la tension de votre mari, mais il m'aide beaucoup dans ce projet de livre, dit Chen en se levant. Je dois m'en aller. La prochaine fois, il n'y aura que des crabes, pas une goutte de vin, je vous le promets.

– Ce n'est pas votre faute, inspecteur principal Chen. Je suis heureuse que vous ne l'ayez pas oublié.» Elle dit à voix basse à son mari: «Va te regarder dans la glace. Tu es aussi rouge que le Petit Livre rouge de Mao.»

«Regardez la table, dit Long d'une voix un peu confuse en raccompagnant Chen à la porte, c'est un champ de bataille déserté par les troupes nationalistes en 1949. Vous vous rappelez le poème sur la libération de Nankin?»

En se retournant, Chen vit que la table ressemblait en effet à un champ de bataille avec les pattes cassées, les coquilles écrasées, les glandes reproductrices rouges ou orange disséminés ici et là, mais il ne put se rappeler l'image dans ce poème particulier de Mao.

11

L'inspecteur Yu décida d'avoir un entretien avec Peng, le second amant de Qian. Comme il ne connaissait pas bien le policier du quartier de Peng, il devait approcher celui-ci tout seul, sans en parler à personne ni révéler qu'il était policier. Le Vieux Chasseur avait surpris une rencontre suspecte entre Jiao et Peng – dans une épicerie, où Jiao avait donné une poignée de billets à Peng. Qu'y avait-il entre eux?

La liaison de Peng avec Qian avait à peine duré plus de six mois avant qu'il soit jeté en prison. À sa libération, il pouvait tout juste prendre soin de lui, encore moins de Jiao. Ils n'avaient aucun contact depuis des années. Elle n'était pas sa fille, même pas sa belle-fille.

Le Vieux Chasseur, qui se jugeait plus expérimenté en matière de filature, avait voulu se consacrer à Jiao. Il revenait donc à Yu de surveiller Peng.

Tôt le matin, il arriva au marché où celui-ci travaillait comme porteur de porcs, mais il apprit que Peng avait été renvoyé.

«Un bon à rien qui ne peut manger que du riz ramolli», lui dit un ancien collègue de Peng en attaquant à la hache une tête de porc surgelée sur un billot, et en crachant sur le sol jonché de feuilles de chou pourries. «Vous le trouverez probablement en train de manger son riz blanc chez lui.»

C'était un commentaire rude, surtout à cause du «riz ramolli» qui évoquait un homme entretenu par une femme. Mais cela ne s'appliquait pas à la liaison entre Peng et Qian qui remontait à une époque où Qian avait peu d'argent. *Il est facile de jeter des pierres sur quelqu'un qui est déjà tombé au fond du puits*, aurait dit le Vieux Chasseur. Yu remercia l'ancien collègue, qui lui donna l'adresse de Peng.

Suivant ses indications, Yu changea deux fois d'autobus pour se trouver dans une ruelle miteuse, près de la rue de Santou.

Un homme corpulent était accroupi à l'entrée de la ruelle comme un lion de pierre, le visage à moitié enfoui dans un grand bol de nouilles, tenant une gousse d'ail au bord du bol. Le mangeur de nouilles portait un T-shirt défraîchi beaucoup trop petit pour lui, qui le faisait ressembler à un sac de voyage bourré. Yu ne put s'empêcher de le regarder et l'homme le regarda à son tour, sans cesser d'engloutir bruyamment.

«Vous êtes bien M. Peng?» demanda Yu qui l'avait reconnu d'après la photo, en lui offrant une cigarette.

«Je suis Peng, mais sans monsieur depuis vingt ans. Monsieur me donne la chair de poule, répondit Peng en prenant la cigarette. Oh, une "Chine". Plus chère qu'un bol de nouilles. Qu'est-ce que je peux faire pour vous, mon vieux?»

C'était un paquet que Chen lui avait donné au cours d'une autre enquête. Il allait jouer un rôle, à l'instar de son chef, qui parfois se présentait comme écrivain ou comme journaliste quand il allait à la pêche aux informations. «Je suis journaliste. J'aimerais avoir une conversation avec vous. Trouvons-nous un endroit. Un restaurant dans le coin, par exemple.

– Le petit de l'autre côté de la rue fera l'affaire, dit Peng en tenant toujours le bol de nouilles. Vous auriez dû venir cinq minutes plus tôt.»

C'était un endroit familial, simple et même pauvre. À cette heure-là, il n'y avait aucun client.

Le vieux propriétaire regarda avec curiosité ces deux hommes qui offraient un contraste frappant. Peng, un clochard sur le pavé et Yu, en blazer léger que Peiqin lui avait préparé pour l'occasion. Elle l'avait même repassé avant qu'il se réveille.

«Vous êtes un habitué, Peng. Allez-y, commandez.»

Peng choisit quatre plats et six bouteilles de bière. Pour le lieu, cela devait représenter un banquet. Heureusement, rien n'était cher sur la carte. Peng cria sa commande. Les gens dans la rue auraient pu l'entendre, tel un message à tout le voisinage: Peng est encore quelqu'un, des riches lui paient un bon repas.

«Bon.» Peng lâcha un rot sonore après avoir vidé son premier verre de bière. «Vous pouvez commencer.

– Je souhaite seulement vous poser quelques questions sur votre vie pendant la Révolution culturelle.

– Je sais où vous voulez en venir, commença Peng en avalant d'un coup le deuxième verre. À ma maudite histoire avec Qian, pas vrai? Je vais vous dire une chose, monsieur le journaliste. J'avais quinze ans quand je l'ai rencontrée. Elle était mon aînée de plus de dix ans, elle m'a séduit. Quand on vous offre un corps blanc et voluptueux, comme une bière glacée en plein été, qu'est-ce que vous pouvez faire?

– La boire?» répondit Yu ironique, étonné par la dureté avec laquelle Peng parlait de Qian.

«Un gamin comme moi ne connaissait rien à rien. Je lui ai servi de remplaçant pour satisfaire son désir. La seule chose qui l'intéressait chez moi – une malheureuse ressemblance avec son amant mort. Et après ma sortie de prison, où j'ai gaspillé mes plus belles années, je n'ai pas pu trouver d'emploi convenable. J'étais une épave, sans métier ni expérience. Sans avenir.»

En regardant cet homme débraillé et avachi qui se gorgeait de bière comme s'il n'y avait pas de lendemain, Yu se demanda ce que Qian avait pu lui trouver.

«Ça n'a pas été facile pour vous, Peng, mais c'était il y a bien longtemps. Vous ne pouvez pas savoir ce qu'elle pensait réellement, et elle a payé très cher. Racontez-moi l'histoire depuis le début.

– L'histoire entre moi et Qian? Dites donc, ne me prenez pas pour un imbécile, monsieur le journaliste. Cette histoire vaut un maximum d'argent. Vous ne l'achèterez pas avec deux bières.

– Que voulez-vous dire?

– Quelqu'un est venu me voir longtemps avant vous. Un écrivain, du moins, c'est comme ça qu'il s'est présenté.» Peng mit dans sa bouche un gros morceau de bœuf au bouillon. «J'ai été assez naïf pour tout lui raconter, et il ne m'a même pas payé une bouteille de bière.

Rien que deux cigarettes… des "Montagnes de la Pagode Rouge". Les moins chères. Il a écrit un livre, il en a vendu des millions, et je n'ai rien eu.

– Vous l'avez lu?

– On m'a dit que dans le livre je ne suis qu'un voyou.» L'écrivain, vraisemblablement l'auteur de *Nuages et pluie à Shanghai*, avait dû présenter Peng par opposition à Qian, transformée en héroïne.

«Écoutez, Peng, je n'ai pas vraiment besoin que vous me racontiez votre histoire. Je peux lire le livre. Alors que diriez-vous de cent yuans pour quelques questions?» dit Yu en sortant son portefeuille. Il imagina Chen dans la même situation. Sauf que Chen, lui, avait son budget d'inspecteur principal.

«Cinq cents yuans.» Peng se servit une écuellée de soupe chaude au poisson du Guizhou et l'aspira en se léchant les babines.

«Écoutez bien.» Yu prit la bouteille de bière et en frappa un coup sur la table. «Vous suiviez Jiao, et vous lui avez extorqué de l'argent l'autre jour. Je tiens cela d'un de mes amis policiers. En fait, c'est moi qui l'ai empêché d'intervenir. Après tout, vous êtes une victime de la Révolution culturelle.»

Yu tentait sa chance. Même si Peng ne faisait pas chanter Jiao, avec son casier, la police n'aurait aucun mal à lui causer des ennuis.

«Maudits policiers. Ils sont venus me voir il y a un mois à peu près, ils m'ont traité comme une merde. Ils n'ont rien tiré de moi, forcément», dit Peng sur un ton théâtral, en tendant le bras pour arracher à Yu le billet de cent yuans. «Jiao est ma belle-fille, non? Elle a beaucoup d'argent, et c'est juste qu'il m'en revienne un petit peu.

– Alors Qian a laissé quelque chose à sa mort?

– Un trésor, j'en suis sûr. Qui était sa mère? Une reine du cinéma. Avec combien d'hommes riches et puissants avait-elle couché?

– Mais les Gardes rouges ont dû piller sa maison et emporter tout ce qui avait de la valeur.

– Non, je ne crois pas. J'ai beaucoup réfléchi – je ne raisonne pas comme une casserole. À cette époque-là, les Gardes rouges ne se sont pas jetés sur elle comme dans d'autres familles. Elle a eu le temps de cacher le trésor.»

Un tel trésor devait faire rêver Peng qui survivait de petits boulots. L'hypothèse tenait debout, mais justifiait-elle une enquête de la Sécurité intérieure et de l'inspecteur principal Chen?

«L'écrivain n'a rien donné à Jiao non plus. C'est donc qu'elle a le trésor.

– Il y a un an, Jiao était aussi pauvre que vous. Si Shang avait laissé quoi que ce soit, Jiao aurait pu le vendre bien plus tôt.

– Shang avait quelque chose, je le sais.

– Comment?»

Peng enleva un œil de la carpe à la vapeur et le fit rouler sur sa langue. «Vous êtes un homme intelligent, dit-il d'un air mystérieux. Shang a dansé avec Mao, qui habitait la Cité interdite et disposait du trésor des anciennes dynasties.

– Seulement dans votre imagination, Peng.

– Non. J'ai fait des recherches. Le marché des antiquités n'a commencé à flamber que récemment. Il y a deux ou trois ans, c'était impossible de trouver un acheteur pour les vieilleries de la Cité interdite. En tout cas pas pour un bon prix. Ça explique pourquoi Jiao est tout d'un coup devenue riche il y a un an. D'ailleurs, je peux le prouver.» Peng essaya d'attraper une queue de porc à la sauce soja avec ses baguettes. «Mais vous avez posé vos questions et j'ai donné mes réponses.

– Vraiment?» Yu sortit de nouveau son portefeuille dans lequel il restait environ deux cents yuans. «Cent de plus. C'est tout ce que j'ai. Et je dois payer le repas. Dites-moi quelles preuves vous avez.

– Vous en aurez pour votre argent, monsieur le journaliste, dit Peng en empochant le billet tout en avalant une bonne rasade de bière. Je file Jiao depuis pas mal de temps. Comme je le soupçonnais, elle vend ses antiquités – petit à petit. Personne ne pourrait se permettre d'acheter la totalité en une fois. Alors un jour je l'ai suivie à la *Porte de la joie*.

– La *Porte de la joie*?» Peiqin lui avait dit qu'autrefois Shang avait brillé dans ce dancing comme une lune. Il se rappela soudain une autre affaire avec un coup au cœur. Il n'y avait pas si longtemps, un membre de son équipe avait été tué devant le dancing. «Je ne vois pas en quoi c'est suspect.

– Sa façon de s'y rendre était très suspecte. Elle regardait sans cesse par-dessus son épaule comme si elle craignait d'être suivie. Puis elle est entrée dans un salon de coiffure pour ressortir immédiatement par la porte de derrière, avec des lunettes noires. Je ne l'ai pas perdue de vue. Pour la suivre à l'intérieur du dancing, j'ai vidé mes poches pour un billet d'entrée. Elle était là, elle dansait avec un homme grand et solide à la figure ronde comme la pleine lune.

– Vous voulez dire qu'elle travaille comme "compagne de danse"?

– Non, je ne pense pas. Ces filles-là ne gagnent pas tellement d'argent. Et c'est la seule fois où je l'ai vue aller là-bas. La plupart du temps, elle va au manoir Xie. Il y a des bals chaque semaine.

– L'homme est donc quelqu'un qu'elle connaît du manoir Xie?

– Je n'en sais rien.

– Vous l'avez suivie du dancing jusque chez elle?

– Pas exactement. Elle n'a dansé que deux fois et elle est partie en taxi. Je suis monté dans un autobus pour la suivre. J'ai mis beaucoup plus longtemps pour arriver à son immeuble. Je ne pouvais pas entrer, bien entendu. Alors j'ai tourné en rond en espérant la voir sortir de nouveau. Et en levant la tête j'ai vu quelqu'un à la fenêtre de sa chambre – l'homme du dancing. Elle est restée un moment appuyée contre lui d'une façon très intime.

– Quand était-ce?

– Il y a environ deux mois.»

Avant l'enquête de Chen, et peut-être avant celle de la Sécurité intérieure, se dit Yu. Personne n'avait été vu chez elle depuis.

«Il s'est passé quelque chose ensuite?

– La lumière s'est éteinte. Je n'ai plus rien vu.

– Ce pouvait être un voisin.

– C'était l'homme avec qui elle avait dansé, j'en suis certain. Cette face de lune se reconnaît. J'ai essayé de suivre Jiao quelques jours de plus, mais sans jamais le revoir. Je ne pouvais pas non plus y passer mon temps. Je devais travailler au marché à transporter des porcs congelés sur mon dos. Puis j'ai été renvoyé. Et je lui ai parlé hier.

– Que lui avez-vous dit?

– Quand je lui ai raconté que j'avais vu l'homme dans sa chambre, le sang s'est retiré de son visage. Elle répétait que ça ne me regardait pas. Je lui ai dit que j'avais été renvoyé, et qu'elle pourrait m'aider un peu. Alors elle a sorti l'argent de son sac, dans les deux cent cinquante yuans. Elle a dit qu'elle appellerait la police si j'essayais de m'approcher d'elle encore une fois.

– Vous le ferez ?

– Je n'ai pas encore décidé, mais il doit y avoir quelque chose entre Jiao et cet homme. L'argent doit venir de lui.

– Un instant, Peng. Il lui aurait donné en tant qu'amant ou en tant qu'acheteur ?

– Peut-être les deux, mais qu'est-ce que ça peut faire ? Si ce n'était pas une voleuse, elle ne se sentirait pas coupable et nerveuse. Elle ne m'aurait pas donné l'argent pour rien.

– C'est du chantage. Vous pourriez avoir de gros ennuis si elle vous dénonçait à la police.

– Je suis un porc mort. Qu'est-ce que ça peut faire si on me jette dans un chaudron d'eau bouillante ? dit Peng en croquant le dernier travers de porc sauce aigre-douce et en s'essuyant les doigts. Ce que j'ai fait il y a tant d'années n'est rien aujourd'hui. Allez dans n'importe quel lycée et vous verrez des tas d'étudiants roucouler sur le campus derrière les arbres et dans les buissons. Et moi, pour ça, j'ai passé des années en prison.

– À cette époque-là, beaucoup de gens ont souffert.

– J'ai essayé de recommencer à vivre, mais on m'évitait comme de la viande puante. Et après tout ce temps, des histoires horribles continuent de courir sur moi et Qian. Vous croyez que quelque chose m'importe encore ? »

Peng s'apitoyait sur son sort, à moitié ivre, le visage aussi rouge qu'une crête de coq. Après six bouteilles de bière, Yu ne pensait pas pouvoir obtenir davantage de lui.

« Vous avez beaucoup souffert, mais ne tombez pas dans le chantage. Vous n'y gagnerez rien.

136

– Merci, monsieur le journaliste. Je ne le ferai pas si j'ai une autre solution.

– Si vous vous rappelez autre chose, téléphonez-moi, dit Yu en écrivant son numéro de portable sur un bout de papier.

– D'accord», répondit Peng, et il vida son dernier verre.

Yu se leva. «Ne dites pas un mot de notre conversation. Certaines personnes vont peut-être essayer de vous causer des ennuis. Restez ici aussi longtemps que vous voudrez.

– Ne vous inquiétez pas. Je vais aussi finir les nouilles.»

En sortant du restaurant, Yu se retourna pour voir Peng enfouir son visage dans le bol de nouilles, la même scène à laquelle il avait assisté plus tôt. Il y avait peut-être une bonne raison au commentaire de son collègue sur ses capacités alimentaires.

12

Chen se présenta de nouveau à la maison de thé de la rue de Hengshan en compagnie du Vieux Chasseur. La serveuse les reconnut et les conduisit dans le salon privé, où elle les laissa seuls.

Dès que le Vieux Chasseur fut assis, il informa Chen de ce qu'il avait fait et de ce que Yu avait découvert grâce à Peng. Pour une fois, il ne le taquina pas en jouant au chanteur d'opéra de Suzhou, il parla vite et sans faire de digressions. Lorsqu'il eut fini, le Vieux Chasseur vida sa tasse et se leva. «Je dois partir, chef.

– Pourquoi si vite? La deuxième tasse est la meilleure.

137

– Je dois retourner au débit d'eau chaude en face de l'immeuble de Jiao. Pour essayer de rencontrer un vieux gardien du nom de Bei qui a l'habitude de s'y approvisionner avant de rentrer dans sa guérite vers midi. Un fen d'eau chaude pour réchauffer son riz froid, je parie. Le propriétaire doit nous présenter aujourd'hui.

– Soyez prudent. La Sécurité intérieure veille.

– Ne vous inquiétez pas. Ce sera une simple rencontre fortuite entre deux vieux clients. Qui s'en soucierait? Bei est retraité lui aussi. Deux retraités ont de quoi se parler.

– Comme dans un de vos dictons préférés, *le vieux gingembre est toujours plus goûteux.*

– En effet, confirma le vieux policier avec un sourire désabusé. Mais laissez-moi vous dire, à propos de cette nouvelle affaire Mao. Ma paupière gauche a sautillé toute la matinée. Ce n'est sans doute pas bon signe.

– Frottez votre œil trois fois et dites "c'est bon signe", dit Chen en souriant. D'après ma mère, ça marche.»

Il se leva pour accompagner le vieil homme à la porte et le regarda s'éloigner, puis il revint à leur table soudain solitaire. La serveuse avait retiré l'autre tasse.

Il était soucieux à la pensée que l'inspecteur Yu s'impliquait davantage, ce qui était sans doute inévitable. Personne ne pouvait empêcher un partenaire loyal comme Yu de partager le sort de l'inspecteur principal Chen.

En prenant une gorgée de thé sans en apprécier le goût, Chen se dit que ce que Yu avait découvert ne pouvait être négligé.

Si Peng n'avait vu l'homme mystérieux au visage rond qu'une seule fois, et la Sécurité intérieure jamais, on pouvait pratiquement exclure que ce soit un amant secret. Plus vraisemblablement un acheteur de passage qui avait négocié avec Jiao à la *Porte de la joie*, avant de conclure l'affaire chez elle. Quant à la «scène intime» qu'avait aperçue Peng à sa fenêtre, elle ne devait pas signifier grand-chose. Après tout, Peng n'était sans doute pas un témoin fiable. Ce scénario éclairait plusieurs aspects du mystère. La source de l'argent de Jiao, ainsi que le moment où elle l'avait touché. Ces antiquités valaient désormais des millions sur le marché – à condition que Jiao puisse trouver des acheteurs. Cela justifiait aussi ses fréquentes visites chez Xie. Vendre les objets un par un expliquait qu'elle n'ait jamais beaucoup d'argent sur son compte tout en vivant largement. Cette hypothèse paraissait plus solide que celle de l'avance pour un livre. Aucun éditeur n'aurait payé sans avoir en mains les documents de Mao, quels qu'ils soient.

Il y avait toutefois quelque chose qui ne collait pas. Certes, Mao aurait pu facilement faire sortir n'importe quoi de la Cité interdite. Kang Sheng, un des proches de Mao dans le Parti, avait subtilisé beaucoup d'objets du palais. Comme il avait été lié à la Bande des Quatre pendant la Révolution culturelle, ses vols avaient été dénoncés après coup. Mais Mao n'avait pas besoin de cela. Il était plus qu'un empereur – un dieu communiste.

Ensuite, les autorités de Pékin n'étaient pas obligées de reconnaître un tel scénario. Après tout, personne ne pouvait le prouver. Alors pourquoi auraient-elles lancé cette enquête?

Finalement, alors qu'il allait s'en aller, son portable vibra avec impatience.

«On a trouvé le corps d'une jeune fille dans le jardin de Xie, annonça Song

– Quoi?» Chen se leva. «Quand?

– Tôt ce matin. J'ai appelé chez vous mais vous étiez absent. Le secrétaire du Parti Li m'a donné votre numéro de portable.»

Chen pensait pourtant avoir donné ce numéro à Song. Il regarda sa montre. La Sécurité intérieure était probablement arrivée deux ou trois heures auparavant sur les lieux du crime.

En arrivant au manoir, Chen eut la surprise de ne pas trouver de policiers à l'extérieur.

Ni de foule de curieux dans la rue.

Quand il entra, il n'y avait personne non plus dans le salon, mis à part un policier en civil posté au pied de l'escalier. Xie devait être dans sa chambre à l'étage.

Chen sortit dans le jardin. La Sécurité intérieure avait emporté le corps sans l'attendre. Deux policiers vérifiaient encore un secteur délimité par un ruban jaune, proche de l'endroit où Chen et Xie s'étaient assis quelques jours plus tôt, sous le poirier en fleurs.

Song arriva à grands pas. Chen lui fit signe de l'accompagner au fond du jardin. Il ne voulait pas qu'on les entende.

Song lui montra en silence des photos de la scène du crime. C'était Yang, la jeune fille qui avait proposé de les emmener, Jiao et lui, à une autre soirée deux jours plus tôt. On disait qu'elle aussi venait d'une «bonne famille», bien que Chen n'ait pas su de laquelle il s'agissait. Sur les photos, elle portait une robe d'été jaune, les bretelles tombées des épaules, la jupe remontée haut sur les cuisses, une seule sandale à ses pieds nus. Elle semblait avoir été victime d'une agression sexuelle. Toutefois les prises de vue ne montraient pas de traces de lutte – ni le jardin, pensa Chen en regardant l'espace fermé par le ruban jaune.

«Compte tenu des circonstances, nous avons bloqué l'information pour le moment, dit Song. Tout indique qu'elle a été tuée pendant qu'elle résistait à une agression sexuelle.»

Chen hocha la tête en examinant une photo de près.

«Des indices?

– Son identité a été établie. Yang Ning. Une des élèves de Xie. L'heure de la mort est estimée autour de onze heures cinquante hier soir.

– Mais il n'y avait pas de cours hier, je m'en souviens.

– Pas de cours, et pas de réception non plus.

– Alors pourquoi est-elle venue?

– La question est, répondit Song posément, comment est-elle arrivée ici?

– Que voulez-vous dire, Song?

– Elle n'a pas pu pénétrer dans le jardin en volant comme un papillon. Quelqu'un a dû lui ouvrir la porte. Qui était présent à cette heure-là? Personne d'autre que Xie.

– Qu'a-t-il dit?

– Qu'il ne savait rien, bien entendu. Que pouvait-il dire d'autre?»

Chen ne répondit pas immédiatement.

«D'après Xie, il est le seul à avoir la clé, continua Song. Comme on parle beaucoup de sa maison dans les médias, il tient à ce que la porte soit verrouillée en permanence. Les visiteurs doivent d'abord sonner. Hier soir, il dit s'être couché tôt.

– Bien…» Chen avait deviné où Song voulait en venir.

«Nous avons placé un homme devant sa chambre.»

Le corps de Yang dans le jardin pouvait-il faire partie d'une mise en scène? Sa mort constituait un bon prétexte pour mettre en œuvre la «manière forte» préconisée par la Sécurité intérieure. Mais Chen décida d'exclure cette possibilité pour le moment.

«Dites-m'en davantage sur la découverte du corps, Song.»

Celui-ci relata que vers sept heures, Xie faisait sa promenade habituelle dans le jardin, où il avait découvert avec stupeur le corps face contre terre sous un arbre. Il avait appelé la police. Les premiers policiers étaient arrivés environ vingt minutes plus tard. Et ce n'était qu'après que l'un d'eux eut retourné le corps que Xie avait reconnu Yang. Il n'avait aucune idée de comment elle était arrivée dans le jardin.

«Yang aurait pu pénétrer par ses propres moyens, remarqua Chen.

– C'est techniquement possible, mais dans quel but? répliqua Song. Pour se faire attaquer et tuer par quelqu'un qui aurait pénétré dans le jardin avant elle?

– Elle aurait pu choisir le jardin pour un rendez-vous galant. Il est tranquille et retiré, surtout lorsqu'il n'y a pas de soirée dans la maison. Yang savait que Xie a l'habitude de se coucher tôt.

– Pensez-vous qu'elle se serait donné le mal de se procurer la clé dans ce but?

– Pour certaines personnes, c'est un endroit de rêve. Les élèves ne viennent pas ici que pour peindre, vous savez. Xie a-t-il reçu des visites hier?

– Il a bafouillé et a seulement dit qu'il s'était endormi tôt.»

Ainsi, Xie n'avait pas d'alibi. Cela devrait suffire à Song pour agir, quand bien même Xie avait lui-même appelé la police.

«Qu'allez-vous faire, Song?

– Effectuer une fouille minutieuse de la maison. Quant à Xie, nous allons le placer en garde à vue.»

Ils étaient revenus au point de départ. La Sécurité intérieure optait pour «la manière forte» – afin de briser Xie, puis Jiao, et d'éclaircir l'affaire des documents de Mao.

«Un corps dans son jardin, et pas d'alibi. Xie doit être plus malin que cela, dit Chen. En outre, quel serait son mobile ?

– Xie est bizarre. Pourquoi donne-t-il des cours et des soirées ? On ne sait jamais.

– Il est bizarre, mais si nous l'arrêtons comme suspect, le véritable meurtrier pourrait s'échapper.

– Nous attendons depuis une semaine, patiemment, que votre méthode fonctionne, avec quel résultat ? Une jeune vie perdue. Si nous avions agi plus tôt...»

Song était contrarié.

Chen aussi. Cette mesure pouvait se révéler désastreuse pour l'affaire Mao, notamment à la lumière des dernières découvertes de l'inspecteur Yu. Tandis que Chen se demandait s'il devait les partager avec Song, le portable de celui-ci émit une sonnerie aiguë. Sans doute du nouveau à propos de Yang. Song écoutait, les sourcils froncés, en couvrant le téléphone d'une main.

Chen lui fit un vague signe et se dirigea vers le salon.

Il fut surpris de trouver Jiao debout près d'une porte-fenêtre, vêtue d'un T-shirt blanc et d'un jean. Elle avait dû les voir parler dans le jardin.

Ce matin-là, elle était la seule personne présente en dehors de la police.

«Oh, vous êtes là, dit-il.

– Il me semble que personne d'autre ne viendra aujourd'hui, répondit-elle. Comment êtes-vous entré ?

– Je n'étais pas au courant, je suis venu comme d'habitude.

– Vous avez eu une longue conversation avec le policier dans le jardin. Au sujet de la mort de Yang, n'est-ce pas? Il a une piste?

– Non. Rien pour le moment. D'après l'officier Song, elle n'a pas pu entrer toute seule. Quelqu'un a dû lui ouvrir la porte, à moins qu'elle n'ait eu sa propre clé.

– Sa clé? répéta-t-elle perplexe. Non, je ne pense pas. Yang ne venait que pour le cours.

– À l'heure présumée de sa mort, M. Xie était seul dans la maison, mais il dit n'avoir rien remarqué.

– Alors Xie est suspect?

– Eh bien... dit-il en voyant son expression inquiète, je ne suis pas policier. Je ne peux rien dire.

– Mais vous connaissez celui qui est chargé de l'enquête? Il vous a montré quelque chose.

– Presque rien. J'ai lu beaucoup de romans policiers. Alors l'officier Song a pensé qu'il pouvait discuter un peu avec moi et m'a montré une photo. Il m'a aussi posé une foule de questions.

– Xie n'aurait jamais pu faire une chose pareille.

– Avait-il des ennemis? Des gens le détestaient-ils?

– Je ne pense pas... sauf des parents éloignés qui prétendent avoir un droit sur la maison. Ils pourraient avoir leur chance s'il était mis en difficulté.»

Cela rappela à Chen une autre éventualité: l'entreprise immobilière et ses relations noires et blanches. Mais il préféra demander: «Pensez-vous que Yang ait pu se glisser dans le jardin en cachette?

– Non, pas sans la clé. Xie a toujours les clés sur lui, à son trousseau.» Elle ajouta avec hésitation, comme si elle cherchait à se rappeler : « Il y a trois mois à peu près, Xie a été malade. Nous l'avons accompagné à l'hôpital, nous nous sommes occupées de lui à tour de rôle. Yang aurait pu faire un double de sa clé à cette occasion.

– C'est possible, mais ça ne nous aide pas beaucoup. Tout le monde peut dire que sa clé a été volée et reproduite.

– Ce n'est pas lui, je le sais. Vous devez l'aider. Vous êtes un homme plein de ressources, M. Chen.

– Je ne pense pas non plus qu'il ait fait cela, mais les policiers ne s'intéressent qu'aux preuves et aux alibis...

– Les alibis ?

– La preuve que quelqu'un ne peut pas avoir commis un crime parce qu'à ce moment-là il se trouvait ailleurs, ou avec quelqu'un d'autre, expliqua-t-il en la regardant dans les yeux.

– Xie est incapable de mentir, s'écria-t-elle.

– Mais il faut le prouver.

– À quelle heure exactement le meurtre a-t-il été commis ?

– L'officier Song estime l'heure de la mort à minuit moins dix.

– Laissez-moi réfléchir... je me rappelle. À cette heure-là il était avec moi. Je posais pour lui dans cette pièce.

– Quoi ? Vous posiez pour lui ici ? Alors pourquoi ne l'a-t-il pas dit ?

– Je posais pour lui, oui... nue, dit-elle avec une lueur inexplicable dans les yeux. Il ne pouvait pas s'offrir de modèles professionnels, alors je le faisais gratuitement. Il ne l'a dit à personne parce qu'il se souciait de ma réputation. »

C'était une révélation étonnante. Chen avait entendu dire que des élèves de Xie posaient dans l'atelier, mais à

145

une heure si tardive, et nues, cela était pour le moins inhabituel. Mais Xie aurait pu parler de la séance de pose sans préciser qu'elle était nue. Il n'avait pas besoin de se montrer aussi protecteur à ses propres dépens.

En revanche, si ce qu'elle avait dit n'était pas vrai, pourquoi prenait-elle le risque de fabriquer un alibi pour lui? Cela confirmait en tout cas sa première impression qu'il pouvait y avoir quelque chose entre Jiao et Xie.

Jiao courait déjà vers l'escalier en levant les bras et en criant: «Xie, vous auriez dû dire à la police que je posais pour vous ici hier soir!»

C'était une scène renversante. Le policier au pied de l'escalier resta sidéré.

Chen allumait une cigarette quand Song revint précipitamment dans le salon.

«Qu'est-ce qui se passe, Chen?

– Jiao était avec lui hier soir.»

Song eut un regard insistant pour Chen qui ne donna aucune explication. C'était une initiative inattendue de Jiao et, bien qu'elle lui soit utile, Chen ne s'en sentait pas responsable.

Il décida de s'en aller. Il n'avait pas de raison de rester avec Song, qui paraissait de plus en plus furieux du tour que prenaient les événements. Si Xie et Jiao se fournissaient mutuellement un alibi, il était hors de question que la Sécurité intérieure applique son plan initial.

Quant à l'inspecteur principal Chen, il allait téléphoner à Pékin, comme un policier compétent et consciencieux, obéissant au ministre.

13

Une fois de plus, Chen s'égarait dans un rêve récurrent où une ancienne gargouille grise murmurait dans la Cité interdite, parmi des chauves-souris noires battant des ailes autour de sombres grottes, quand il fut réveillé par une sonnerie sur la table de chevet.

Il resta plusieurs secondes la figure enfouie dans l'oreiller blanc, à essayer de déterminer si ce pouvait être le bruit de l'eau qui gouttait encore dans le palais.

En fait, c'était le téléphone strident, aux premières lueurs du matin. Il décrocha et entendit la voix de Yong depuis Pékin.

«Elle est revenue. Tu sais quoi? Ce salaud sans cœur a une petite secrétaire. Elle vient de le découvrir. Pour le moment, elle habite chez ses parents.» Sa voix était fraîche et claire, très différente du murmure confus du rêve. Il écouta en se frottant les yeux, encore désorienté.

«Quoi? fit-il. Qui a une petite secrétaire?

– Le maudit salaud qu'elle a épousé. Qui d'autre?

– Ah.» Il prit une cigarette et la colère dans la voix de Yong lui apparut finalement. Il s'appuya sur un coude.

«Ne dis pas ah! Dis quelque chose d'autre. Et surtout fais quelque chose, Chen.»

Mais que pouvait-il faire?

Ce n'était pas le rôle d'un policier de s'en prendre à une «petite secrétaire» – ces jeunes maîtresses faisaient partie désormais du «socialisme à la chinoise». Un nouveau riche en avait automatiquement une, pour symboliser sa richesse et son succès. Dans certains cas, il avait aussi une «petite concubine». En réalité, il aurait été

147

surprenant que le mari de Ling, homme d'affaires et dignitaire ECS, n'en ait pas.

« Il reste peut-être encore de l'espoir pour vous deux. Elle n'est pas heureuse. Viens à Pékin, Chen. Toi et Ling devriez vous parler. J'ai des tas de suggestions à te faire là-dessus.

– Je suis au beau milieu d'une enquête, Yong », répondit Chen, la bouche sèche. « Une enquête importante.

– Tu as toujours été occupé. Il n'y en a que pour ton travail de policier, voilà ton problème, Chen. Elle m'a dit que même pendant son voyage de noces elle avait pensé à toi. Tu es peut-être un policier exceptionnel, mais tu me déçois beaucoup. »

Yong raccrocha dépitée – à l'instant où le voisin de Chen claquait sa porte de l'autre côté du couloir.

Chen rapprocha le cendrier plein des mégots et des allumettes brûlées des deux derniers jours. Il avait dit la vérité à Yong. Il s'agissait d'une affaire qu'il ne pouvait même pas lui expliquer.

Et ce n'était pas le moment de faire un voyage à Pékin, malgré toutes les suggestions que pourrait lui faire Yong. Quelles qu'aient été les difficultés de Ling, il n'avait pas à intervenir.

Il termina sa cigarette avant de se lever. Encore désorienté par son rêve interrompu, il alla se brosser les dents énergiquement. L'image de la gargouille grise s'effaça, mais pas le goût amer dans sa bouche.

Il ne restait pas grand-chose dans le petit réfrigérateur. Une barquette de canard rôti vieux d'une semaine, la moitié d'une barquette de porc grillé datant de Dieu sait quand, et un bol de riz dur comme de la pierre. Il n'avait aucune envie de prendre son petit déjeuner dehors. En

148

deux semaines, il avait déjà dépensé son salaire et tapé de nouveau dans ses économies. Il pourrait se faire rembourser une partie de ses dépenses au titre de sa mission spéciale, mais il n'était pas certain de l'issue de l'affaire Mao et ne voulait pas présenter une note de frais colossale pour rien. Il décida de se faire un *chop suey* avec tous les restes bouillis ensemble, additionnés de ce qui restait d'échalote, de gingembre et de poivre desséchés dans le réfrigérateur. Il sortit le petit bocal de tofu fermenté et jeta le dernier morceau dans le liquide multicolore.

Pendant que le mélange bouillait sur le gaz, Song appela.

«J'ai parlé à Gao Dongdi, un avocat pour qui Yang a travaillé, ainsi qu'avec certains de ses proches…»

Il fallait reconnaître que Song, même s'il était favorable à la manière forte, n'avait pas tardé pour vérifier les autres aspects de cette affaire de meurtre.

«Les gens ont différentes raisons d'aller au manoir Xie, reprit Song. Pour certains, c'est l'impression d'appartenir à l'élite, pour d'autres, quelque chose de plus matériel. Des relations, par exemple, dans le cas de Yang, qui entretenait son propre réseau d'affaires. Elle était à la recherche de connexions parmi les Gros-Sous – et peut-être d'une chose encore plus substantielle, le manoir lui-même. Xie est sexagénaire. Divorcé. Sans héritier.

– Ce peut être un mobile de meurtre – entre jeunes rivales proches de Xie.

– Mais dans cette hypothèse, dit Song, le corps de Yang se serait trouvé n'importe où sauf dans le jardin de Xie.»

De plus, Chen avait pu constater que Yang n'était pas vraiment intime avec Xie. Elle ne représentait pas une menace pour une éventuelle rivale.

149

La plus proche de Xie était sans conteste Jiao. Elle l'avait défendu avec une ardeur que Chen n'avait pas prévue, allant jusqu'à lui fournir un alibi. Chen ne parvenait pourtant pas à imaginer Jiao en jeune fille intéressée, un tel mobile ne lui ressemblait pas.

Mais, pour une fois, Song et Chen semblaient suivre la même direction : la relation possible entre Xie et Jiao...

Après leur conversation, il resta plusieurs minutes perdu dans ses pensées, pour finalement trouver son *chop suey* complètement brûlé. Il alla à la fenêtre allumer sa deuxième cigarette du matin en regardant les hauts immeubles qui avaient surgi tout autour comme des pousses de bambou après une pluie de printemps. Sa paupière gauche se mit à sautiller. Mauvais augure, selon la superstition populaire à laquelle croyait le Vieux Chasseur. Chen fronça les sourcils et essaya de trouver du thé fort qui convienne à son humeur.

En fouillant de nouveau dans le tiroir il ne trouva qu'une petite bouteille de gin. Sans doute un souvenir de voyage en avion. Pourquoi apparaissait-elle ce matin-là, comme la gargouille dans son rêve ? Elle était minuscule, plus petite que... le «petit pétard» qu'il avait vu dans la main de Gang le premier jour de son enquête. Et elle lui inspira soudain un projet. Il allait retourner à la gargote près de la maison de sa mère. Gang avait dit qu'il n'en bougeait pas du matin au soir. C'était sans garantie de résultat, mais Chen voulait essayer. Un petit déjeuner là-bas ne serait pas cher du tout. Et ensuite, il pourrait faire un saut chez sa mère.

À l'entrée de la gargote, Tante Yao vendait des boulettes de riz et des crêpes frites aux clients qui attendaient en bâillant ou en se frottant les yeux. Elle parut surprise de voir Chen et, tout en roulant les boulettes collantes, regarda par-dessus son épaule. Chen vit Gang assis à une table à l'intérieur, seul.

«Petit Chen. Vous êtes bien matinal aujourd'hui, dit-il.

– J'ai trouvé par hasard cette bouteille de gin ce matin, et j'ai pensé à vous.

– *Quand on entend les tambours et les gongs de guerre, on pense à un général.* Vous avez quelque chose d'un gentilhomme des temps anciens.»

Encore une fois, Chen fut étonné par la réminiscence des classiques chez Gang.

Il n'avait devant lui qu'un verre d'eau sur la table tachée de vin. Ni boulette de riz ni crêpe frite. Pas d'alcool non plus. Sans doute restait-il là parce qu'il s'y sentait chez lui.

«Deux bols de nouilles au bœuf piquant, Tante Yao, commanda Chen.

– L'alcool étranger risque d'être trop fort pour le petit déjeuner, dit Gang en prenant la bouteille pour l'étudier de près.

– Vous avez raison.» Chen appela de nouveau Tante Yao: «Et une bouteille de vin de Shaoxing.»

«Vous ne venez pas pour les nouilles, je crois, dit Gang avec un éclair dans les yeux. Dites-moi si je peux quoi que ce soit pour vous.

– Très bien, *quittons le seuil de notre maison pour les montagnes,* Gang. Vous avez dirigé une équipe de Gardes rouges au début de la Révolution culturelle. J'ai des questions sur la campagne "Balayer les Quatre Vieilleries". J'étais encore très jeune et beaucoup de choses m'ont échappé. Vous pourriez commencer par me donner le contexte général de la campagne.

151

– Eh bien, pour reprendre le pouvoir à ses rivaux dans le Parti, Mao a enrôlé les jeunes étudiants dans les Gardes rouges, comme socle de la lutte. Dans la première campagne de la Révolution culturelle, les Gardes rouges ont été appelés à balayer les Quatre Vieilleries – vieilles idées, vieille culture, vieilles coutumes et vieilles habitudes. Les ennemis de classe tels que capitalistes, propriétaires terriens, artistes et intellectuels sont devenus les cibles désignées. Ils ont subi la critique de masse et on a vidé leurs maisons des "vieilleries" qui ont ensuite été détruites ou disséminées.

– Tous les livres de mon père ont été brûlés. Et le collier de ma mère lui a été arraché du cou.

– Je suis désolé d'apprendre que votre famille a souffert. Mao a déclaré que "Balayer les Quatre Vieilleries" était une activité révolutionnaire, et les Gardes rouges croyaient tout ce que Mao disait. Nous avons maltraité les gens, mais plus tard on nous a maltraités à notre tour.» Gang se pencha pour relever le bas de son pantalon. «Regardez, ils ont fait de moi un infirme. C'est mon karma.

– C'était la Révolution culturelle, et vous en avez payé le prix vous aussi. Ne soyez pas trop sévère avec vousmême, Gang. Mais il y avait beaucoup d'ennemis de classe à cette époque-là, et beaucoup de groupes parmi les Gardes rouges. Comment a été menée la campagne?

– Pour chaque usine, école ou unité de travail, il y avait une équipe de Gardes rouges, mais il y avait aussi des organisations plus larges, comme la mienne, constituées de Gardes rouges de plusieurs écoles. Pour une action de balayage contre une famille particulière, un grand groupe comme le nôtre n'était pas nécessaire. Par exemple, votre père était professeur, et ce sont sûrement les Gardes rouges de son université qui ont attaqué et pillé votre maison.»

L'arrivée des nouilles et du vin de riz interrompit Gang. Tante Yao servit les tranches de bœuf à part, et leur offrit aussi un plat de cacahuètes bouillies, aux frais de la maison.

«Les nouilles de l'autre côté du pont», dit Gang en usant de l'expression qui les désignait lorsqu'elles étaient servies à part de leur garniture. Il ouvrit la bouteille contre le coin de la table et leva ses baguettes d'un geste d'invitation comme si c'était lui qui régalait. «Tante Yao est vraiment attentionnée. Le vin sera parfait avec le bœuf.

– J'ai entendu dire que des équipes ont été envoyées de Pékin par le Groupe de la Révolution culturelle du Comité central du Parti.

– Pourquoi vous y intéressez-vous? demanda Gang.

– Je suis écrivain, répondit Chen en lui tendant une carte de visite de l'association. Je vais écrire un livre sur ces années-là.

– C'est une tâche qui vaut la peine, Petit Chen. Les jeunes d'aujourd'hui ne savent rien de la Révolution culturelle ou presque, sauf que les Gardes rouges étaient des monstres cruels. Il faudrait un livre objectif et réaliste sur la période, dit Gang en reposant ses baguettes. Pour revenir à votre question: qui dirigeait le Groupe de la Révolution culturelle du CCPC à Pékin en ce temps-là? Mme Mao. Et qui était derrière elle? Mao. Quand ces équipes ont été envoyées ici, elles avaient tout pouvoir, autorisées à frapper, torturer et tuer sans en référer à la police ni s'inquiéter des conséquences. En bref, elles étaient comme les émissaires personnels de l'empereur, brandissant l'épée impériale.

– Sont-elles entrées en contact avec votre organisation ? Après tout, elles étaient les dragons venus de loin et vous, les serpents les plus gros de la région.

– C'était généralement de petites équipes avec une mission secrète. À l'occasion, elles demandaient notre coopération. Par exemple, si elles voulaient sévir contre quelqu'un, nous fournissions le nécessaire et, au besoin, nous écartions d'autres organisations de la cible.

– Vous vous rappelez une actrice du nom de Shang ?

– Shang... je me souviens seulement qu'elle faisait du cinéma.

– Une équipe spéciale est venue pour elle pendant la campagne contre les Quatre Vieilleries. Elle s'est suicidée.

– C'est donc ça que vous cherchez.» Gang vida son verre d'un coup. «Vous ne pouviez pas mieux tomber, Petit Chen. Il se trouve que j'ai appris quelque chose sur ces équipes spéciales. Des agissements de Mme Mao pendant la campagne qui ont fait partie des éléments à charge au cours du procès de la Bande des Quatre. Certains acteurs avaient connu Mme Mao dans les années trente – sa vie privée mouvementée d'actrice de troisième ordre. C'est pourquoi elle a voulu les faire taire, en les persécutant à mort et en détruisant les preuves, telles que des journaux ou d'anciennes photos, des "vieilleries" indiscutablement. Notre organisation de Gardes rouges était la plus importante de Shanghai. Deux équipes spéciales nous ont demandé de coopérer à ce genre de tâches.

– C'est une explication possible.» Mais guère vraisemblable dans le cas de Shang, se dit Chen en portant son verre à ses lèvres sans y goûter. Celle-ci était trop jeune pour avoir des informations ou des documents compromettants pour Mme Mao.

«Je ne suis pas sûr pour Shang, poursuivit Gang. Ce n'est pas un nom que je me rappelle.» Il se versa un autre verre. «J'étais sans doute trop occupé. Je peux demander à mon second, même si je ne le vois plus depuis des années.

– Ce serait très bien s'il se souvenait de quelque chose.

– Vous me traitez comme un homme de condition, et de ce fait je vous dois quelque chose en retour.

– Je vous en suis reconnaissant.» Chen ajouta son numéro de portable sur sa carte de visite. «N'appelez pas le bureau. Je n'y suis presque jamais.»

Gang examina la carte avec soin. «Je vois que vous êtes aussi membre du conseil municipal. L'autre jour, quand vous avez accepté de vous asseoir avec moi, j'ai su que vous étiez quelqu'un, Petit Chen. Vous serez toujours le bienvenu ici, mais vous ne devez pas boire avec moi. Tante Yao me tuerait.»

«Vous parlez de quoi?» demanda Tante Yao en s'approchant de leur table, alarmée.

«D'une femme au cœur d'or qui tolère un ivrogne bon à rien comme moi depuis tant d'années.»

«Autre chose? demanda-t-elle à Chen sans répondre à Gang.

– Non, merci. Je m'en vais, répondit Chen en se levant. Ne vous en faites pas, Tante Yao. Gang m'a recommandé de ne pas boire avec lui. La prochaine fois, je ne prendrai que des nouilles.»

14

Dehors, la matinée était chaude et ensoleillée. Chen regarda sa montre et changea d'avis quant à la visite à sa mère. La prochaine fois, se dit-il. Après son enquête sur l'affaire Mao. En se hâtant vers la station de métro au coin de la rue du Henan et la rue de Nankin, il pensa, trop tard, qu'il aurait dû demander à Tante Yao de lui livrer un repas.

Il monta dans la rame avec peine et ne trouva pas de place libre. Il avait même du mal à tenir debout sans se faire bousculer. Mais aux heures de pointe, les taxis se traînaient, tandis que le métro garantissait au moins d'arriver à temps. Il repensa à Gang, un infirme qui ne pourrait jamais prendre un métro aussi bondé. L'ex-Garde rouge avait dû lui aussi étudier les classiques à l'université, à en juger par les citations dont il émaillait sa conversation. Chacun était responsable de ses choix, mais Gang était très jeune en ce temps-là, impulsif. Il avait décidé de suivre Mao, et il l'avait payé au prix fort.

Il faisait de plus en plus chaud. Chen s'essuyait sans cesse le front et le cou. La rame accéléra brutalement, Chen tituba et marcha sur le pied d'une jeune fille assise qui lisait un journal du matin. Il murmura des excuses. Elle sourit et continua de taper des pieds, chaussés de sandales. Elle portait une robe d'été jaune comme un papillon qui lui rappela Yang.

Utiliser Gang pouvait n'être qu'un coup d'épée dans l'eau, mais l'inspecteur principal ne devait négliger aucune piste. Accablé, il se sentait responsable de deux affaires au lieu d'une, sans être certain qu'elles étaient liées.

Une demi-heure plus tard, il arrivait au manoir Xie, la chemise trempée de sueur. Il se crut obligé de passer les doigts dans ses cheveux humides avant de sonner.

En raison du meurtre, le cours et la soirée étaient annulés. Personne ne pensait que Xie soit impliqué, mais tout le monde voulait éviter les policiers qui allaient et venaient, prêts à poser des questions et même à demander des dépositions.

Jiao vint lui ouvrir.

«Soyez le bienvenu, Chen. Vous êtes le seul visiteur aujourd'hui. M. Xie ne se sent pas bien. À cause du choc, vous comprenez, mais il va bientôt descendre.»

Elle portait un *qipao* rose et blanc, sans manches et presque dos nu. Une variante à la mode de l'élégante robe de la haute société, mais par-dessus laquelle elle avait passé un tablier. Ses pieds nus étaient glissés dans des mules de satin rose.

«Je suis venu trop tôt, dit-il en se demandant ce qu'elle faisait là alors qu'il n'y avait ni cours ni soirée prévus.

– Ne faites pas attention, fit-elle en surprenant son regard curieux sur le tablier. Je suis venue donner un coup de main.

– C'est très gentil de votre part.

– Je ne suis pas un cordon-bleu, mais M. Xie ne sait rien faire à la cuisine. Je vous en prie, asseyez-vous.» Elle lui offrit une coupe de cristal contenant des fruits secs.

«Que souhaitez-vous boire?

– Du café.

– Très bien. Je viens tout juste de m'en préparer.»

Elle se comportait comme la maîtresse de maison. Après l'avoir servi, elle retourna au canapé près de la porte-fenêtre. Une tasse de café était posée à côté d'une vieille machine à écrire sur une table d'angle en acajou. Jiao avait dû se tenir là, toute seule.

Il y avait au mur une petite esquisse, toute récente. Peut-être d'elle. Chen sirotait son café en silence, apparemment à l'aise.

Elle le regardait et devait se demander quel était le but de sa visite. Les fentes hautes de sa robe laissaient voir ses jambes fines.

«Je suis inquiet pour M. Xie, finit-il par dire. Je connais de bons avocats. Si nécessaire, je peux les appeler.

– Merci, Chen. Song n'a pas trop bousculé M. Xie, une fois qu'il a connu son alibi. Il m'a aussi posé quelques questions, mais pas beaucoup. Nous avons déjà parlé à un avocat que M. Xie connaît depuis des années... par précaution.

– Oui, il vaut mieux être prudent. À propos, vous connaissiez bien Yang?

– Non, pas très bien. C'était une jeune fille branchée, qui papillonnait d'une soirée à l'autre. Elle avait l'air de connaître beaucoup de monde.

– Je vois, dit-il en considérant l'image du papillon comme négative. Je me rappelle qu'un jour elle a essayé de vous entraîner dans une autre soirée.

– Vous êtes très observateur, M. Chen.

– Je n'ai pas pu éviter de vous remarquer, dit-il avec un sourire. Vous êtes très différente des autres, comme une aigrette blanche au milieu de la volaille.

Cela commençait à ressembler à un flirt avec une jeune fille attirante – l'«approche» sous-entendue par le ministre Huang. Chen n'insista pas et but une autre gorgée de café, fort et amer. Elle ne répondit pas non plus, assise sagement, les yeux baissés.

Le bref silence fut rompu par la sonnerie d'un portable qui venait de son joli petit sac.

«Excusez-moi», dit-elle. Elle se leva d'un bond et sortit pieds nus par la porte-fenêtre. Le téléphone contre sa joue, elle était encadrée par la porte sur fond de vert. Dans son *qipao* rose et blanc, elle ressemblait à une fleur de prunier. L'air pensif dans la lumière du matin, elle semblait acquiescer à son correspondant invisible. Elle leva le pied droit en arrière contre le montant de la porte-fenêtre et se gratta la cheville, le vernis rouge de ses orteils faisant penser à des pétales de fleur.

Des années plus tôt, Mao avait pu être fasciné par quelqu'un qui lui ressemblait...

Chen se leva pour aller regarder la vieille machine à écrire sur la table d'angle. Une Underwood, sans papier dedans. Il tapa sur deux ou trois touches au hasard, elles étaient rouillées et se coincèrent ensemble. Ailleurs, elle n'aurait été que de la ferraille négligeable, mais là, elle devenait un précieux élément de décoration.

«Excusez-moi pour cet appel, M. Chen, dit Jiao en revenant. À propos, vous avez une femme de ménage, n'est-ce pas?

– Une femme de ménage?» Il se demanda pourquoi elle lui posait la question, qui était d'ailleurs davantage une affirmation. Elle pensait sans doute que pour un homme de sa situation la chose allait de soi. Il donna une réponse vague. «Vous aussi, certainement.

– J'en avais une, mais elle est partie brusquement, sans explication ni préavis. Maintenant que tout est sens dessus dessous ici, je dois m'occuper de M. Xie. Il me faut quelqu'un chez moi.»

Il n'avait ni femme de ménage ni besoin d'en avoir une. Sa mère lui rappelait souvent qu'il lui fallait quelqu'un, mais il savait ce à quoi elle pensait. Sûrement pas à une femme de ménage.

Jiao en avait-elle réellement besoin ? Un an plus tôt seulement elle travaillait comme réceptionniste, un poste où elle ne gagnait guère plus qu'une femme de ménage. Elle était très jeune, vivait seule, et n'avait probablement pas beaucoup à faire dans son appartement.

Mais il ne pouvait pas laisser passer cette occasion. Jiao ne l'avait pas encore invité chez lui et ne le ferait probablement pas. Avoir un observateur sur les lieux pourrait changer la donne.

« Naturellement.

– Celles qui sont envoyées par des agences ne sont pas fiables. Ça prend des semaines pour en trouver une valable.

– La mienne est très fiable, improvisa Chen. Elle est dans le métier depuis des années. Elle connaît sûrement quelqu'un de bien.

– Ce serait magnifique. Alors je vous fais confiance pour me trouver quelqu'un.

– Je lui en parlerai aujourd'hui même. »

Elle parut sincèrement soulagée. Elle reprit sa tasse et changea de position sur le canapé pour poser les pieds sur l'accoudoir, une posture peu adaptée à une robe mandchoue, mais Jiao n'était pas exactement une « dame » comme Shang. De fait, ainsi installée, elle lui parut d'un entrain extraordinaire ; un brin d'herbe du jardin s'était collé à sa semelle, et ce détail rendait Jiao réelle, proche – elle n'était plus l'écho désincarné de la légende lointaine de Mao et Shang.

Elle se leva de nouveau, l'expression rêveuse de Chen ne lui avait pas échappé. «Je vais voir là-haut et dire à M. Xie que vous êtes là. Vous voulez peut-être lui parler.

– Non, ce n'est pas la peine. Je dois m'en aller, dit Chen en se levant à son tour. J'ai rendez-vous pour déjeuner.»

Il allait lui trouver une femme de ménage, quelqu'un à qui il puisse faire confiance. Et pas question de demander l'aide de son service.

À peine était-il sorti qu'il s'aperçut qu'il n'avait pas le numéro de Jiao. Il rebroussa chemin.

Jiao était de nouveau au téléphone. Elle dit encore quelques mots rapides avant de couvrir le micro.

«J'ai oublié de vous demander votre numéro, Jiao.

– C'est moi qui ne vous l'ai pas donné, excusez-moi, répondit-elle. J'ai le vôtre, je vous appelle dans quelques minutes, vous aurez aussi le mien.»

En refermant la porte derrière lui, Chen décida de marcher un peu. En cette fin de matinée d'été, le chant intermittent des cigales résonnait dans le feuillage des platanes de France qui bordaient la rue – le quartier avait appartenu à la Concession française au début du siècle.

Il prit son portable pour téléphoner à Nuage Blanc, mais il s'interrompit. Pas seulement parce que c'était trop risqué pour elle, mais parce qu'elle était trop jeune et trop à la mode : elle ne passerait jamais pour une femme de ménage. Après une minute d'hésitation, il appela le Vieux Chasseur et lui expliqua la situation.

«Ce n'est pas tellement pour elle, mais pour nous. Pour avoir quelqu'un à l'intérieur pendant que vous patrouillez dehors.

– J'en parlerai à ma vieille épouse. Elle connaît beaucoup de monde. Je vous rappellerai dès que j'aurai du nouveau.»

En remettant son portable dans la poche de son pantalon, Chen aperçut au coin d'une rue transversale ombragée un vendeur de tofu puant penché au-dessus d'un wok sur un réchaud portable. La brise lui était parvenue chargée de l'odeur forte. Un casse-croûte typique de Shanghai, avec un goût aigre particulier que Chen aimait beaucoup. Il essaya de résister à la tentation, ce n'était pas le moment.

Il tourna quand même dans la rue, au bout de laquelle se trouvait un raccourci vers la station de métro. Il avait déjà pris ce chemin. C'était plus tranquille ici pour réfléchir. S'il y avait quelque chose à retenir de sa visite du matin, c'était bien les prévenances extrêmes de Jiao à l'égard de Xie. Peut-être y avait-il entre eux plus qu'une relation ordinaire entre élève et professeur, mais Chen n'arrivait pas à trouver le mobile supplémentaire que soupçonnait Song.

Réfléchissant toujours, il passa devant l'entrée d'une allée, fermée d'une grille en fer forgé. Devant elle était accroupi un homme en chemise noire à manches courtes qui fumait. Celui-ci leva les yeux à son passage. Il portait un chapeau de toile blanche rabattu qui lui cachait la moitié du visage. Ce n'était pas un spectacle inhabituel dans cette ville où, depuis quelques années, les chômeurs se faisaient nombreux. L'odeur du tofu se rapprochait, plus forte et plus agréable…

Chen entendit des pas rapides derrière lui. En regardant par-dessus son épaule, il vit l'homme au chapeau blanc se précipiter sur lui. Il brandissait une barre de fer et jurait entre ses dents: «Sale fouine!»

Chen n'avait pas été formé à l'académie de police, mais il eut un réflexe rapide – grâce à sa pratique du tai chi dans le parc du Bund. Il jeta la tête de côté et pirouetta. L'assaillant, qui avait mis tout son poids dans son coup, le manqua et fit une embardée. La lutte tourna au kung-fu typique. Le bras de Chen s'abattit sur le dos de son adversaire qui tituba, son avant-bras tatoué d'un dragon bleu appuyé contre un poteau électrique. Avant que Chen puisse porter un deuxième coup, il aperçut un autre homme en chemise noire qui accourait de la rue de Shaoxing en brandissant une barre de fer identique. Cela ressemblait à un guet-apens.

« Vous devez me prendre pour un autre, frères », dit Chen. Il essaya de se rappeler le jargon des triades tandis que le premier malfaiteur retrouvait son équilibre. « Il y a une inondation dans le temple du Roi Dragon !

– Quels frères ? Un vilain crapaud bave devant un beau cygne ! Tu devrais pisser et regarder ton reflet », dit le deuxième homme en chargeant comme un éclair.

Chen l'esquiva et contre-attaqua avec le poing droit. Il sentit la barre de fer heurter son épaule gauche, il chancela et partit en arrière, sa tête s'en allant cogner contre un mur de briques ocre. Mais il parvint à lancer un coup de pied qui atteignit le ventre du second et le fit se plier de douleur. Chen fit un pas à gauche, en parant instinctivement, de son bras gauche engourdi, un nouveau coup du premier. Haletant, vacillant, il jugea la situation désespérée. Il pouvait faire face à un, mais contre deux, armés de barres de fer, il n'avait aucune chance.

La seule issue serait de retourner rue de Ruijin. Comme il y avait davantage de passage, et un policier à proximité – peut-être même un homme de la Sécurité intérieure en civil, comme quelques jours plus tôt –, les malfaiteurs ne prendraient sans doute pas le risque de l'y poursuivre en plein jour.

Il pivota et se lança vers la rue principale, les deux autres à ses trousses.

Lorsqu'il déboucha dans la rue de Ruijin, il n'y avait ni policier en vue, ni agent de la Sécurité intérieure. Rien que deux piétons, visibles à l'intersection, qui restèrent à les regarder, comme un public captivé par une scène absurde d'un film de kung-fu. La porte du manoir Xie était fermée, comme toujours. C'est alors qu'il vit, sur le trottoir d'en face, le petit café où il était déjà entré. Une enseigne au néon indiquait « ouvert ». Et il se souvint qu'il y avait une porte au fond. Il fonça et traversa la rue, manquant de heurter un cycliste. Un couple qui se tenait par la main sortait du café en bavardant. Il se jeta entre les deux et envoya la femme s'aplatir contre la vitrine tandis que l'homme furieux le menaçait du poing. Il se rua dans le café, au grand affolement des clients et de la serveuse, verrouilla la porte derrière lui et sortit en flèche par l'issue de derrière dans une petite allée.

Il ne fallut qu'une minute aux malfaiteurs pour cogner à la porte du café, mais cela laissa le temps à Chen de s'enfuir de l'allée sans qu'ils aboient sur ses talons. En tournant dans la rue de Shanxi, il entendit des cris et des bruits épouvantables dans l'allée.

Un taxi passa. Chen lui fit des signes frénétiques, courut à la voiture et monta, le souffle court.

« Démarrez.

– Où va-t-on ?

– N'importe où. Roulez. » Ce n'est qu'après que le taxi

eut tourné dans la rue de Fuxing que Chen fut capable de reconstituer l'affrontement.

Un guet-apens. Sans aucun doute. Les malfaiteurs devaient le suivre depuis des jours. Deux fois, il avait marché dans la rue de Shaoxing et tourné dans la rue transversale pour arriver plus vite à la station de métro. Ses assaillants s'étaient donc postés à l'intersection pour le surprendre, quelle que soit sa direction.

D'après leur façon de s'habiller, leurs barres de fer, le tatouage sur le bras de l'un deux et leur jargon, ils ne pouvaient qu'être membres d'une triade, et ne s'en cachaient d'ailleurs pas.

Mais Chen ne se rappelait pas avoir contrarié une organisation en particulier. Une autre brigade spéciale avait été constituée récemment pour traiter le crime organisé, mais sa brigade était avant tout chargée des affaires politiques sensibles. Grâce à des relations telles que Gu, qui avaient des contacts avec les triades, il avait pu rester à l'écart des eaux troubles.

Une erreur sur la personne n'était pas à exclure, toutefois mieux valait ne pas compter dessus.

Mais si c'était un guet-apens, dans quel but?

Le choix des barres de fer, caractéristique des triades, pouvait signifier que leurs intentions n'étaient pas mortelles. Et ce que les brutes lui avaient dit semblait indiquer différentes possibilités.

«Sale fouine» était une allusion à quelque chose dont il n'aurait pas dû se mêler. Chen n'avait aucune idée de ce dont il s'agissait. Après tout, beaucoup de ses interventions pouvaient s'interpréter dans ce sens.

Quant à la métaphore du crapaud et du cygne, elle se référait à un homme qui convoite une femme inaccessible –

en général un homme laid ou de condition inférieure et une femme belle ou de la haute société.

Mais il n'y avait pas de femme dans la vie de Chen. Ironie du sort, Ling, qui avait tout pour être un cygne, venait d'épouser quelqu'un d'autre.

Quant à Nuage Blanc, une jeune et jolie étudiante qui avait autrefois travaillé pour lui en tant que «petite secrétaire», il n'y avait jamais rien eu de sérieux entre eux – du moins, pas de la part de Chen. Cependant, si un amant jaloux considérait Chen comme un obstacle insurmontable, cette possibilité avait un sens. Chen se dit qu'il devait en parler à Gu.

Ou alors, l'avertissement s'expliquait par sa fréquentation des jeunes filles de chez Xie. Elles avaient pour la plupart des protecteurs riches et puissants, et l'un d'eux avait pu devenir follement jaloux. Mais Chen était nouveau dans leur cercle, un prétendu écrivain studieux, voire comique, qui n'avait fait d'avances à aucune d'elles, pas même à Jiao. Au manoir, lumière tamisée, musique langoureuse, il arrivait qu'on flirte un peu, en dansant, en buvant. Personne ne prenait la chose au sérieux...

«Alors, où allez-vous, monsieur? demanda de nouveau le chauffeur.

– Oh... rue de Fuxing.» Son épaule le faisait beaucoup souffrir. Mieux valait voir un médecin. Le docteur Xia, retraité de la police, exerçait dans une clinique privée là-bas.

«Dans ce cas il faut faire un détour.

– Pourquoi? demanda Chen l'esprit ailleurs.

– Un nouveau chantier. On construit un ensemble d'appartements de luxe dans la rue de Tiantong.»

Une autre possibilité lui traversa l'esprit. L'entreprise

immobilière et ses relations noires et blanches. Elle pouvait le trouver encombrant. Ces entreprises avaient le bras long et des oreilles partout, elles savaient qu'il avait des contacts avec les autorités de la ville. Mais que dire alors du crapaud et du cygne ? La métaphore n'avait aucun rapport. Le taxi s'arrêta enfin devant la clinique. C'était un nouveau bâtiment blanc. Chen distingua à travers la porte une tenture de velours sur laquelle était inscrite en gros caractères une citation de Mao : *Servir le peuple.*

Il tendait un billet au chauffeur quand une autre idée lui vint. Pouvait-il s'agir d'une tentative pour l'empêcher d'aller plus loin dans son enquête ? Dans ce cas, elle aurait obéi à un ordre venu d'en haut. Ou de la Sécurité intérieure, qui avait ses raisons d'être furieuse contre lui. Ou même de la Cité interdite...

– Votre reçu, dit le chauffeur visiblement inquiet. Tout va bien, monsieur ?

– Très bien. » Chen prit le reçu, qui indiquait une grosse somme. Le chauffeur avait dû rouler pendant un bon moment avant de lui demander où il allait.

Il descendit de voiture en chancelant, il avait mal à la tête comme le singe dans *La Pérégrination vers l'Ouest,* le front serré par une couronne maudite.

15

Environ deux heures plus tard, le docteur Xia rédigeait une ordonnance dans son bureau, ses sourcils gris froncés, après avoir fait passer à Chen des radios et un scanner.

Médecin légiste de la police à la retraite, le docteur Xia travaillait à temps partiel comme « expert » à la clinique proche de chez lui. Chen et lui se connaissaient bien.

« Il s'en est fallu de peu, dit Xia sérieusement en examinant les radios une fois de plus. Pour votre épaule, ça n'est pas trop grave. Pas de fracture. Mais je m'inquiète pour le choc à la tête. Vous devez prendre une semaine de repos absolu et vous surveiller. N'oubliez pas la dépression que vous avez traversée il n'y a pas si longtemps.

– Vous savez, le travail... »

Son portable sonna avant qu'il ait pu terminer sa phrase. C'était Gang. Chen dut lui parler sous la surveillance du docteur Xia.

« J'ai vu Feng, mon second pendant la Révolution culturelle. C'est un Gros-Sous maintenant, mais il continue de m'appeler commandant en chef.

– Excellent. Que se rappelle-t-il sur l'équipe spéciale de Pékin ?

– Ils sont venus chercher quelque chose que Shang aurait pu détenir, mais sans succès. Ensuite, elle s'est suicidée.

– Feng savait ce qu'ils cherchaient ?

– Non. Ceux de l'équipe spéciale ne le savaient probablement pas non plus, mais ils ont voulu éviter que d'autres Gardes rouges s'approchent, c'est pour ça qu'ils ont fait appel à Feng. Ç'aurait pu être un secret d'État. On dirait aussi que c'était un groupe différent de ceux qu'envoyait Mme Mao.

– Quelle était la différence ?

– Les autres équipes savaient ce qu'elles cherchaient. Des coupures de presse et des photos en rapport avec

Mme Mao dans les années trente. Feng les a parfois aidées à tout retourner dans les maisons des familles visées. Mais l'équipe spéciale pour Shang était beaucoup plus discrète, elle n'a pas demandé d'aide, et elle ne s'intéressait pas à ces choses des années trente.

– Est-ce que Feng se rappelle le nom d'un membre de l'équipe, est-ce qu'il a gardé un contact?

– L'un d'eux était surnommé Sima. Un drôle de surnom. Ce Sima devait venir d'une famille de cadres, il parlait avec un authentique accent de Pékin. Il avait été impressionné par les robes et les chaussures de Shang, deux armoires pleines. Et par ses appareils photo et son matériel de développement, qui étaient rares en ce temps-là. C'est à peu près tout ce que Feng se rappelle.»

Au bout de tant d'années, il en était probablement de même pour tout le monde. Chen avait toutefois appris au passage que l'équipe spéciale avait cherché chez Shang quelque chose sans que Mme Mao ne l'ait demandé. Cela expliquait l'urgence de l'affaire tant d'années plus tard. Mme Mao était tombée au rang de «merde de chien» depuis longtemps, et un peu plus de merde sur sa tête n'aurait pas troublé les autorités de Pékin. Le quelque chose devait donc concerner Mao lui-même.

«Merci beaucoup, Gang. C'est très important pour mon livre. Je viendrai vous voir bientôt.»

Mais comment entrer en contact avec Sima, ou avec tout autre membre de l'équipe spéciale? Il serait vain de demander de l'aide au ministre ou à qui que ce soit à Pékin. Dès que son enquête sur «l'affaire Mao» serait connue, l'inspecteur principal serait suspendu.

Le docteur Xia avait secoué la tête pendant toute la conversation.

«Excusez cette interruption, docteur Xia. Le travail, vous savez…

– Parlez de votre travail à d'autres, inspecteur principal. Maintenant écoutez-moi bien. Si vous continuez à avoir des étourdissements ou des nausées, vous devez revenir me voir. Et arrêt de travail complet pendant une semaine.

– Une semaine», répéta Chen en se demandant s'il pourrait se reposer un seul jour. Il devait pourtant s'estimer heureux de l'issue de la bagarre, et il savait qu'il n'aurait peut-être pas autant de chance une autre fois. «Pas un mot sur ma visite ici aux gens du service, docteur Xia», dit-il en se levant. Son portable retentit de nouveau.

L'écran indiquait un appel de Pékin. C'était Wang, le président de l'Association des écrivains, à qui Chen avait demandé des renseignements sur Diao, l'auteur de *Nuages et pluie à Shanghai*.

«Diao vient d'arriver à Pékin, il séjourne chez sa fille.

– Il va bientôt revenir à Shanghai?

– Je ne sais pas. Il paraît qu'il s'occupe de son petit-fils.

– Bon», dit Chen, qui se rendait compte que cela pourrait durer plusieurs semaines ou plusieurs mois. «Merci beaucoup, président Wang. C'est ce que je voulais savoir. Je vous suis très reconnaissant.»

«Vous ne pouvez donc pas oublier votre travail une minute, inspecteur principal Chen? dit le docteur Xia de plus en plus exaspéré. Partez en vacances sans dire à personne où vous allez, j'insiste. Et débarrassez-vous aussi de votre portable.

– Merci pour votre conseil. Je vais y réfléchir, docteur Xia. Je vous donne ma parole.»

En effet, des vacances lui seraient utiles. À Pékin. Il y

ferait avancer l'affaire Mao sous couvert de vacances, se dit-il avec un hochement de tête satisfait en sortant de la clinique.

À ce stade, Diao devenait un élément capital de l'enquête, il pouvait fournir des renseignements non seulement sur la mort de Shang, mais aussi sur l'équipe spéciale de Pékin et ce qu'elle recherchait à l'époque. Diao devait avoir beaucoup d'informations, et il ne les avait peut-être pas toutes utilisées dans *Nuages et pluie à Shanghai*.

Même si ces «vacances» signifiaient que l'inspecteur principal devait abandonner le terrain pendant plusieurs jours, Chen considéra, au vu des nouveaux éléments, que ce voyage valait la peine qu'il mise dessus.

Il avait le sentiment que Mao était au centre de tous ces événements confus. Au lieu de se focaliser sur son accrochage avec les malfaiteurs ou sur le meurtre de Yang, il allait procéder, comme dans le dicton, *en retirant le feu de sous le chaudron.*

Si ses assaillants voyaient dans ses vacances le résultat de leur avertissement, très bien. Ils finiraient par mieux connaître l'inspecteur principal Chen, tôt ou tard.

Et enfin, il y avait autre chose pour lui à Pékin, songea-t-il non sans un léger remords, ce qui mit fin à ses réflexions.

Il tourna dans la rue de Chengdu, où il pourrait arrêter un taxi, et il prit son portable.

Il appela d'abord Gu, à qui il raconta sa mésaventure avec les malfaiteurs.

«Quoi? s'exclama Gu choqué et indigné. Des salauds vous ont attaqué en plein jour! Où êtes-vous? J'arrive.

– Ne vous inquiétez pas. Rien de cassé. J'ai vu un médecin. Il veut que je me repose un peu. Je pense prendre quelques jours de vacances. Je ne suis pas sûr que l'agression ait un lien avec les triades, mais leurs armes et leur façon de parler sont suspectes.

– C'est scandaleux. Je me renseignerai pour vous. Je vous le garantis.

– Avez-vous vu Nuage Blanc dernièrement?

– Oui, pourquoi, inspecteur principal Chen?

– Un des malfaiteurs a parlé de vilain crapaud qui bave devant un beau cygne, ce qui pourrait faire allusion à une relation amoureuse. Mais vous savez qu'il n'y a rien entre nous.

– Je le sais, même si elle a de l'adoration pour vous. Vous ne lui avez jamais laissé une chance. Non, je ne pense pas qu'elle soit mêlée à ça, mais je lui en parlerai. À ma demande, elle fait attention à ne pas parler de vous.»

Chen n'en était pas convaincu. Elle était jeune, élégante. Et Gu était très fier de ses relations.

«J'ai aidé récemment quelqu'un à conserver sa vieille maison en tant que site historique. Une entreprise immobilière qui s'y intéressait est peut-être mécontente. Elle s'appelle Vent d'Est et aurait des connexions noires et blanches.

– Vent d'Est, ça me dit quelque chose. Je connais du monde dans ce milieu. Je vais creuser.

– Inutile de vous mettre en quatre, Gu.

– Comment pouvez-vous dire ça, inspecteur principal Chen? Quiconque s'attaque à vous s'attaque à moi. C'est une gifle pour moi aussi, poursuivit Gu gravement. Dans la société actuelle, il ne reste plus beaucoup de policiers honnêtes et compétents. Si je fais quelque chose, ce ne sera pas seulement pour vous.

– Mais n'agissez pas précipitamment. Ne révélez pas non plus mon identité quand vous poserez vos questions.

– Ne vous en faites pas. Profitez de vos vacances. Appelez-moi s'il y a autre chose. Ah, et j'irai voir votre mère en fin de semaine. Nuage Blanc aussi. »

Les classiques du confucianisme insistent beaucoup sur la notion de «convenance»: faire ce qu'il sied de faire. Pour le moment, l'affaire Mao était la priorité absolue, elle justifiait tous les moyens. Gu l'avait aidé précédemment et le ferait cette fois encore, plein de *yiqi*, l'esprit chevaleresque des romans de cape et d'épée. L'inspecteur principal devrait sans doute le lui rendre un jour, mais il ne voulait pas s'en inquiéter dans l'immédiat.

Il appela ensuite le Vieux Chasseur pour lui demander de se renseigner sur d'éventuelles photos prises par Shang, et ajouta à la fin de la conversation: «Je viens de consulter le docteur Xia. Il a diagnostiqué une commotion cérébrale.

– Vous avez eu un accident?

– Non, ce n'était pas un accident. Deux malfaiteurs m'ont agressé dans la rue, dit simplement Chen. Pour que je me remette, le docteur Xia tient à ce que je prenne des vacances loin du travail et des soucis. Sans dire à personne où je vais. Pas de téléphone non plus. J'ai peur de devoir suivre son conseil.

– Mais la situation ici peut…

– Je vous ferai signe de temps en temps.

– Très bien… J'y pense! J'ai trouvé quelqu'un de confiance pour faire le ménage chez Jiao. Elle pourra nous renseigner.

– Formidable. Ce sera une aide précieuse. Dites-lui d'aller chez Jiao dès qu'elle pourra. J'en aviserai Jiao avant de partir. En cas d'urgence, vous pourrez joindre une amie. Je vous donne son numéro. Elle saura où me trouver pendant les prochains jours. »

C'était le numéro de Ling qui lui était venu à l'esprit. Il n'avait pu penser à personne d'autre. D'après Yong, celle-ci était retournée chez ses parents.

«C'est un numéro sûr?

– C'est la "ligne rouge" spéciale de sa famille de cadres supérieurs. Vous n'avez pas à craindre qu'elle soit sur écoute. Mais ne donnez le numéro à personne.

– Je comprends.»

Le Vieux Chasseur devait se douter de quelque chose. Qu'allait-il penser des vacances soudaines de Chen? Quelle drôle de conduite de la part de l'inspecteur principal que de courir voir son ex-petite amie!

Chen décida de ne pas s'en inquiéter plus longtemps.

Sur le chemin de la gare, il devait encore téléphoner à Jiao pour lui recommander «quelqu'un de confiance».

16

En suivant les indications du Vieux Chasseur, Peiqin arriva devant les immeubles de luxe de la rue de Wuyuan.

Elle était la personne que Chen avait recommandée à Jiao, bien qu'il ait ignoré la véritable identité de la candidate.

Peiqin s'était portée volontaire, à la grande surprise de son mari et du Vieux Chasseur qui lui avaient demandé de chercher une femme de ménage. Elle avait défendu sa candidature de façon convaincante. C'était pratiquement impossible de trouver rapidement une employée de maison de confiance, et capable de surcroît d'informer la

174

police en secret. En outre, Chen était en danger, quelles qu'aient été les causes de ses vacances. Ils devaient l'aider. Yu avait fini par donner son accord, à condition qu'elle ne fasse rien d'autre chez Jiao que ce qu'on attendait d'une femme de ménage.

La rue de Wuyuan et ses environs formaient un quartier où Peiqin n'était encore jamais allée. Comme beaucoup de Shanghaïens qui quittaient rarement leur secteur habituel, elle ne voyait pas de raison de s'aventurer dans des faubourgs qui étaient pour elle comme une autre ville. Dès avant 1949, Wuyuan avait fait partie des « beaux quartiers », très au-dessus des moyens de gens ordinaires tels que Peiqin et Yu.

Dans cette ville qui changeait très vite, le fossé entre riches et pauvres prenait des proportions cauchemardesques. Journaux et revues, telles les infatigables cigales dans les arbres, parlaient sans cesse de bâtir une « société harmonieuse ». Elle se demanda comment c'était réalisable, tout en montrant sa carte d'identité au gardien en uniforme vert qui se tenait à la grille de la résidence, et auquel elle se présenta comme une nouvelle femme de ménage.

La grille franchie, elle se sentit un peu perdue, comme Grand-mère Liu dans *Le Rêve dans le pavillon rouge*. Les appartements ultra-luxueux qui s'élevaient devant elle ressemblaient à des objets de rêves magnifiques et inatteignables. Avant d'appuyer sur l'interphone elle se regarda dans son miroir de poche. Une femme mûre en T-shirt délavé, pantalon kaki et chaussures à talons de caoutchouc, portant un sac de toile blanche. Une image plausible de femme de ménage telle qu'on la voyait à la télévision, et un rôle pas trop difficile, après toutes les tâches ménagères qu'elle accomplissait depuis si longtemps.

«Qui est-ce? demanda une voix.

– Je m'appelle Pei. M. Chen m'a dit de venir aujourd'hui.

– Ah oui, montez. Numéro 502.»

La porte d'entrée s'ouvrit avec un déclic. Peiqin entra et prit un ascenseur.

Quand elle en sortit au cinquième étage, elle vit sur le seuil de l'appartement à gauche une jeune fille qui la regardait.

«Vous êtes la nouvelle femme de ménage?

– Oui.

– Je m'appelle Jiao.» Avec son *qipao* bleu clair brodé d'un phénix multicolore et ses mules en satin assorties, elle semblait venir tout droit d'un film des années trente. La robe, visiblement faite sur mesure, soulignait ses formes en suggérant une volupté délicate. Elle tenait un collant à la main.

Une jeune fille telle que Jiao était certainement capable de se débrouiller seule, mais une femme de ménage devait être un signe de statut social. Peiqin avait entendu dire qu'il existait chez certains parvenus une pièce minuscule appelée «chambre de bonne» avec ses propres toilettes pour éviter la promiscuité. Elle avait grandi à l'époque de la propagande communiste égalitariste et ne pouvait pas s'empêcher de se sentir un peu mal à l'aise dans ce décor. Heureusement, elle jouait seulement un rôle temporaire.

«Entrez, dit Jiao.

– Je m'appelle Pei. M. Chen m'a demandé de venir ici, répéta Peiqin.

– Oui, il m'a téléphoné pour me dire qu'il m'enverrait quelqu'un de compétent et de fiable.

– Je connais M. Chen depuis des années. C'est un homme bien.

– Comment va-t-il ? J'ai essayé de l'appeler ce matin, mais il n'a pas répondu.

– Je suppose qu'il s'est absenté pour affaires », répondit Peiqin, ne sachant pas si Jiao était au courant des derniers événements.

« C'est comme ça dans les affaires. Je vais sortir ce matin, alors parlons de votre travail. Vous n'êtes pas obligée de venir tous les jours. Seulement trois fois par semaine. Quatre heures chaque fois. Surtout pour faire le ménage et la lessive. J'aurai quelquefois besoin que vous prépariez le dîner, comme aujourd'hui, mais en général vous pouvez vous en aller dès que vous avez terminé. Pour votre travail, ce sera huit cents yuans par mois, et je paierai vos frais, si vous en avez. Ça vous va ?

– Très bien.

– Je vais vous donner une liste de ce que vous devez acheter et préparer pour ce soir. » Jiao griffonna rapidement sur un morceau de papier. « Vous vous chargez de la préparation et j'achèverai la dernière cuisson en arrivant.

– Je comprends », dit Peiqin. Elle jeta un coup d'œil à la liste qui était très précise non seulement sur les ingrédients, mais aussi sur les saveurs. « À quelle heure reviendrez-vous ?

– Six heures.

– Et le dîner ?

– Vers sept heures.

– Dans ce cas, je crois que je ferais mieux de mettre le porc en route vers quatre heures, parce que le porc braisé à la sauce rouge prend du temps. Le poisson, je le préparerai dans un panier vapeur avec de l'échalote et du gingembre, et vous n'aurez plus qu'à le faire cuire cinq ou six minutes, ou plus ou moins selon votre préférence.

– Bien, je vois que vous avez de l'expérience.

– Autre chose pour le porc et le poisson?

– Du porc gras bien cuit. Et pas de sauce au soja.

– Je vois. Je peux frire du sucre au wok pour la couleur.

– Vous êtes une professionnelle», dit Jiao avec un sourire.

C'était un truc que Peiqin avait appris au restaurant. «Je m'arrangerai pour que le porc soit cuit quand vous reviendrez, mais pas trop. Vous pourrez ajouter les épices que vous voudrez.

– M. Chen m'a vraiment recommandé quelqu'un d'expérimenté. Faites comme vous l'entendez. Voici l'argent pour les courses.»

Jiao, l'air pressé, lui parlait tout en enfilant son collant sur une chaise d'acajou. Elle mit des chaussures à talons hauts.

«Si un jour il vous faut plus de quatre heures, vous me le direz et je vous paierai le supplément, ça vous convient?» ajouta Jiao en se dirigeant vers la porte.

Peiqin pensa que c'était plus que convenable pour une femme de ménage. Elle écouta le bruit des pas de Jiao dans le couloir jusqu'à l'ascenseur. Puis elle ferma la porte.

Sa carrière de «femme de ménage» démarrait mieux que prévu. Jiao l'avait acceptée sans poser une seule question. L'accord qu'elles avaient conclu arrangeait aussi Peiqin, qui n'avait pas besoin de demander un congé du restaurant. Comme elle était comptable, avec des horaires flexibles, elle pouvait venir chez Jiao quand cela l'arrangeait. Certains jours, elle pourrait faire ses heures pendant la pause du déjeuner.

Elle tira un tablier de son sac et commença à s'activer comme une femme de ménage, et à observer comme une femme de policier, en se concentrant sur ce qui paraissait insolite chez une jeune fille, et sur les objets ayant un rapport avec Mao.

C'était un appartement luxueux. Quelque chose lui semblait inhabituel dans sa conception, mais elle était incapable de dire quoi. Le living de forme oblongue était immense, avec des tableaux ici et là, achevés ou non. Il devait servir d'atelier. Un long rouleau de calligraphie monté sur soie était suspendu au mur. Peiqin avait du mal à lire l'écriture cursive dragon-volant-et-phénix-dansant. Il lui fallut plusieurs minutes pour reconnaître cinq ou six caractères et l'idée lui vint que c'était un poème de Mao, intitulé « Ode à une fleur de prunier », qu'elle avait lu au lycée.

Dans la poésie classique, les belles femmes et les fleurs étaient une seule et même chose. Le calligraphe avait pu copier le poème pour faire un compliment à Jiao, mais dans le souvenir de Peiqin, la fleur de prunier ne symbolisait pas une jeune fille à la mode.

Peut-être lisait-elle trop. Sur le marché, désormais, un rouleau d'un grand calligraphe coûtait une fortune et, indépendamment de son contenu, il servait à montrer le goût raffiné de son propriétaire. Elle examina de nouveau le poème. Il portait une date du calendrier lunaire qu'elle ne sut pas déchiffrer. Elle devrait vérifier dans une bibliothèque.

La chambre était d'une taille exceptionnelle elle aussi, avec deux penderies et une salle de bains. Le mobilier offrait un grand contraste avec celui du living. Simple, presque quelconque. Elle trouva curieux le grand lit en bois. Plus grand qu'un lit double, peut-être fait sur commande. Peiqin n'arrivait pas à comprendre pourquoi une jeune fille seule avait besoin d'un lit de cette taille. Il y avait aussi une étagère de bibliothèque insérée dans la tête de lit. En fait, presque un tiers du lit était jonché de livres. En se penchant pour arranger les coussins, elle toucha le lit. Pas de matelas, rien que du bois dur sous les draps. Au-dessus de la tête du lit était suspendu un grand portrait de Mao qui dominait la pièce. Une décoration inhabituelle pour une chambre. Le cadre du portrait ressemblait à de l'or massif, ce qui était impossible, mais il était lourd quand même. Le portrait faisait face à un grand miroir sur le mur opposé. Peu favorable, en termes de *feng shui*, pour l'occupant du lit. À côté, une sorte de vitrine présentait des photos de Jiao, presque à la hauteur de celle de Mao.

Les deux penderies, une grande et une petite, faisaient face au lit. Elle ouvrit les portes. Des vêtements et du matériel de peinture. Rien de surprenant, Jiao devait beaucoup travailler.

Elle passa dans la pièce attenante, qui ressemblait à un bureau. Sur une grande table d'acajou un album était posé à côté d'une petite statuette de Mao en bronze. Trois murs étaient occupés par des rayonnages majestueux. Ils contenaient un nombre considérable de livres sur Mao, dont certains que Peiqin n'avait jamais vus dans les librairies. Cela avait dû demander un travail incroyable à Jiao d'en rassembler autant. Il y avait aussi une section de livres d'histoire, certains en édition reliée toile, sans doute placés là pour la décoration. Sur un rayon du bas était posée une pile de magazines de mode, peu en harmonie avec les livres d'histoire du haut.

La cuisine, équipée d'appareils modernes impeccables, semblait le seul endroit vierge de toute trace de Mao. Peiqin se mit sur la pointe des pieds pour regarder dans le placard. Rien que deux livres de recettes, dont un qu'elle avait aussi chez elle.

Elle décida alors d'aller faire les courses, ôta son tablier et le plia soigneusement sur la table de la cuisine. Pour son premier jour, ses responsabilités de femme de ménage venaient en priorité. Plus tard, si elle avait le temps, elle examinerait de nouveau l'appartement.

Elle partit donc pour le marché du quartier avec sa liste. Celle-ci était prometteuse. Porc gras, poisson de Wuchang, melon sauvage, poivre vert et rouge, et légumes de saison. Le gardien la reconnut et lui sourit.

C'était un marché très différent de ceux que Peiqin connaissait: sol pavé, étals blancs carrelés exposant des légumes et de la viande sous plastique. Elle fit un tour avant de trouver plusieurs grands aquariums où nageaient des poissons. Comme pour les autres étals, une pancarte annonçait: «Pas de marchandage.»

«Un gros poisson de Wuchang», dit-elle à une vendeuse rougeaude en uniforme blanc et chaussures de caoutchouc violettes.

Avec ce que lui avait donné Jiao, Peiqin n'avait pas besoin de marchander, mais elle demanda un reçu. La vendeuse attrapa le poisson vivant à l'épuisette et, parce que Peiqin n'avait pas discuté, elle le lui tendit accompagné d'une poignée de ciboule offerte.

Peiqin continua selon la liste et choisit d'autres sauces et condiments spéciaux pour le soir. D'après les deux policiers, Jiao recevait peu, voire pas du tout. Le dîner paraissait colossal et très riche en calories pour une fille mince comme elle. Surtout le porc braisé à la sauce rouge, très populaire au début des années soixante auprès des Chinois affamés et mal nourris, mais devenu impensable pour les jeunes filles élégantes soucieuses de leur ligne.

De retour dans la cuisine, elle se mit au travail. Le poisson vivant continua de se débattre et de sautiller pendant qu'elle l'écaillait sur la planche. Il eut un dernier sursaut quand elle le déposa dans le panier vapeur, et sa queue lui entailla le doigt. La coupure n'était pas profonde, mais elle la brûlait. Elle avait disposé le poisson avec du gingembre et de l'échalote dans un plat décoré d'un saule et le mit dans le panier vapeur sur la table de la cuisine. Jiao n'aurait plus qu'à allumer le gaz en rentrant. Peiqin rinça le riz et le mit dans un autocuiseur. Pour finir, elle s'attaqua au porc. C'était facile, mais long. Elle n'était pas chef cuisinier, mais elle voulait faire bonne impression pour son premier jour.

Elle ôta de nouveau son tablier, se prépara une tasse de thé avec un sachet européen inconnu. Elle s'assit sur une chaise pliante près de la table. En aspirant le thé chaud, elle trouva que son goût était loin d'être aussi bon que le Puits du Dragon de chez elle. C'était peut-être à cause du sachet. Elle préférait voir les feuilles de thé se déployer dans la tasse, vertes, tendres, rêveuses.

Il lui était déjà arrivé d'aider la police, à la demande de son mari, par sympathie pour l'inspecteur principal Chen, ou pour rendre service aux personnes concernées.

Mais cette fois, c'était différent.

Peiqin avait eu les meilleures notes à l'école élémentaire, où elle portait fièrement le foulard rouge des jeunes pionniers et rêvait d'un avenir baigné dans la lumière dorée de la Chine socialiste. Tout avait changé avec l'arrivée de la Révolution culturelle, le «problème historique» de son père avait compromis toute sa famille. Ses rêves détruits, elle avait dû s'accommoder des réalités – peiner à la tâche comme jeune instruite dans le Yunnan, ahaner pieds nus dans la rizière, patauger sur les sentiers boueux jour après jour... Et dix ans plus tard, de retour à la ville, travailler dans le bureau en entresol d'un restaurant avec les fumées du wok et le bruit de la cuisine qui montaient, se tasser avec Yu et Qinqin dans une seule pièce sans cuisine ni toilettes, économiser par tous les moyens... Elle avait été trop occupée, jonglant parfois avec deux emplois, pour s'apitoyer sur son sort. Et elle n'avait pas cessé de se répéter qu'elle avait de la chance – un bon mari, un fils merveilleux, que pouvait-elle espérer d'autre? Au cours d'une réunion récente de parents, Yu et elle avaient même été élus couple le plus chanceux: tous deux avec un emploi stable, une pièce à eux, et un fils qui travaillait dur pour entrer à l'université. Après tout, la Révolution culturelle avait été un désastre national, qui n'avait pas seulement touché sa famille, mais des millions de Chinois.

La coupure à son doigt la brûla de nouveau.

De temps à autre, elle se demandait encore ce que sa vie aurait été sans la Révolution culturelle.

Qui en était responsable?

Mao.

Le gouvernement ne voulait pas qu'on en parle, il évitait le sujet ou rejetait la responsabilité sur la Bande des Quatre. Quant à Mao, on disait que la Révolution culturelle était une erreur commise avec les meilleures intentions, qui n'était rien en comparaison de ses grandes contributions à la Chine.

Peut-être n'était-elle pas en mesure de juger Mao sur le plan historique, mais qu'en était-il personnellement, du point de vue de quelqu'un dont la vie avait été bouleversée par les mouvements politiques dus à Mao?

Et puis elle ne lui pardonnait pas ce qu'il avait fait à Kaihui, et qu'elle venait d'apprendre par le Vieux Chasseur.

Jeune fille, elle avait lu le poème de Mao en hommage à Kaihui et l'avait chéri comme un émouvant «poème d'amour révolutionnaire». Ensuite elle en avait lu un autre, plus ancien, écrit lors de leur séparation, encore plus sentimental et touchant dans son imagination. Quel choc que d'apprendre à présent la véritable histoire que cachaient ces poèmes! Ce n'était pas seulement une trahison éhontée, mais pratiquement un meurtre de sang-froid. Mao avait dû considérer Kaihui comme un obstacle à sa liaison avec Zizhen, il l'avait abandonnée et livrée aux représailles des nationalistes. Kaihui l'avait-elle su à la fin de sa vie? Peiqin eut les larmes aux yeux en s'imaginant la jeune femme traînée sur les lieux de son exécution, ses pieds nus ensanglantés.

Peiqin ne doutait pas non plus que Mao ait abandonné Shang. Après avoir relu *Nuages et pluie à Shanghai,* elle y avait pensé toute la nuit.

Elle se leva et retourna dans la chambre. En examinant la photo de Mao au-dessus du lit, elle s'aperçut que c'était une photo peu connue, autant à présent que pendant la Révolution culturelle. Mao y était assis dans un fauteuil en rotin, vêtu d'un peignoir en tissu éponge à rayures bleu et blanc, il fumait et regardait l'horizon en souriant. L'arrière-plan faisait penser à un bateau sur un fleuve. Une photo probablement prise après qu'il eut nagé dans le Yangzi.

Se pouvait-il que Jiao ait suivi la mode des dernières années et «redécouvert» Mao? Les Chinois s'étaient toujours intéressés aux empereurs, depuis des milliers d'années. Une fois de plus, il y avait pour eux un regain d'intérêt au cinéma et à la télévision. Les empereurs et impératrices Qing remplissaient les best-sellers.

Mais Jiao, elle, comment pouvait-elle nourrir des illusions envers Mao, responsable des drames de sa famille ? Plus prosaïquement, comment une jeune fille comme elle pouvait-elle se permettre de vivre sans travailler ? Une hypothèse vraisemblable aurait été que Jiao soit une femme entretenue, une «petite concubine». Or, la Sécurité intérieure n'avait pas repéré de «protecteur», bien que le Vieux Chasseur l'ait vue une fois chez elle en compagnie d'un homme. Pour une jeune fille comme Jiao, un ou deux visiteurs occasionnels n'avaient rien de surprenant.

Peiqin s'arracha à ses réflexions. Elle ne savait à peu près rien de Jiao, qui était d'une autre génération et d'une famille différente de la sienne. Il était inutile de se perdre en conjectures.

Elle ignorait aussi ce que Chen recherchait. Elle ne voyait aucune objection à fureter pour aider son mari, ou le patron de celui-ci, mais ils auraient dû lui donner quelques indices. Regardant sa montre, elle vit qu'il était trop tôt pour que Jiao revienne, aussi décida-t-elle d'entreprendre sa fouille proprement dite.

Elle procéda avec précaution, ouvrit les tiroirs, regarda sous le lit, examina le contenu des placards, fouilla dans les cartons... Un roman policier lui avait appris que les gens pouvaient cacher exprès des choses dans les endroits les plus visibles, qu'elle vérifia aussi. Après avoir passé près d'une heure à explorer tous les coins et recoins, elle n'avait rien trouvé d'autre qu'une confirmation de sa première impression : Jiao était obsédée par Mao.

Dans un tiroir, il y avait plusieurs cassettes de films qui présentaient Mao recevant des visiteurs étrangers dans la Cité interdite. Elle en avait peut-être vu certains dans le

Yunnan au début des années soixante-dix ; c'était une époque où les documentaires sur Mao et les huit «œuvres modèles» étaient à peu près les seuls à être projetés, et Peiqin et Yu disaient en plaisantant que Mao était leur plus grande star de cinéma.

Comment Jiao avait-elle pu se les procurer ? Peiqin fut tentée de mettre une cassette dans le lecteur, mais elle se ravisa. Mieux valait que Jiao ne remarque rien plus tard.

Elle commença à établir une liste de ce qui était inhabituel, bizarre, incompréhensible dans l'appartement, destinée à Yu et au Vieux Chasseur. Si elle ne pouvait pas en tirer grand-chose, eux ou l'inspecteur principal Chen le pourraient peut-être.

D'abord le grand lit, si démodé, avec son matelas en bois. Pour la majorité des Shanghaïens, le modèle courant restait le matelas *zongbeng* – des entrelacs de cordes en fibres de coco fixés sur un cadre de bois. Peiqin tenait à utiliser chez elle ce *zongbeng* aéré à la fois souple et résistant. Chez les plus jeunes, le matelas à ressorts était plus répandu et Qinqin en avait un. Seules quelques vieilles personnes ayant conservé leurs anciennes habitudes choisiraient un matelas en bois, réputé bon pour le dos.

Ensuite l'étagère à livres dans la tête de lit. Jiao était-elle une lectrice aussi acharnée ? Elle n'était même pas allée au lycée. Sans parler des rayonnages d'acajou sur mesure contenant les ouvrages sur Mao et les livres d'histoire.

Le poème de Mao sur soie dans le living et son portrait dans la chambre étaient-ils suspects ? Peiqin décida qu'ils étaient en tout cas bizarres.

Quant au dîner et à son menu peu commun, plutôt démodé, il était destiné à deux personnes, quoique Jiao n'ait pas précisé qu'elle attendait de la visite. Peiqin se dit

186

qu'elle devait informer le Vieux Chasseur pour qu'il reste vigilant ce soir-là.

Elle allait le faire quand on frappa à la porte. Elle mit la liste dans son sac et regarda par le judas. Un homme en uniforme bleu foncé tenait à la main une sorte de pulvérisateur à long manche. «Que désirez-vous? demanda-t-elle avec une hésitation.

– Service insecticide.

– Ah bon?» Peiqin pulvérisait elle-même chez elle, mais elle n'avait pas à poser de questions. Les gens riches faisaient sans doute venir des professionnels pour beaucoup de services.

«C'était prévu avec Jiao, dit-il en montrant un papier. Regardez.»

Jiao avait dû oublier de la prévenir, ce qui n'était pas très important.

«Vous êtes la nouvelle femme de ménage? Je suis venu le mois dernier, il y en avait une autre.

– Oui, c'est mon premier jour.»

Il était donc déjà venu. Elle ouvrit la porte. Il entra, lui fit un signe de tête et mit un masque de gaze avant qu'elle puisse bien voir son visage. Il avait l'air très professionnel et regarda tout de suite la table de la cuisine. «Mieux vaut couvrir les plats, même si le produit est pratiquement inoffensif.»

Il étira la tête de l'appareil et se mit à pulvériser partout, jusque dans les coins derrière le placard.

Au bout de quatre ou cinq minutes, il se dirigea vers la chambre. Elle le suivit, mais à une certaine distance.

«Alors, vous n'êtes pas provinciale?

– Non.

– Comment vous êtes arrivée dans cette maison?

187

– Mon usine a fait faillite.»

Après avoir traité les coins et les endroits difficiles à atteindre, il s'accroupit et pulvérisa sous le lit. C'était sans doute la procédure habituelle.

«Combien vous doit Jiao? demanda Peiqin quand il rentra finalement la tête du pulvérisateur.

– Elle a déjà payé.»

Il était presque quatre heures quand il s'en alla. Peiqin revint dans la cuisine. Elle coupa en dés l'aubergine cuite à la vapeur, ajouta du sel, de l'huile de sésame, et une pincée de glutamate. Elle coupa aussi un morceau de méduse pour un autre plat froid, accompagné d'une sauce spéciale dans une petite coupelle.

Enfin elle planta dans le porc une baguette, qui pénétra facilement. Peiqin réduisit la flamme au minimum. La viande avait l'air à point, d'une couleur appétissante.

C'était à peu près tout ce qu'elle pouvait faire pour la journée. La pendule de la cuisine indiquait cinq heures moins le quart. Peiqin vérifia les plats préparés et à demi préparés sur la table d'un air satisfait.

En ôtant son tablier, elle se dit qu'elle devait informer Jiao de ce qu'elle avait fait dans l'après-midi. Elle lui laissa un mot, en signalant aussi le passage de l'homme du service insecticide.

17

En proie à une grande confusion, Chen se trouvait assis à côté de Yong dans une limousine noire roulant le long de l'avenue Chang'an qui, autrefois, lui avait été familière.

Il ne s'attendait pas à cette somptueuse promenade au soleil couchant en arrivant à la capitale.

Dans l'express Shanghai-Pékin, il avait téléphoné à Yong pour qu'elle lui réserve une chambre d'hôtel – lui évitant ainsi de passer par une agence de voyages qui enregistrerait son nom –, et qu'elle lui achète un portable. Il avait quelques connaissances dans la police de Pékin, mais il avait décidé de ne joindre personne.

Le seul inconvénient de cette façon de procéder était l'imagination débridée de Yong quant au but de son voyage. Toutefois, elle pourrait lui en dire davantage sur Ling. Il y avait des questions qu'il ne pourrait pas poser directement à cette dernière.

Yong n'avait pas tardé à le rappeler en lui disant qu'elle s'était occupée de tout et qu'elle viendrait le chercher à la gare. Il avait néanmoins été surpris en la voyant l'attendre à la sortie de la gare devant la luxueuse limousine. Dans son souvenir, cette bibliothécaire ordinaire se rendait à son travail par tous les temps sur une vieille bicyclette.

Autre surprise, Yong ne lui avait pas encore parlé de Ling. Mince, entre trente-cinq et quarante ans, les cheveux courts, les traits nets et le teint légèrement bistré, elle avait l'habitude de s'exprimer vite et fort. Sa soudaine réserve avait quelque chose de déconcertant.

Après avoir contourné Dongdan et dépassé Dengshikou, la voiture prit plusieurs virages et pénétra dans une ruelle étroite et biscornue qui lui rappelait le quartier est.

À travers la vitre fumée, l'entrée de la ruelle, bordée des deux côtés d'un bric-à-brac indescriptible, lui parut familière et pourtant étrange.

«L'hôtel est dans un *hutong*?» demanda-t-il. À Pékin, on désignait ainsi une ruelle, en général étroite et mal pavée. La limousine rampait littéralement.

«Tu as tout oublié, n'est-ce pas? dit Yong avec un sourire entendu. *Un homme distingué ne peut s'empêcher d'oublier.* Nous arrivons chez moi.

– Ah, mais pourquoi?

– Pour *jieseng*, "recevoir le vent", comme la tradition exige de recevoir un hôte qui vient de loin et de le régaler. N'est-il pas convenable et juste que je t'accueille d'abord chez moi? L'hôtel est tout près, à la sortie de la ruelle. Tu peux y aller facilement à pied.»

Elle aurait pu le lui dire au téléphone. Mais pourquoi la limousine?

Il était déjà venu dans cette ruelle, pour un rendez-vous avec Ling des années plus tôt – il s'en souvint quand la voiture s'arrêta devant une *sihe yuan*, une maison carrée qui se déployait autour d'une cour intérieure, une typologie architecturale très répandue dans le vieux Pékin.

Il descendit et vit un bâtiment qui se détachait dans la ruelle en cours de disparition – les maisons avaient déjà été détruites pour la plupart, le sol était couvert de gravats et de débris.

«Le gouvernement local projette de nouvelles constructions ici, mais nous ne bougerons pas. Pas avant d'être correctement indemnisés. C'est notre propriété.

– Tu habites toujours ici?

– Non, nous avons un autre appartement dans les nouveaux quartiers.»

Encore une «famille clou» qui s'accrochait jusqu'à ce qu'on l'arrache par la force. On entendait souvent des histoires de ce genre sur les problèmes du développement de la ville.

Dans la cour, il remarqua que toutes les pièces étaient dans l'obscurité, à l'exception de celle de Yong. Quand elle le fit entrer, bizarrement il ne fut pas étonné de voir Ling près de la fenêtre de papier. Ling, en revanche, parut réellement stupéfaite et elle se leva. Elle arrivait sans doute d'un rendez-vous d'affaires, vêtue d'un *qipao* violet, avec une pochette de même couleur et de même tissu, tous deux visiblement faits sur mesure, comme dans une page arrachée à un magazine de mode très chic.

Il n'y avait pas de banquet de «réception du vent» sur la table, contrairement à ce qu'avait annoncé Yong. Rien qu'une tasse de thé pour Ling. Yong se hâta de verser une tasse pour Chen et leur fit signe de s'asseoir.

«Mon humble demeure est illuminée ce soir par deux hôtes distingués, dit Yong. Ling, directrice générale de plusieurs grandes entreprises de Pékin, et Chen, inspecteur principal de la police de Shanghai. Ma "famille clou" avait donc une bonne raison d'exister.

– Tu aurais dû me prévenir», dit Ling.

C'était aussi ce que Chen aurait voulu dire, mais il s'adressa à son ancienne petite amie. «Je suis très heureux de te voir, Ling.»

«Bien, je dois vite rentrer chez moi, dit Yong. Mon mari est de service cette nuit et je dois m'occuper de ma fille.»

C'était un prétexte grossier. Yong leur avait déjà fait le même coup et les souvenirs d'une semblable circonstance revenaient en foule. Elle s'en alla en hâte, comme des années plus tôt, en les laissant tous les deux seuls dans la pièce.

Mais ce n'était pas comme avant, pour aucun des deux. Chen était à court de mots. Le silence les enveloppait dans un cocon de soie.

«Yong est une intrigante, dit Ling. Elle m'a traînée ici sans m'expliquer pourquoi et a insisté pour que j'attende.

– Une intrigante pleine de bonnes intentions.»

Chen regarda autour de lui, la pièce n'avait guère changé. Il y avait toujours une cuvette d'eau sur son support près de la porte. Le grand lit de l'autre côté de la pièce était recouvert d'un couvre-lit brodé d'un dragon et d'un phénix, identique à celui de son souvenir. Et ils étaient assis à la même table de bois peinte en rouge près de la fenêtre en papier, sur laquelle la vieille lampe jetait une lumière chatoyante.

C'était sans doute l'effet recherché par Yong. Le passé au présent. Comme la dernière fois, Ling, bibliothécaire, et lui, étudiant. En ce temps-là, elle habitait encore chez ses parents et lui, dans une chambre où s'entassaient cinq autres jeunes gens. Il leur était difficile de trouver un endroit tranquille. Aussi Yong les avait-elle invités chez elle – dès qu'ils avaient été là, elle avait trouvé un prétexte pour les laisser seuls.

Ce soir était tout semblable au précédent. À une différence près, comme dans un couplet de Li Shangyin.

Comment a pu durer cette passion et devenir mémoire
[impérissable ?
Mais dans l'instant autrefois, j'étais déjà si désemparé.

«J'ai bien reçu le livre que tu m'as envoyé de Londres, dit-il. Je te remercie beaucoup, Ling.

– Oh… je l'ai trouvé par hasard dans une librairie.

– Et tu es revenue de ton voyage.» C'était une remarque stupide. Ling avait pensé à lui pendant son voyage de noces, mais que pouvait-il lui dire? «Quand?

– La semaine dernière.

– Tu aurais pu me tenir au courant.

– Pourquoi?

– J'aurais pu…» Il laissa sa phrase inachevée – *t'acheter un cadeau de mariage.*

Il y eut un nouveau silence bref.

Il y a toujours une perte de signification
Dans ce que nous disons ou ne disons pas,
Mais aussi une signification
Dans la perte de la signification.

«Tu es allée au musée Sherlock Holmes? demanda-t-il en essayant de changer de sujet.

– Tu es bien un inspecteur principal, dit-elle en regardant son thé froid. Policier avant tout.»

Encore une gaffe. Il resta muet en pensant que la remarque de Ling pouvait être une allusion au rôle qu'il avait joué dans une autre affaire, qui avait exaspéré son père en raison de ses répercussions politiques. Une affaire dont Chen s'était chargé, sans y être obligé. L'issue avait empoisonné leur relation.

«Tu as dû réussir dans la police, poursuivit-elle. Mon père parlait de toi l'autre jour.

– *Un moine doit sonner la cloche dans le temple jour après jour.*» Il était profondément perturbé à l'idée du commentaire de son père, le puissant membre du Bureau politique dans la Cité interdite.

«Alors c'est devenu la carrière de ta vie?

– Il est sans doute trop tard pour que j'essaie autre chose.» Il ne voulait pas rester sur ce terrain, mais ne savait comment faire dévier la conversation.

«J'ai essayé de t'écrire», dit-elle en prenant l'initiative, la tête légèrement penchée sous la lumière hésitante, «mais il n'y avait pas grand-chose à dire. Après tout, la marée n'attend pas.»

Il s'interrogea sur le choix de ses mots. Voulait-elle dire qu'elle-même n'avait pas pu attendre plus longtemps? Et parlait-elle de son mariage ou de sa carrière? Se lancer dans les affaires était souvent décrit comme «sauter dans la mer», les occasions de gagner de l'argent revenant comme la marée. Ou était-ce une allusion à *La Marée de printemps*[1], un roman russe qu'ils avaient lu ensemble dans le parc de la mer du Nord?

Il était censé dire quelque chose d'approprié. Ne pas manquer une occasion d'exécuter sa «mission de sauvetage», aurait dit Yong, et profiter du fait que Ling était retournée vivre chez ses parents.

Il prit une gorgée de thé au jasmin. Avec une impression violente de déjà-vu, il se rappela que ce soir-là, elle lui avait servi du thé et mis dans sa tasse des pétales de jasmin pris dans ses cheveux – «La blancheur transparente s'ouvrant dans le noir.»

«Tu es venu à Pékin pour une nouvelle affaire?

– Non, pas exactement. Ce sont plutôt des vacances. Il y avait longtemps que je n'étais pas venu.

– Notre inspecteur principal prend des vacances!»

Il fut blessé par son ton sarcastique.

---

1. *La Marée de printemps* est le titre que porte en Chine *Eaux printanières*, d'Ivan Tourgueniev (1818-1883). [NdÉ]

«Il y a un endroit particulier que tu voudrais voir?» demanda-t-elle sans le regarder.

Il songea qu'il y en avait un, en effet. L'ancienne résidence de Mao, à l'ouest de la Cité interdite, mais il venait de lire dans le train qu'elle était fermée au public. Ling devait pouvoir l'y faire entrer grâce à ses relations. La résidence n'était pas directement liée à son enquête, mais une visite pouvait néanmoins l'aider à se faire une idée de la vie personnelle du président. Après tout, cette technique avait fait ses preuves dans d'autres affaires.

«L'ancienne résidence de Mao à *Zhongnan hai*, dans les jardins des mers du Centre et du Sud, lança-t-il, mais elle est fermée.

— Vraiment? Depuis quand es-tu devenu maoïste?

— Je ne suis pas la mode à ce point.

— Alors pourquoi?» Elle le regarda, curieuse.

Il ne répondit pas.

«Tu te souviens du soir sur la colline des Beaux Paysages? La nuit tombait sur les tuiles relevées des palais anciens de la Cité interdite, nous étions assis et tu m'as murmuré un poème.»

Cela lui revenait, Ling assise sur un rocher gris, la main dans la sienne…

«J'ai toujours ce poème», dit-elle en tirant de son sac un genre de grand téléphone portable qu'il n'avait encore jamais vu. Elle appuya sur plusieurs touches de l'appareil.

«Ça y est», dit-elle et elle lut à haute voix ce qu'affichait l'écran.

C'était sur une hauteur, au parc de la colline des Beaux Paysages
Qui domine la Cité interdite

Où les empereurs Qing avaient succédé
Aux empereurs Ming, nous regardions
Le soir s'étendre sur les tuiles relevées
Du magnifique palais ancien.
Au-dessous de nous, des flots d'autobus s'écoulaient
Dans la rue de Huangshan.
La grue de bronze
Qui avait escorté l'impératrice douairière Cixi
Nous regardait. Tu m'as dit rêver
Que nous devenions deux gargouilles
Dans le palais de la Nourriture de l'Esprit, nous épanchant
Toute la nuit dans une langue intelligible
Pour nous seuls. Nous avons vu sur un arbre
Un écriteau disant «À cet arbre s'est pendu
L'empereur Chongzhen, de la dynastie des Ming.»
Le panneau m'a rappelé le tableau noir
Suspendu au cou de mon père
Pendant la Révolution culturelle.
Le soir m'a soudain paru glacé.
Nous avons quitté le parc.

«Je te suis vraiment reconnaissant de l'avoir gardé...
– Je l'ai lu dans l'avion. Il n'y a rien à faire pendant ces voyages d'affaires.»

Il en fut troublé, de façon presque irrationnelle. Une image s'imposa: Ling assise à côté de son homme d'affaires de mari, et *lui* lisant ses poèmes. Il lui en avait écrit beaucoup d'autres. Il se demanda si elle les avait conservés, et où.

«À propos de mes poèmes, Ling, je n'ai pas bien rangé mes manuscrits, il y en a un peu partout. Si tu les as toujours, peux-tu me les rendre?

– Tu veux les reprendre ? »

Il regretta la manière impulsive dont il lui avait posé la question. Comment allait-elle l'interpréter ?

Mais elle changea de sujet. « Je connais quelqu'un qui travaille aux mers du Centre et du Sud. Je pense qu'il serait possible d'organiser une visite de l'ancienne résidence de Mao. »

Puisqu'ils avaient abordé le sujet, il décida de pousser son avantage. « Le médecin personnel de Mao a écrit un livre, tu en as entendu parler ?

– Tu mènes une enquête liée à Mao, n'est-ce pas ? demanda-t-elle en le regardant dans les yeux. Tu dois m'en dire davantage. »

Sachant que l'honnêteté était le meilleur moyen d'obtenir son aide, il lui dit ce qu'elle voulait savoir, sans toutefois entrer dans les détails.

« Dans ton domaine, tu es quelqu'un, inspecteur principal Chen… »

Mais son portable sonna. Elle le prit avec agacement et, malgré sa réticence initiale, écouta avec attention. Sans doute un appel professionnel.

« Le quota n'est pas un problème… »

Il se leva, sortit un paquet de cigarettes et le lui montra. Il ouvrit la porte et alla dans la cour.

Celle-ci était encore plus à l'abandon qu'au premier abord. Seule la maison carrée résistait désespérément. Il regarda le profil de Ling se découper sur le papier de la fenêtre, le téléphone contre sa joue. Presque comme dans un ancien théâtre d'ombres. À cet instant, il lui sembla qu'elle se trouvait infiniment loin.

Elle était compétente. Aucun doute là-dessus. On ne pouvait pourtant pas oublier que si elle avait réussi dans le monde des affaires, c'était grâce aux relations de sa famille. Le système fonctionnait ainsi. Comme pour le quota dont elle parlait, sans doute dans une affaire d'exportation : elle pouvait obtenir facilement une dérogation hors de portée des gens ordinaires en téléphonant à son «Oncle» ou à sa «Tante».

Était-ce aussi pour cela qu'il avait hésité à partager sa vie avec elle ? Parce qu'il n'était pas capable de s'identifier au système, pas encore, pas totalement, en dépit de sa «réussite» à l'intérieur de ce système? Tout au fond de lui, il aspirait à autre chose, à une certaine indépendance, même limitée.

Puis il la vit reposer son téléphone sur la table. Il écrasa sa cigarette et se hâta de rentrer.

«Ton poste de directrice générale fait de toi une femme très occupée, dit-il malgré lui.

– Tu n'as rien à dire. Tu l'es encore plus comme inspecteur principal.

– C'est un travail dans lequel tu dois t'investir de plus en plus. Il finit par faire partie de toi, que tu le veuilles ou non, dit-il songeur. Je parle de moi, bien sûr. Alors, l'ironie, c'est que je ne peux m'en sortir qu'en étant un policier consciencieux.

– Et la visite à la résidence de Mao sera décisive pour ton travail d'enquête?»

Elle avait raison. La visite seule ne changerait rien. De fait, ce voyage à Pékin pouvait se révéler une tentative pitoyable, *comme soigner un cheval mort.* «Une équipe spéciale a été envoyée chez Shang, répondit-il en voyant dans la question de Ling une invitation à s'expliquer. Après tant d'années, je n'arrive pas à savoir ce qu'on lui reprochait. Les archives sont peut-être encore classées secrètes…»

Son téléphone sonna de nouveau. Elle regarda le numéro affiché et l'éteignit.

«Dans les affaires, on ne te laisse jamais tranquille, dit-elle en passant les doigts sur la fenêtre en papier comme sur de vieux souvenirs. Ce soir-là, je me souviens qu'un moulin à vent orange tournait à la fenêtre. Tu étais ivre et tu as dit que c'était comme une image d'un de tes poèmes. Tu as complètement abandonné la poésie?

– Est-ce que je peux en vivre?» Il avait du mal à suivre la façon soudaine dont la conversation était passée à la poésie. Peut-être Ling était-elle tout aussi intimidée que lui par leur rencontre imprévue. «J'ai publié un recueil, mais j'ai découvert qu'il avait été subventionné à mon insu par une association professionnelle.

– Quand j'ai démarré mon affaire, j'avais, entre autres idées naïves, celle que tu pourrais écrire tes poèmes sans t'inquiéter de rien d'autre.»

Malgré son regard lointain, elle était intensément présente, et il en fut ému. Elle n'avait jamais renoncé au poète en lui. Devait-il pour autant la laisser l'entretenir pour qu'il écrive de la poésie?

«Quand je t'ai rencontrée, je n'imaginais pas que je serais policier.» *Ni que tu deviendrais femme d'affaires* – ce qu'il ne dit pas. «Nous avions encore des rêves, mais il faut vivre dans le présent.

– Je ne sais pas quand Yong reviendra, dit-elle en regardant la pendule au mur.

– Il est tard, répondit-il presque machinalement. Ça risque d'être difficile pour toi de trouver un taxi.

– Je vais lui laisser un mot. Elle comprendra.»

Ainsi, leur soirée s'achevait dans les affres – quant à savoir si Yong comprendrait, il n'aurait su le dire.

199

Quand ils sortirent dans la cour, il eut la surprise de voir que la limousine attendait, monstre moderne posté devant les ruines de la vieille ruelle de Pékin. Non loin, un pilier de bois se dressait solitaire, tel un index accusateur tendu vers le ciel de cette nuit d'été.

« C'est la voiture de ton père ?

– Non, la mienne. Professionnelle. »

Les ECS n'étaient pas réputés seulement à cause de leurs parents. Grâce à leurs relations familiales, ils étaient devenus eux-mêmes cadres supérieurs du Parti, ou chefs d'entreprises florissantes, comme elle – ou les deux, comme son mari.

Il la suivait jusqu'à la limousine ; ses talons hauts résonnaient sur les pavés, et un rai de lune éclairait son beau profil.

Le chauffeur s'inclina obséquieusement en lui tenant la porte. Ses cheveux blancs le faisaient ressembler à un hibou dans la nuit.

« Je te dépose à ton hôtel, dit-elle.

– Non, merci. Il est au bout de la ruelle. J'irai à pied.

– Alors bonne nuit. »

En regardant la voiture disparaître, il se rappela que la « marée » dont Ling avait parlé pouvait être celle d'un poème de la dynastie des Tang…

Combien de fois ai-je été abandonnée
Par ce marchand affairé de Qutang depuis que je l'ai épousé !
La marée tient toujours sa promesse de retour.
Si je l'avais su, j'aurais épousé un jeune cavalier des vagues.

Sur les vagues du matérialisme qui l'entouraient, il n'avait plus rien d'un jeune cavalier.

18

L'inspecteur Chen commença sa deuxième journée à Pékin par un coup de téléphone à Diao.

«Je m'appelle Chen. Je suis un ancien homme d'affaires, mais je m'essaie à l'écriture. Le président Wang de l'Association des écrivains chinois m'a conseillé de m'adresser à vous. J'aimerais beaucoup vous inviter à déjeuner aujourd'hui.

– Quelle surprise, M. Chen! Je vous remercie pour votre aimable invitation, mais nous ne nous sommes encore jamais vus, n'est-ce pas? Je n'ai jamais rencontré Wang non plus. Comment puis-je vous laisser m'inviter?

– Je n'ai pas beaucoup lu, M. Diao, mais je connais l'histoire des amis de Cao Xueqin qui lui offrent du canard rôti à la pékinoise en échange d'un chapitre du *Rêve dans le pavillon rouge*. C'est ce qui m'a donné l'idée.

– Je n'ai pas d'histoires passionnantes pour vous, je le crains. Toutefois, si vous insistez, nous pouvons nous retrouver pour déjeuner aujourd'hui, mais tard.

– Parfait. Alors à une heure. Au *Fangshan.*»

Chen raccrocha, satisfait d'avoir sa matinée libre, et fit des projets pour l'occuper.

Il héla un taxi devant l'hôtel et demanda au chauffeur de l'emmener au mausolée du président Mao sur la place Tian'anmen. Il pourrait ensuite passer par la Cité interdite pour aller au restaurant *Fangshan,* dans le parc de la mer du Nord.

«Vous avez de la chance. Le mausolée est ouvert cette semaine, dit le chauffeur sans se retourner. J'y ai emmené quelqu'un hier.

– Merci.

– Il se trouve au centre de la place Tian'anmen.» Le chauffeur pensait sans doute que c'était son premier voyage à Pékin. «Le *feng shui* du mausolée est pourri.

– C'est-à-dire?

– Pour le mort. À peine un mois après son décès, alors qu'il n'était même pas encore installé dans son cercueil de cristal, Mme Mao a été emprisonnée comme chef de la Bande des Quatre. Et malfaisant pour la place aussi. Ce qui s'est passé en 1989, vous savez. Un bain de sang. Tôt ou tard il faudra retirer son corps, sinon il causera d'autres malheurs.

– Vous le croyez vraiment?

– Qu'on y croie ou pas, personne n'échappe au châtiment! Pas même Mao. Il est mort sans fils. L'un a été tué dans la guerre de Corée, un autre souffrait de schizophrénie, et un autre a disparu pendant la guerre civile. C'est Mao lui-même qui l'a dit sur le mont Lu.» Le chauffeur ajouta avec un petit rire sardonique: «Mais personne ne sait combien de bâtards il a pu semer.»

Chen ne fit aucun commentaire, concentré sur les nombreux changements intervenus dans l'avenue Chang'an. Ils avaient déjà dépassé l'*Hôtel de Pékin*, près de Dongdan.

Quand le taxi s'arrêta près du mausolée, Chen sortit son portefeuille et dit au chauffeur: «Gardez la monnaie. Ne parlez pas de votre théorie du *feng shui* à tous vos clients. Il se pourrait que l'un d'eux soit policier.

– Eh bien, j'aurai une question à poser à ce policier.

202

Mon père – prétendu droitier pour que son école atteigne le quota de dénonciations exigé – est mort pendant la Révolution culturelle en me laissant orphelin, sans éducation et sans métier. C'est comme ça que je suis devenu chauffeur de taxi. Le policier pourra-t-il me dire quelle compensation le gouvernement me doit? Les temps ont changé, ajouta le chauffeur en passant la tête par la portière. Un policier ne peut pas m'arrêter parce que je parle du *feng shui*.»

Quel qu'ait été le *feng shui*, un important groupe de visiteurs attendait devant le splendide mausolée entouré de grands arbres verts. La file était plus longue que Chen ne l'avait imaginée mais les gens semblaient très patients, prenant des photos, lisant leurs guides touristiques ou grignotant des graines de pastèque. Il se mit au bout de la file et avança avec les autres, se disant que pour un policier, la vue d'un cadavre pouvait parfois être utile, ne serait-ce que psychologiquement.

Chen fut vite cerné par des vendeurs proposant toutes sortes de gadgets à l'effigie de Mao. Il choisit une montre dont le cadran représentait le président en uniforme vert de l'armée avec au bras le bandeau des Gardes rouges.

Un garde se précipita et chassa les vendeurs comme des mouches insistantes. Il porta à sa bouche un mégaphone pour encourager les visiteurs à acheter des fleurs en hommage au grand dirigeant. Plusieurs personnes achetèrent les chrysanthèmes jaunes enveloppés de plastique au moment où la file tournait pour entrer dans une grande cour. Chen fit de même. Il y avait également une brochure sur toutes les grandes contributions apportées par Mao à la Chine, et il en acheta un exemplaire, sans l'ouvrir.

Les visiteurs avaient à peine atteint la salle nord qu'on leur ordonna de déposer leurs fleurs au pied d'une statue de Mao en marbre blanc, devant une immense tapisserie des montagnes et des fleuves de Chine brillamment éclairée.

«C'est honteux, protesta un homme à la tête carrée. Nous avons payé ces chrysanthèmes il y a à peine une minute. Ils se remplissent les poches sur le dos du mort en revendant les fleurs.

– Mais l'entrée est gratuite, répondit un autre. Pour tous les autres parcs de Pékin, il faut maintenant acheter un billet.

– Vous croyez que je viendrais ici si c'était payant? répliqua la tête carrée sur un ton sarcastique. Ils veulent seulement entretenir la longue file en promettant l'entrée gratuite.»

Chen n'était pas convaincu, mais il ne lui fallut pas moins d'une demi-heure pour pénétrer dans la salle des Derniers respects, et s'approcher enfin du cercueil de cristal de Mao. Celui-ci était couché en costume Mao gris, drapé dans le grand drapeau rouge du Parti communiste chinois, entouré d'une garde d'honneur solennelle et immobile comme des soldats de plomb.

Bien qu'il s'y soit préparé, Chen fut stupéfait à la vue de Mao. Si majestueux sur l'écran de sa mémoire, il apparaissait à présent incroyablement ratatiné, les joues creuses comme des oranges séchées, les lèvres cireuses, trop maquillées, et il lui restait très peu de cheveux, qu'on aurait crus collés ou peints.

Chen eut moins d'une minute pour rester près du cercueil avant d'être forcé d'avancer. Les visiteurs poussaient derrière lui.

Au lieu de passer dans la dernière salle exposant des photos et des documents, Chen se dirigea directement vers la sortie. Une fois dehors, il respira à fond l'air frais, de nouveau entouré par les vendeurs. Il était près de midi. Chen décida d'aller à son rendez-vous.

Il passa sous l'arche imposante de la porte de Tian'anmen et acheta un billet pour le musée de la Cité interdite. Un raccourci : avec les embouteillages de l'avenue Chang'an, il mettrait beaucoup plus de temps s'il se rendait au parc en taxi.

La Cité interdite au sens strict comprenait le palais, la cour, les différents édifices impériaux, officiels et privés, mais il y avait non loin des jardins et autres bâtiments impériaux, pas moins interdits au commun des mortels. Après la chute de la dynastie Qing, le palais, bien qu'immense, était devenu un musée où diverses salles exposaient les splendeurs des dynasties impériales.

Des stands étaient apparus dans les cours et au coin des allées. Il acheta machinalement un bâton d'azeroles enrobées de caramel rouge, une spécialité des rues de Pékin, et fut surpris par son goût aigre.

Il commençait à ressentir l'impression complexe que provoquait le décor impérial. Un monde à part, fait de sublimité divine, où un empereur ne pouvait que se considérer comme le fils du Ciel, loin au-dessus du peuple, un souverain récipiendaire unique d'un mandat et d'une mission sacrés. Aucune éthique, aucune règle ne pouvait s'appliquer à lui.

Ainsi, dans l'imagination de Mao entre les hauts murs de la Cité interdite, le mouvement anti-droitier, les Trois Drapeaux rouges et la Révolution culturelle, tous ces mouvements politiques qui avaient coûté la vie à des millions de Chinois auraient pu n'être rien de plus que ce dont un empereur avait besoin pour consolider son pouvoir...

Seul promeneur décidé, Chen avançait tout droit dans le musée, sans entrer dans aucune salle d'exposition. Il en franchit bientôt la grille, d'où il aperçut le sommet de la Pagode blanche du parc de la mer du Nord.

19

Chen avait choisi pour son déjeuner avec Diao le restaurant *Fangshan*, célèbre pour servir de la cuisine impériale. Il se trouvait dans le parc de la mer du Nord, un jardin faisant partie de la Cité interdite.

À ce choix il y avait une autre raison, qu'il était seul à connaître. Lorsqu'il était étudiant, il avait parlé à Ling d'y déjeuner. Ils ne l'avaient jamais fait, car c'était très au-dessus de ses moyens.

Comme il lui restait encore une demi-heure, il se promena tranquillement. En dépit du nom du parc, il n'y avait là aucune mer, rien qu'un lac artificiel, élevé au rang de mer pour plaire à l'empereur. C'était un parc magnifique au centre de la ville, et à deux pas de la bibliothèque de Pékin où Ling avait travaillé. La silhouette moirée de la Pagode blanche se dessinait à l'arrière-plan.

Il marcha en direction d'un petit pont dont il gardait le souvenir. Une jeune fille était appuyée à la rambarde et contemplait au loin les hauteurs verdoyantes. Chen fut submergé d'émotion.

Sous le pont où naguère mon cœur fut brisé, verdoie l'onde
[printanière;
C'est ici que prit peur l'oie sauvage, effrayée de son propre reflet.

Vers la fin de ses études universitaires, un après-midi, Ling l'avait appelé pour lui dire qu'elle le retrouverait là avec les livres qu'il avait demandés. Alors qu'elle l'attendait depuis longtemps, il l'avait aperçue de loin, debout sur le petit pont boueux, un pied légèrement posé sur un barreau de la rambarde, elle se grattait la cheville, ses cheveux emmêlés par le vent encadraient son visage. Elle l'avait ému de façon inexplicable, comme si elle se fondait avec les chatons duveteux du saule qui symbolisaient une beauté infortunée dans la poésie Tang. Un présage pour leur relation? Impossible à dire. Mais l'heure n'était pas à la nostalgie, et il se dirigea vers le restaurant.

Dans une cour tranquille dallée de pierre, une serveuse habillée en dame du palais des Qing l'accueillit pour le conduire dans un salon privé. Il fut aussitôt frappé par l'omniprésence du jaune – la couleur réservée à la famille impériale. Murs jaunes, nappe abricot et baguettes dorées. Un cabinet ancien orné d'un relief de dragons également dorés était placé derrière la table. Il s'assit près de la fenêtre, ouvrit son attaché-case et sortit les informations qu'il avait sur Diao.

C'était un nouveau venu sur la scène littéraire. Professeur de lycée jusqu'à la retraite, sans aucune publication à son crédit, il avait soudain produit un best-seller, *Nuages et pluie à Shanghai*. Il n'y avait pratiquement aucun risque qu'il connaisse Chen: il n'était pas membre de l'Association des écrivains et ils ne s'étaient jamais rencontrés. L'inspecteur principal allait pouvoir jouer le même rôle qu'au manoir Xie.

On attribuait le succès de *Nuages et pluie à Shanghai* à son sujet, mais le texte dénotait néanmoins le talent de l'auteur. Chen avait été impressionné par le savant équilibre entre le dit et le non-dit.

Deux ou trois minutes avant une heure, la serveuse fit entrer un homme aux cheveux gris. Stature moyenne, front profondément ridé, yeux vifs, il portait un T-shirt noir, un pantalon blanc et d'élégantes chaussures luisantes.

« Vous devez être M. Diao, dit Chen en se levant.

– En effet.

– C'est un grand honneur de vous rencontrer. *Nuages et pluie à Shanghai* est un grand best-seller. Je suis Chen.

– Je vous remercie de votre invitation. Ce restaurant impérial est vraiment cher, j'en avais entendu parler.

– J'étais étudiant à Pékin il y a des années, et je rêvais de venir ici. C'est donc aussi par nostalgie.

– Ce n'est pas une mauvaise raison, dit Diao avec un sourire qui montra ses dents jaunies par le tabac. Vous vous rappelez sûrement un vers de notre grand dirigeant le président Mao, *Six cents millions d'hommes au Pays-des-Dieux, autant de Shun ou de Yao.* Hyperbole poétique, certes, mais Mao a absolument raison sur un point. Les gens souhaitent être des empereurs, ou leur ressembler. Ce qui explique le succès de ce restaurant. Les gens n'y viennent pas seulement pour la cuisine. Pendant un bref moment, chacun peut se croire empereur. »

C'était peut-être vrai aussi pour Shang… femme de l'empereur. Chen leva son verre sans rien ajouter.

La serveuse apporta un petit plat de *wotou* dorés, des

bouchées de maïs cuites à la vapeur. Chen en gardait un mauvais souvenir depuis ses années d'étudiant. «Nous les préparons avec un haricot vert spécial, dit-elle en voyant son étonnement. Délicieux. Le plat préféré de l'impératrice douairière.

– Parfait, nous prendrons ça, dit Chen. Conseillez-nous d'autres spécialités.

– Dans le salon privé, il y a une addition minimum de mille yuans. Alors je vous suggère un assortiment exquis. Une vingtaine de petits plats, comme les aimait l'impératrice douairière. C'était un minimum, pour elle. Pour commencer : poisson vivant de *Zhongnan hai*, les mers du Centre et du Sud, à la vapeur, avec gingembre frais et ciboule.

– C'est très bien, dit Chen.

– Et ensuite ? demanda Diao.

– L'authentique canard laqué à la pékinoise. De six à huit mois, spécialement gavé. Dans la plupart des restaurants, on le cuit à présent au four électrique. Nous restons fidèles au four à bois traditionnel, et nous utilisons du bois de jujubier. Le parfum pénètre la chair. Un procédé réservé aux empereurs, dit-elle avec orgueil. Nos chefs perpétuent la tradition qui consiste à décoller la peau du canard en soufflant à l'intérieur et à lui coudre le croupion avant de l'enfourner.

– Que de connaissances sur le canard ! s'exclama Diao.

– Nous proposons les fameuses cinq façons de le préparer : fines tranches croustillantes roulées dans une crêpe, tranches frites à l'ail vert, pattes plongées dans le vin, gésiers sautés aux légumes verts, et soupe de canard, mais il faut environ deux heures avant qu'elle soit d'un blanc parfaitement crémeux.

– Très bien, va pour la soupe, dit Chen. Prenez votre temps, et apportez les meilleures spécialités du restaurant. Vous recevez un grand écrivain, aujourd'hui.

– Votre générosité me comble, dit Diao.

– J'ai gagné pas mal d'argent quand j'étais dans les affaires. Sera-t-il encore à moi dans cent ans ? Comme a dit notre grand maître Du, *seule la littérature dure des milliers d'automnes*. Il est convenable et juste pour un novice tel que moi d'offrir un repas à un maître. Votre livre est un énorme succès. Dites-moi ce qui vous a amené à l'écrire.

– J'ai été professeur de lycée toute ma vie. D'ordinaire, je commençais mon cours en citant des proverbes. Pour qu'il se transmette de génération en génération il faut qu'un proverbe contienne quelque chose de notre culture. Un jour, j'ai cité *hongyan baoming*: *le destin d'une beauté est très fragile*. Quand les élèves ont demandé un exemple, j'ai pensé au destin tragique de Shang. Finalement, j'ai envisagé un projet de livre, mais j'hésitais, pour les raisons que vous pouvez deviner. Au cours de mes recherches, j'ai appris le destin tout aussi tragique de sa fille Qian. Et voilà.

– C'est extraordinaire. Vous avez dû faire beaucoup de recherches sur Shang.

– Pas tellement.

– C'est comme un livre derrière le livre. Entre les lignes sur la fille, on peut lire l'histoire de la mère.

– Chacun lit de son propre point de vue, mais c'est un livre sur Qian.

– Dites-m'en davantage sur l'histoire derrière l'histoire. Les détails authentiques me passionnent.

– Ce qu'on ne peut pas dire doit être passé sous silence, répondit Diao sur ses gardes. Qu'est-ce qui est vrai et qu'est-ce qui ne l'est pas? Si vous appréciez *Le Rêve dans le pavillon rouge*, alors vous devez vous rappeler le fameux couplet sur la porte de la Grande Illusion: *Quand le vrai est faux, le faux est vrai, là où il n'y a rien, il y a tout.*»

Comme Chen s'y était attendu, Diao n'était pas prêt à se livrer à un étranger, en dépit du déjeuner au *Fangshan*.

«Les gens de ma génération ont entendu toutes sortes d'histoires pendant ces années-là, poursuivit Diao en buvant une gorgée de thé. Tant que les archives officielles resteront interdites au public, nous ne pourrons pas savoir si une histoire est vraie ou pas.

– Mais vous devez avoir réuni plus d'informations que vous n'en avez utilisé dans le livre.

– J'ai rapporté uniquement ce que je jugeais digne de foi.

– Vous avez dû interroger beaucoup de monde.»

Dehors, un haut-parleur diffusait une chanson de la série télévisée tirée de la *Chronique des trois royaumes*, célèbre roman historique sur les vicissitudes réelles et légendaires des empereurs du IIIe siècle.

«Vous vous souvenez du poème "Neige" de Mao? demanda Diao au lieu de répondre.

– Oui, en particulier de la deuxième strophe.»

Fleuves et montagnes comme autant d'appas,
Attirèrent d'innombrables héros rivalisant de courbettes.
Dommage que le Souverain des Qin et le Guerrier des Han
Aient un peu négligé la culture;
Que l'Ancêtre des Tang et le Fondateur des Song
N'aient guère rendu hommage à la beauté;
Et que, en son temps fils chéri du Ciel,
Gengis Khan

N'ait su que bander son arc contre l'aigle géant.
Mais tout cela est du passé.
Pour trouver le véritable héros
Cherchons plutôt dans le présent.

Le retour de la serveuse interrompit leur conversation. Elle déposa un grand plat sur la table en annonçant: «Poisson vivant des mers du Centre et du Sud.»

«Il m'est revenu de décider ce qui était publiable et ce qui ne l'était pas, reprit Diao après s'être servi un grand filet de poisson.

– Parlez-moi de vos recherches.

– À quoi bon? Ça se résume à du porte-à-porte. Profitons de notre repas. Pour tout vous dire, je suis un gourmet à petit budget.

– Allons donc. Ce repas n'est rien pour un auteur de best-seller comme vous.

– Mon livre s'est vendu à un grand nombre d'exemplaires, c'est vrai, mais j'y ai gagné très peu.

– C'est incroyable, M. Diao.

– Ne rêvez pas de gagner des fortunes en écrivant des livres. Pour ça, vous avez intérêt à vous en tenir aux affaires. Je vais vous dire combien j'ai gagné: moins de cinq mille yuans. D'après l'éditeur, il avait pris un gros risque en faisant un premier tirage à cinq mille exemplaires.

– Et les réimpressions? Il doit y en avoir eu plus de dix.

– On n'arrive jamais au second tirage. Dès qu'un livre fait un peu de bruit, les reproductions piratées déferlent sur le marché et vous ne touchez plus un centime.

– Quelle honte! Cinq mille yuans seulement...» dit Chen. Pour certaines traductions rentables, une dizaine de pages lui avaient rapporté autant, bien qu'il ait su que c'était grâce à sa position. Son regard tomba sur son attaché-case en cuir. Il contenait justement cinq mille yuans, destinés à acheter un cadeau de mariage à Ling. Mais après l'avoir vue partir la veille dans sa luxueuse limousine, il avait changé d'avis. C'était une grosse somme pour lui, mais rien pour elle.

Il prit l'attaché-case, l'ouvrit et sortit une enveloppe. «Une petite "enveloppe rouge" de cinq mille yuans, M. Diao. Loin de suffire pour vous exprimer mon respect, ce n'est qu'un témoignage de mon admiration.»

De l'enveloppe non cachetée dépassait un billet de cent yuans décoré d'un portrait de Mao déclarant à la Chine: «Plus nous sommes pauvres, plus nous sommes révolutionnaires.»

«Que voulez-vous dire, M. Chen?

– Pour être franc, je voudrais écrire l'histoire de Shang, qu'elle soit publiable ou pas. Cette enveloppe est une compensation pour vos précieuses informations. Et aussi une expression de mon respect à votre égard.

– À mon âge, M. Chen, il n'y a rien dont je puisse me vanter, mais je crois savoir juger un homme. Quoi que vous ayez en tête, ce n'est pas l'argent que vous recherchez.

– Rien de ce que vous me direz ne sera transcrit mot pour mot. Et personne ne pourra prouver que cela vient de vous, M. Diao. Sorti de cette pièce, vous pourrez dire que vous ne m'avez jamais vu.

– Ce n'est pas que je refusais de vous raconter l'histoire de Shang, M. Chen, dit Diao en vidant sa tasse, mais je peux n'avoir recueilli que des on-dit. Il ne faut pas tout prendre au pied de la lettre.

– Je comprends. Je ne suis pas policier et je n'ai pas besoin de fonder chaque phrase sur des faits solides.

– Je n'ai pas écrit sur Shang, mais ça ne signifie pas qu'il ne faut pas le faire. Dans dix ou quinze ans, les détails de la Révolution culturelle pourraient être complètement oubliés. Vous n'enregistrez pas notre conversation, n'est-ce pas ?

– Non. » Chen ouvrit de nouveau son attaché-case pour lui montrer le contenu.

« Je vous fais confiance. Par où commencer ? poursuivit Diao sans attendre de réponse. Je ne tournerai pas autour du pot. En ce qui concerne Shang, que vous le croyiez ou non, j'ai connu par hasard le vendeur de poisson dont l'étal a été écrasé par son corps lorsqu'elle est tombée de sa fenêtre du sixième étage... »

La serveuse arriva avec le canard rôti et un chef spécialiste du canard, vêtu de blanc de la tête aux pieds, qui détacha la peau croustillante devant eux avec cérémonie.

« Tranches de peau de canard croustillante enveloppées de crêpes fines comme du papier, avec sauce spéciale et ciboule. Le plat préféré de l'impératrice douairière. Et spécialité de langues de canard sous des poivrons rouges comme des collines coiffées d'érables. »

« Et maintenant, l'histoire, dit Chen tandis que la serveuse s'éloignait. Vous veniez d'évoquer la fin, avec le vendeur de poisson.

– Ah oui, il était très bavard, il m'a donné une description détaillée des derniers instants de Shang, et je me demande comment il pouvait se rappeler ces détails après tant d'années.

– Elle est morte sur le coup ?

– Non. Elle a dit quelques mots avant de tomber dans le coma.

– Qu'a-t-elle dit ?

« – Qu'elle habitait au sixième.

– Qu'est-ce qu'elle voulait faire comprendre?

– Le vendeur n'en avait aucune idée, répondit Diao pensif en retirant une petite arête de poisson d'entre ses dents. Peut-être avait-elle été poussée par la fenêtre. Ou alors voulait-elle qu'on appelle une ambulance en utilisant le téléphone de chez elle. À l'époque, il n'y avait qu'un téléphone public dans le voisinage.

– Et ensuite?

– Deux hommes au brassard rouge sont sortis précipitamment du bâtiment, ils parlaient avec l'accent de Pékin...

– Un instant, M. Diao. Dans votre livre, vous parlez d'une équipe spéciale venue de Pékin. Ces hommes en faisaient partie?

– Le vendeur de poisson ne savait rien de leur identité, mais ils sont restés près d'elle en écartant les autres. Quand l'ambulance est enfin arrivée, elle était déjà morte.

– La police est venue?

– Il a fallu des heures avant qu'un car n'arrive. Ils se sont contentés de laver les taches de sang sur le trottoir, même pas à fond, d'ailleurs. Les mouches ont continué de tourner autour des traces brunies pendant des jours.

– Quel destin tragique!

– Et aventureux.» Diao termina une crêpe fourrée au canard et essuya ses doigts pleins de sauce avec sa serviette. «Comme vous le savez, elle était devenue célèbre dans les années quarante. Elle avait dû attirer beaucoup d'hommes, des hommes riches et puissants, et ça lui a fait du tort après 1949. Au début des années cinquante, les choses avaient changé. Les jeunes amoureux qui roucoulaient dans le parc du Bund pouvaient être arrêtés pour "style de vie bourgeois". Et Shang continuait de vivre une "vie bourgeoise notoire". Plus grave encore, son mari a eu des ennuis politiques, et ça a signé la fin de sa carrière.

« C'est alors que ce *guiren*, ce personnage de marque, est apparu – vous savez, un homme important qui vous change la vie. Elle a reçu un mot du maire de Shanghai l'invitant au palais de l'Amitié sino-soviétique. Il y avait une réception ce soir-là, où Shang a rencontré Mao. Tout en dansant dans ses bras, elle lui a raconté ses malheurs. Peu après, on lui a de nouveau confié des rôles. Dans les années cinquante, l'industrie cinématographique était contrôlée et planifiée par l'État. On ne produisait que quelques films par an. Beaucoup d'acteurs et d'actrices de talent n'obtenaient pas de travail, indépendamment de leurs problèmes politiques. Malgré tout, elle a joué le rôle d'une milicienne, qui lui a même valu une récompense importante. Elle s'est rendue à l'étranger comme membre de délégations d'artistes chinois. Et les délégations étaient toujours reçues par les dirigeants du Parti avant ou après leurs voyages. On voyait donc sa photo dans les journaux – avec Mao.

– Vous avez mené une étude approfondie, M. Diao.

– Même les publications officielles reconnaissaient la passion de Mao pour la danse. Après 1949, la danse de salon avait été condamnée et interdite comme faisant partie du style de vie bourgeois, mais derrière les hauts murs de la Cité interdite, Mao continuait de s'en donner à cœur joie. Selon *Le Quotidien du peuple*, Mao travaillait tellement pour la Chine que ces soirées fournissaient à notre grand dirigeant la détente nécessaire. Quant à ce qui s'est passé après qu'il eut dansé avec Shang, je ne pense pas devoir entrer dans les détails.

– Non. Mais j'ai une question. Les partenaires douées pour la danse n'étaient sûrement pas légion dans la Cité interdite. Actrice célèbre avant 1949, Shang devait très bien danser. Se pourrait-il que Mao se soit intéressé à elle pour cette raison?

– Il suffit de deux heures à une jeune fille pour danser comme une professionnelle. Mao n'était pas un expert en danse, lui non plus. Il n'avait pas besoin d'aller chercher une partenaire dans une autre ville. À l'époque il ne manquait pas de rivaux. Même son train spécial était sur écoute. Qu'auraient-ils dit de sa liaison avec une actrice célèbre? poursuivit Diao en prenant une langue de canard croustillante. Mais c'était plus fort que lui. Quand il l'a rencontrée, elle avait dans les trente-cinq ans, le sommet de la beauté pour une femme, elle était élégante, cultivée, de bonne famille, et dansait comme la vague ondulant sous la brise, comme le nuage flottant dans le ciel. Et il pouvait l'avoir déjà vue au cinéma. Mme Mao aussi était actrice, ne l'oublions pas.

– Vous pensez à une obsession des actrices?

– En tout cas, le destin de Shang a changé du tout au tout.

– Des hauts fonctionnaires locaux auraient-ils pu contribuer à ce changement? Voyant qu'elle était la partenaire préférée de Mao, ils ont essayé de gagner ses faveurs. Mao ne s'en rendait peut-être pas compte.

– Ils ne se seraient pas donné ce mal pour une de ses partenaires. Il en avait tellement. Et les poèmes que Mao a écrits pour elle sont sans équivoque.

– Les poèmes… "La Milicienne"?

– Vous en avez entendu parler, vous aussi? En réalité, il y en a un autre, "Ode à une fleur de prunier".

– Vraiment!» Chen se souvint qu'il avait parlé des poèmes avec Long. «Vous avez vu un rouleau de ce poème adressé à Shang?

– Non, mais sa signification est évidente. C'est dans la tradition du *Shinjing, Le Livre des poèmes*: l'épouse vertueuse d'un empereur se réjouit qu'il ait trouvé un nouvel amour. Shang devait savoir qu'il valait mieux ne pas exposer un tel rouleau chez elle, dit Diao pensif. J'ai questionné des voisins de Shang. Une de ses voisines a vu un rouleau sur le mur, mais c'était un poème de Wang Changling, de la dynastie des Tang, et il est intitulé "Concubine impériale abandonnée au pavillon de Changxing[1]".»

À l'aube, après avoir balayé la cour, elle n'a plus rien à faire
Que tourner sans fin l'éventail de soie entre ses doigts.
Belle comme le jade, elle envie l'apparence de ce froid corbeau
Qui peut se réchauffer à la Cour du Soleil radieux

«Je l'ai lu.

– Là encore, la signification ne fait aucun doute, dit Diao en hochant la tête.

– Vous avez découvert autre chose d'insolite?

– Laissez-moi réfléchir, dit Diao en se servant un peu d'ail macéré. Ah oui, elle avait une passion pour la photographie, encore un point commun entre elle et Mme Mao. D'après ses voisins, elle avait pris beaucoup de photos de sa fille Qian, mais l'équipe spéciale de Pékin a dû les emporter. Dans les années soixante, peu de Chinois pou-

---

1. La concubine évoquée par Wang Changling dans ce poème est Fleur de Prunier (voir note p. 124). [NdÉ]

218

vaient s'offrir un appareil. Shang développait elle-même ses clichés, elle avait converti un cagibi en chambre noire.
– Curieux. »

La serveuse revint avec un chariot doré et elle transféra sur leur table une impressionnante collection de spécialités.

« Aileron de requin à la vapeur en forme de doigts de Bouddha, patte de chameau braisée à l'échalote, langoustines au poulet mandarin, abalone à la sauce blanche...
– Pourquoi les doigts de Bouddha ? demanda Diao.
– L'impératrice douairière gardait ses ongles longs, comme ceux de Bouddha, expliqua aussitôt la serveuse. Au palais, les courtisans l'appelaient Vieux Bouddha...
– Merci, l'interrompit Chen. Nous allons déguster tout cela tranquillement. Si nous avons besoin d'autre chose, nous vous appellerons. »

« Une autre question, M. Diao, dit Chen quand le chariot s'éloigna. Sur les derniers jours de sa vie, Shang a-t-elle dit quelque chose à propos de Mao aux Gardes rouges ou à l'équipe spéciale de Pékin ?
– J'ai parlé aux Gardes rouges appartenant à son studio de cinéma. Selon eux, elle a dit que le président Mao savait combien elle l'aimait. Personne ne l'a pris dans le sens où elle devait l'entendre. N'importe qui aurait pu employer les mêmes termes en ce temps-là. Mais j'ignore ce qu'elle a pu dire à l'équipe spéciale.
– Et pourquoi une équipe spéciale venue de Pékin ?
– Selon l'interprétation commune, à cause de Mme Mao. Il lui fallait faire taire ceux qui connaissaient son passé, notamment les possesseurs de vieux journaux et de lettres. Après la Révolution culturelle, la persécution envers ses anciens collègues acteurs a été retenue contre elle. Plusieurs personnes dites "proches et intimes" de Mao ont

été persécutées à mort. Weishi, une jeune et belle interprète de russe, a été emprisonnée au début de la Révolution culturelle et retrouvée morte dans une cellule puante, complètement nue et le corps couvert d'ecchymoses.

– Mme Mao idolâtrait l'impératrice Lu de la dynastie des Han, elle la portait aux nues pendant la Révolution culturelle, dit Chen. Je ne suis pas un érudit, mais je me souviens d'une histoire à propos de l'impératrice Lu. » Il saisit un morceau d'aileron de requin en forme de doigt de Bouddha avec ses baguettes. «Après la mort de l'empereur, Lu a jeté la concubine favorite de celui-ci en prison. Elle a coupé les bras, les jambes et la langue de son ancienne rivale, lui a arraché les yeux, et a laissé la femme mutilée gémir et se convulser dans sa cellule aussi sordide qu'une soue puante, le corps nu et souillé comme celui d'un porc. Elle l'a ensuite exhibée au fils de la concubine en lui disant que sa mère était une truie humaine.

– En effet, il n'a jamais pu se remettre de ce choc et il en est mort. C'est une tout autre histoire en ce qui concerne Mme Mao, naturellement.

– Je me pose une question, M. Diao. L'impératrice Lu a agi après la mort de l'empereur, mais Mme Mao a traité ses rivales de cette façon du vivant de Mao. Ne craignait-elle rien de lui ?

– C'est une question que je me suis posée, moi aussi. Elle s'est décrite comme le chien de Mao, qui attaquait et mordait sur commande. Il en a sans doute eu grand besoin pendant la Révolution culturelle. Mao faisait peu de cas des femmes qui n'avaient plus ses faveurs, dit Diao en goûtant son plat avec précaution. C'est la première fois que je mange de l'abalone. »

Ce n'était pas la première fois que Chen en mangeait, mais la première fois qu'il le payait. Il attendit que Diao poursuive.

« Quand Mao a épousé Zizhen dans les montagnes de Jinggan, il a jeté sa femme Kaihui comme une vieille serpillière sans même divorcer, l'abandonnant pratiquement à la mort. Et après la Longue Marche, il a jeté Zizhen de la même façon, en la laissant souffrir seule dans un hôpital psychiatrique de Moscou pendant qu'il se gobergeait dans les nuages et la pluie sur son lit *kang*[1] avec Mme Mao. Et il a jeté Shang, une femme parmi d'autres avec lesquelles il avait couché. Rien d'étonnant à ce qu'il ne soit pas intervenu.

– C'est incroyable », dit Chen en laissant la tranche de patte de chameau braisée lui échapper et éclabousser la nappe de sauce. Il ne comprenait pas comment les empereurs avaient pu apprécier ce goût de graisse.

« Rappelez-vous ce qui est arrivé à Liu Shaoqi, qui était président de la République populaire de Chine avant la Révolution culturelle. Liu aussi est mort nu, en prison, sans soins médicaux, et son corps a été aussitôt incinéré anonymement. Mao était sans pitié.

– Laissons Mao. Vous dites dans le livre que les membres de l'équipe spéciale avaient exercé de fortes pressions sur Shang pour qu'elle coopère, mais que cherchaient-ils à obtenir ?

– D'après ce que j'ai appris, qu'elle avoue "son plan funeste pour nuire à Mao". Mais personne n'y croyait.

– Alors qu'est-ce que ça pouvait être ?

---

1. Lit-banquette en maçonnerie, chauffé l'hiver, qui équipe les maisons paysannes en Chine du Nord. [NdÉ]

– À mon avis un poème pour elle, inédit, et calligraphié par lui.

– Fascinant. Un poème composé dans un moment de passion amoureuse ? » dit Chen. Mais cela aurait-il justifié l'envoi d'une équipe spéciale de Pékin ? Après tout, un poème pouvait donner lieu à bien des interprétations, à moins d'être carrément érotique ou obscène. Il était sceptique. « Ils l'ont trouvé ?

– Je ne pense pas.

– Shang l'aurait donc laissé à sa fille Qian ?

– Peu vraisemblable. Comme d'autres enfants de famille noire, Qian a renié Shang et n'est revenue chez elle qu'après la mort de sa mère.

– Ainsi, Qian a subi un changement radical, d'abord complètement coupée de sa famille noire, et soudain, désespérément égarée dans la passion charnelle bourgeoise ?

– Une fille traumatisée si jeune, harcelée par les racontars sur la saga sexuelle de sa mère, je ne peux pas l'accabler, dit Diao.

– Je suis bien d'accord. Qian aussi a beaucoup souffert. J'ai entendu dire que sa mort avait été très suspecte.

– Je n'y trouve rien de suspect. C'était un accident – presque à la fin de la Révolution culturelle. Sa fille n'avait que deux ans.

– Je vois. » Chen prit une bouchée au sésame fourrée au porc, étonnante par sa banalité, qui lui plut davantage que ces délicatesses exotiques. « Vous avez aussi parlé à Jiao, j'imagine.

– Elle savait peu de chose sur sa mère, encore moins sur sa grand-mère. Pauvre petite. »

Diao avait dû prendre contact avec Jiao deux ans plus tôt et ne savait rien de sa nouvelle vie.

«Sa situation s'est améliorée maintenant, je crois, dit Chen. Et qu'est-il arrivé à Qian après la mort de Shang ?

– Elle a été chassée de chez elle...

– Immédiatement ?

– Non, deux ou trois mois plus tard.

– En théorie, elle a donc pu faire le tour de l'appartement pour trouver quelque chose qu'aurait laissé Shang.

– L'équipe spéciale avait tout mis sens dessus dessous...»

Encore une fois, la serveuse entra pour servir la soupe de canard. La table était à présent encombrée de plusieurs plats, à peine entamés.

«À la façon de l'empereur. Votre table doit être couverte de plats. Symboliquement complète, comme le banquet complet des Mandchous et des Han», dit la serveuse en souriant avant de repartir à pas légers.

«Voilà pourquoi les gens veulent être empereurs, pour se payer un banquet dont ils ne peuvent venir à bout, dit Diao en prenant une cuillerée. La soupe est brûlante.

– Revenons à Shang. Quelqu'un était-il particulièrement proche d'elle pendant ses dernières années ?

– Non. Une superstition veut que les faveurs d'un empereur rendent une femme différente, presque divine. Autrefois, les concubines impériales ou les dames de la cour devaient rester toute leur vie célibataires, même après le décès de l'empereur. Intouchables, comme si elles appartenaient à la Cité interdite. Les gens avaient entendu parler de sa liaison avec Mao, ils ne voulaient pas prendre de risques.

– Je ne parlais pas seulement des hommes.

– Shang n'avait pas d'amis intimes, son secret était trop lourd.» Diao ajouta d'un air songeur : «Sauf peut-être sa domestique, qui était déjà à son service avant son premier mariage et qui est restée jusqu'à la Révolution culturelle.

– Oui, les histoires de relations exemplaires entre maîtres et domestiques abondent en littérature. Comme dans la pièce *L'Orphelin de la famille Zhao*. Elle a même inspiré Brecht. Vous pensez que Shang aurait pu se confier à elle ?

– Vous n'avez rien d'un novice en littérature, M. Chen, dit Diao avec un regard pénétrant.

– J'en suis un comparé à vous, répondit Chen qui regrettait de s'être trahi par l'étalage de ses lectures.

– Si c'est une chose qui a un rapport avec Mao, je ne pense pas que Shang l'ait donnée à sa servante. En raison de son statut social, celle-ci aurait pu aisément dénoncer sa maîtresse.

– Vous avez eu de ses nouvelles par la suite ?

– Au cours de mes recherches sur l'enfance de Jiao, j'ai appris qu'une vieille femme non identifiée était allée la voir deux fois à l'orphelinat. Ses seules visites. Je ne suis pas sûr que ce soit la domestique, mais les âges semblent correspondre », répondit Diao que le tour de la conversation rendait visiblement de plus en plus mal à l'aise. Il devait commencer à avoir des soupçons sur les intentions de Chen. Il jeta un coup d'œil à sa montre. « Je regrette, je dois retourner à mon baby-sitting, M. Chen. Le déjeuner a duré beaucoup plus longtemps que je ne pensais. Vous pouvez me téléphoner si vous avez d'autres questions. »

Il était près de trois heures. Un très long déjeuner, en effet. Chen se leva aussi, ils se serrèrent la main.

Chen demeura quelques minutes silencieux dans le salon privé, face à la table encombrée où plusieurs plats restaient intacts.

Puis il téléphona au Vieux Chasseur à Shanghai, sous le regard d'un dragon doré sculpté.

20

Le Vieux Chasseur buvait son thé en silence au débit d'eau chaude. Cette boutique avait une double fonction : fournir de l'eau chaude au voisinage et du thé aux clients occasionnels. À cet effet, deux tables de bois brut étaient installées derrière le poêle alors que plusieurs étalages vendaient des en-cas à proximité. Autrefois, on venait avec des gâteaux et des bouchées à la vapeur dépenser un ou deux fens pour une tasse de thé, et bavarder. La belle vie.

Mais Shanghai était devenue une ville pleine de contrastes et de paradoxes. De l'autre côté de la rue se tenaient de nouveaux immeubles résidentiels de luxe, quand de ce côté-ci c'était encore un peu les taudis. Il pouvait se passer des heures sans qu'un seul client ne se montre.

Cela convenait très bien au Vieux Chasseur, qui n'avait pas à jouer la comédie. Il était bien un vieux buveur de thé, pas un Gros-Sous, il apportait même son propre thé. Il ne devait payer que pour l'eau chaude et pouvait rester des heures, parler de thé avec le propriétaire ou boire seul, comme cet après-midi-là, sans serveuse circulant avec une bouilloire à long bec, cherchant à tout prix à verser l'eau.

Le thé refroidissait, mais il était encore terriblement noir. Il avait mis une grosse poignée de Oolong pour essayer de se requinquer. La veille, il avait surveillé la fenêtre de Jiao jusque tard dans la nuit. Du coup, il se sentait ramolli comme un chat malade. Il lui fallait reconnaître qu'il était vieux – il cracha les feuilles amères –, mais cette enquête, même si ce n'était pas la sienne, était très importante pour lui.

Il récapitula dans sa tête son entretien de la veille avec Bei, le gardien de l'immeuble de Jiao. Comme lui, Bei était retraité, et son emploi de gardien complétait sa modeste pension. Contrairement au Vieux Chasseur, Bei gagnait peu, et il devait rester posté à l'entrée de l'immeuble, par tous les temps, six jours par semaine. Ils avaient eu l'agréable surprise de se trouver une passion commune pour le thé. Ils étaient donc allés dans un endroit plus agréable, la célèbre *Maison de thé du milieu du lac*, au bazar du temple du Dieu protecteur de la ville. Le Vieux Chasseur avait demandé des renseignements sur Jiao autour d'un délicieux thé de Yixing servi sur une table d'acajou, et Bei avait parlé sans réticence.

Selon lui, Jiao recevait peu. Chaque visiteur devait se présenter à l'entrée, aussi Bei en était-il certain. Il ne se rappelait pas l'avoir jamais vue en compagnie d'un homme. En revanche, six mois auparavant, Jiao avait reçu une vieille femme en haillons – spectacle rare pour l'immeuble – qui s'était présentée comme une ancienne voisine de Jiao. Elle n'avait aucune instruction, était à peine cohérente et Bei l'avait longuement questionnée. Pourtant, Jiao s'était empressée de la faire entrer. Deux ou trois heures plus tard, Jiao était sortie avec elle en l'appelant Grand-mère et lui avait hélé un taxi. La vieille femme n'était jamais revenue.

Il n'y avait rien de surprenant à ce que Jiao soit aimable avec une voisine de son ancien quartier. Mais quel quartier ? Jiao avait grandi à l'orphelinat. Ensuite elle avait cohabité avec des « sœurs de province » jusqu'à son installation dans le nouvel immeuble.

Mais Jiao avait reçu au moins une autre visite, que ni Bei ni la Sécurité intérieure n'avaient remarquée.

Le Vieux Chasseur réfléchit, prit une autre gorgée et leva la main, prêt à cogner sur la table comme un chanteur d'opéra de Suzhou, puis se retint. Ce qu'il avait vu la veille après sa conversation avec le gardien confirmait les soupçons de Peng quant à la vie secrète de Jiao. Du trottoir opposé, il n'avait pas une bonne visibilité sur sa chambre, mais l'image des deux personnes ensemble à la fenêtre, même rapide, avait été sans équivoque.

Un gardien comme Bei ne surveillait sans doute pas ses résidents à chaque minute, mais la caméra de la Sécurité intérieure, elle, oui. Comment l'homme mystérieux avait-il pu pénétrer dans l'immeuble, puis dans l'appartement de Jiao, sans être remarqué ? Le Vieux Chasseur mâcha les feuilles de thé recueillies au fond de la tasse. Une habitude calquée sur Mao.

D'après ce qu'il avait entendu dire, l'enquête sur le meurtre de Yang n'avançait pas non plus. Pas de suspect arrêté ni même repéré. Le lieutenant Song était furieux des vacances inexpliquées de Chen.

Comme Yu, le Vieux Chasseur pensait que le congé de l'inspecteur principal n'avait rien de personnel, même si le numéro d'urgence donné par Chen suggérait qu'à Pékin il était en contact avec son ancienne petite amie ECS, sinon en sa compagnie.

C'est alors que son portable sonna, comme par télépathie. C'était Chen.

Sans dire un mot de ses vacances, Chen alla droit à l'implication suspecte de l'équipe spéciale de Pékin. Il mentionna à nouveau la passion de Shang pour les photos, dont quelques-unes devaient avoir été conservées quelque part, et évoqua aussi sa domestique. C'était un appel précipité ; Chen paraissait sur ses gardes, comme s'il craignait d'être sur écoute. Il raccrocha avant que le Vieux Chasseur n'ait pu lui poser une seule question, notamment sur la source de ces informations.

Il copia néanmoins le numéro d'où Chen appelait, qui n'était pas son numéro habituel.

En ce qui concernait l'équipe spéciale, le Vieux Chasseur avait fait le tour de ses connaissances sans rien obtenir. Celle-ci était venue à Shanghai il y avait trop longtemps, en trop grand secret. Quant aux photos de Shang, il avait échoué aussi. Impossible de mettre la main dessus.

Il ne lui restait plus qu'à se mettre en relation avec la servante. Peut-être était-ce la même personne qui avait rendu visite à Jiao dans son nouvel appartement.

Il consulta l'annuaire et ne tarda pas à joindre l'orphelinat. La secrétaire lui répondit que les visites à Jiao étaient inscrites, mais sans nom ni adresse du visiteur.

Il pouvait bien s'agir de la bonne de Shang. Dans l'opéra de Suzhou, on trouvait souvent de telles domestiques, loyales et ne manquant pas d'esprit de sacrifice.

Après plusieurs autres coups de téléphone, il parvint à obtenir quelques renseignements. La bonne, qui s'appelait Zhong, était déjà octogénaire. Au lieu de retourner à la campagne après avoir quitté Shang, elle était restée seule à Shanghai et survivait de l'«allocation minimum» accordée par la municipalité.

Le Vieux Chasseur remit sa petite enveloppe de feuilles de thé dans sa poche. Le propriétaire du lieu, derrière la cloison de séparation, regardait un feuilleton télévisé populaire. À cinq fens le Thermos d'eau chaude, sa boutique n'était qu'un prétexte pour conserver la propriété de son local professionnel, afin de recevoir des indemnités lorsqu'il serait démoli pour laisser place à un nouveau projet immobilier. L'heure du déjeuner était passée. Personne ne se montrerait plus jusqu'à l'heure du dîner, quand les travailleurs provinciaux viendraient acheter de l'eau chaude pour réchauffer leur riz.

Le Vieux Chasseur jeta dix fens sur la table et alla rendre visite à Zhong.

Il changea deux fois d'autobus avant de descendre à un arrêt près du pont de Sanguantang, qui traversait les eaux sombres de la rivière de Suzhou. Zhong habitait dans le quartier de Putou, un mélange de vieux taudis, de nouveaux gratte-ciel et de chantiers de construction en béton et acier.

Zhong lui dirait-elle quoi que ce soit s'il l'approchait en qualité de policier? Il s'arrêta pour réfléchir sur le petit terre-plein au pied de la rampe menant au pont, à deux minutes de la ruelle où elle habitait, et alluma une cigarette.

Dans un petit bazar à l'entrée de la ruelle, il acheta des litchis séchés dans un sac en plastique. Au bout de la ruelle il trouva une vieille maison à un étage. La porte peinte en noir donnait sur un corridor étroit encombré de poêles à charbon et de paniers de bambou, suivi d'un escalier sombre qui menait à une mansarde. Il tâtonna un instant sans trouver l'interrupteur et monta à l'aveuglette l'escalier qui craquait sous ses pas pour arriver en haut.

La porte s'ouvrit avant qu'il ait frappé. Une vieille femme, petite et ratatinée, se tenait sur le seuil. À la lumière qui entrait par la fenêtre de la mansarde, elle ressemblait à une paysanne d'un village arriéré. Une serviette grise sur les cheveux, un chapelet bouddhique autour du cou, elle en tenait un autre dans la main droite. Elle semblait très alerte pour son âge.

« Qu'est-ce que vous voulez ? demanda-t-elle en fronçant les sourcils sous son front marqué de rides profondes.

– Vous devez être Tante Zhong. Je m'appelle Vieux Yu, commença-t-il. Pardonnez-moi d'avoir pris la liberté de vous rendre visite. Je suis un vieux retraité auquel il ne reste plus qu'un vœu à exaucer dans ce monde terrestre.

– Lequel ?

– Je suis un admirateur loyal de Shang, j'ai vu tous ses films, mais je n'ai jamais tenu une photo d'elle entre mes mains. Vous êtes bénie d'avoir été tant d'années auprès d'elle, Tante Zhong. Je me demandais si vous pouviez me montrer ou me vendre quelques photos.

– Elle avait beaucoup d'admirateurs. Est-ce que ça a changé la fin de sa vie ? » Avec un vague geste de la main, elle s'effaça pourtant pour le laisser entrer dans une sorte de pigeonnier. « Vous débarquez après tant d'années pour demander des photos d'elle.

– Écoutez-moi, Tante Zhong. Je ne savais rien de ses ennuis en ce temps-là. Plus tard, j'ai cherché ses photos partout, mais en vain. Ce n'est qu'hier que quelqu'un m'a parlé de votre relation avec elle, et de sa passion pour les photos. Une photo prise par Shang aurait pour moi infiniment plus de valeur qu'un simple cliché promotionnel. J'ai pensé qu'elle aurait pu vous en laisser en souvenir.

– Non, M. Yu.

– Peut-être pouvez-vous me dire où en trouver.

– Pourquoi ne pas laisser une vieille femme tranquille ?

J'ai déjà un pied dans la tombe. Et ayez pitié de Shang, laissez-la en paix elle aussi.

– Elle est morte depuis plus de vingt ans, mais il ne se passe pas un jour sans que je pense à elle. Une perle sans égale, sa beauté rayonnait de son âme. De nos jours, les nouvelles stars de cinéma sont des pintades couvertes de boue comparées au phénix qu'elle était.» Il leva le sac en plastique. «Je suis un retraité ordinaire. Ceci n'est qu'un modeste témoignage de ma profonde gratitude, pour l'aide que vous lui avez apportée ainsi qu'à sa famille. Vous êtes la seule à avoir volé à son secours.

– Je suis une femme ignorante et illettrée. Je n'étais rien avant que Shang m'amène à Shanghai.

– S'il vous plaît, parlez-moi d'elle.

– J'ai été au service de Shang, puis de Qian, et finalement de Jiao aussi.» Elle parut se radoucir et prit le sac en plastique. «Ces choses-là sont passées comme la fumée, comme le nuage. Que vous dire? Au début de la Révolution culturelle, j'ai dû la quitter. Sinon, j'aurais été une preuve supplémentaire de son style de vie bourgeois.

– Vous avez eu beaucoup d'égards pour elle.

– La pauvre, elle faisait pitié. Jusqu'au bout elle s'est accrochée à l'espoir que le *guiren* viendrait à son secours.

– Vous pouvez être plus précise à propos de ce *guiren*, Tante Zhong?

– Il n'est jamais venu, dit-elle en reniflant. Personne n'est venu. Elle s'est abandonnée au désespoir. Le karma.»

Le karma était souvent utilisé comme ressort dramatique dans l'opéra de Suzhou. Il remarqua sur la seule table de la pièce une statuette de Bouddha et une cassolette d'encens posée devant.

231

«Qui parle de karma! s'exclama le Vieux Chasseur. Quelqu'un aurait dû l'aider. Il ne s'est trouvé personne?

– Non, personne. Si le *guiren* avait décidé de ne rien faire, qui d'autre le pouvait?»

Il comprit pourquoi elle continuait d'utiliser le terme *guiren*. Ils savaient tous les deux de qui ils parlaient.

«Pardonnez-moi si je reviens à mes premières questions: vous a-t-elle montré ses photos?

– Quelques-unes.

– Y compris avec le *guiren*?

– Je ne me rappelle pas bien.

– Bien sûr, il y a si longtemps, dit-il en considérant que ce n'était pas une véritable dénégation. Après sa mort tragique, on a trouvé ces photos?

– Pas que je sache.

– Vous pensez qu'elle aurait pu les laisser quelque part?

– Je ne sais pas non plus.»

Ces soudaines failles dans sa mémoire ne cadraient pas avec son tempérament, plus qu'alerte pour son âge. Il décida de changer de tactique.

«Bouddha est vraiment aveugle. Tant de désastres sur Shang et Qian. Elles n'avaient rien fait pour mériter un tel karma.

– Ne parlez pas ainsi, Yu. Bouddha est divin. Le karma agit d'une façon qui nous dépasse. Quoi qu'il soit arrivé à Shang et à Qian, un vrai *guiren* est finalement intervenu pour Jiao.

– Comment?» À peine capable de cacher son excitation, il se hâta d'ajouter: «Mais Jiao a grandi dans un orphelinat, seule pendant des années, n'est-ce pas?

– Quelqu'un l'a aidée tout ce temps-là… un *guiren* qui ne se montrait pas. À présent que Jiao est confortablement installée, je crois que je peux quitter le monde en paix. Bouddha est si grand!

– Qui l'a aidée?

– Un homme au cœur d'or.» Elle se leva pour mettre de l'encens dans la cassolette. «Je brûle de l'encens pour lui tous les jours. Que Bouddha le protège!

– Attendez, Tante Zhong. Un *guiren* dans la vie de Jiao? Comment l'avez-vous su?

– Comme vous, d'autres devaient connaître mes liens avec la famille Shang. Un jour il est venu me voir.

– C'est quel genre d'homme?

– Un homme de bien. Il a dit qu'il avait connu les parents de Jiao. Il avait à peu près leur âge. Il m'a donné de l'argent pour que j'achète à Jiao de la nourriture et des vêtements.

– Quand cela a-t-il commencé?

– Deux ou trois ans après la fin de la Révolution culturelle, à la fin des années soixante-dix. Toutes ses bonnes actions restaient anonymes, il tenait à ce que je n'en dise rien à Jiao. Quel noble bienfaiteur!

– Et quel esprit bouddhique! renchérit-il en essayant d'improviser une autre formule bouddhique. *Un souffle, une goutte d'eau, tout ce qui arrive a une cause et un effet.*

– Vous vénérez Bouddha, vous aussi, pas vrai? Il n'était peut-être pas très riche au début, il ne me donnait qu'une petite somme chaque fois, mais à sa façon de parler et de se comporter, il devait être d'une noble famille. Les bonnes actions sont toujours récompensées. Il est incroyablement riche à présent. Et Jiao aussi, grâce à lui.

– Vous pouvez me donner son nom et son adresse, Tante Zhong? Je tiens à le remercier pour ce qu'il a fait pour la famille Shang.

« – Il sème sans chercher à récolter. Il ne m'a jamais donné son vrai nom, dit-elle en secouant la tête d'un air résolu. Même si je le connaissais, je ne vous le dirais pas. C'est contre ses principes. »

Comprenant qu'il serait inutile d'insister, le Vieux Chasseur se leva. « Je ne sais comment vous remercier. Comme le noble bienfaiteur, vous avez fait beaucoup pour sa famille. Les voies de Bouddha sont mystérieuses. Le karma de Shang agit jusque dans la vie de sa petite-fille.

– Oui, que Bouddha la bénisse, ainsi que lui. Au revoir, M. Yu. » Zhong se leva et ouvrit la porte sur l'escalier obscur.

Il faillit de nouveau trébucher et descendit lentement en s'accrochant à la rampe, les jambes raides. Il mit plusieurs minutes à atteindre le pied de l'escalier, la descente avait été encore plus longue que la montée.

Quand il déboucha dans la rue animée et grouillante, le soleil de l'après-midi lui fit cligner des yeux. Il alluma une cigarette et secoua l'allumette. Il avait récolté quelque chose. Ce que lui avait dit Zhong éclairait certains mystères de la vie de Jiao. Notamment de par l'existence du bienfaiteur discret «incroyablement riche». Ainsi que Zhong le pensait, sa fortune pouvait avoir métamorphosé la vie de Jiao.

Le «bienfaiteur» pouvait-il être l'homme qu'il avait aperçu l'autre nuit en compagnie de Jiao? Pas très vraisemblable. L'homme semblait jeune, alors que le bienfaiteur était censé avoir à peu près le même âge que les parents de Jiao.

Ce n'est qu'en repassant devant le bazar qu'une idée lui vint. Si les transformations dans sa vie étaient liées à lui, Jiao devait à présent connaître son bienfaiteur. Or, Jiao semblait n'avoir aucun ami de cet âge, à l'exception de Xie. Un vieux monsieur distingué et de bonne famille, mais loin d'être riche.

Le Vieux Chasseur allait donc se procurer une photo de Xie et retourner voir Zhong. Elle le reconnaîtrait peut-être, faute de savoir son nom.

Il se mit à fredonner un air d'opéra de Suzhou.

Suffoquant de colère, je te dénonce...

21

Le lendemain matin, Chen reçut un SMS sur son portable.

«Une de mes amies qui s'appelle Fang travaille à la résidence. Elle t'organise une visite pour aujourd'hui.»

Suivait un numéro de téléphone. L'expéditeur n'avait pas laissé son nom, mais Chen sut sans hésiter d'où venait le message.

Il quitta vite l'hôtel, sauta dans un taxi et partit de nouveau pour la place Tian'anmen.

Ce matin-là, la circulation dans l'avenue Chang'an n'était pas trop épouvantable. Pour une fois, le chauffeur de taxi n'était pas bavard, il regardait devant lui d'un air morne, son visage dans le rétroviseur presque aussi gris que le ciel. Baissant sa vitre, Chen entendit le cri d'un pigeon.

Il arriva en un quart d'heure à la porte Xinhua, Chine nouvelle, la magnifique entrée de l'ensemble des mers du Centre et du Sud, située juste à l'ouest de la porte Tian'anmen.

À l'origine, l'ensemble des mers du Centre et du Sud était une extension de la Cité interdite, avec des jardins impériaux, des lacs, des résidences, des bois, des pavillons et des salles d'étude pour la suite impériale. Après la chute de la dynastie des Qing, Yuan Shikai, deuxième président de la République de Chine, avait choisi les mers du Centre et du Sud comme siège officiel de son gouvernement. Pour Yuan, qui tenta sans réel succès de se proclamer lui-même empereur, ce choix avait une forte signification symbolique, car le lieu était synonyme de Cité interdite.

Après 1949, les mers du Centre et du Sud sont devenues un ensemble résidentiel pour les hauts dignitaires du Parti, entouré de hauts murs, offrant tout le luxe majestueux, l'intimité et la sécurité imaginables à ses habitants.

Ce matin-là, sa façade paraissait sortir tout droit de la dynastie des Qing avec sa porte vermillon, ses murs rouges et ses tuiles jaunes. Deux soldats armés gardaient l'entrée. La porte à moitié ouverte révélait un grand écran affichant en doré la phrase de Mao: «Servir le peuple.»

Chen composa le numéro indiqué dans le SMS.

«C'est vous, Chen, répondit Fang. Veuillez entrer par la porte latérale.»

Il franchit le coin sous les arbres et gagna l'autre entrée qui était également gardée par un soldat armé. Fang l'attendait dans une guérite à l'extérieur. Belle femme d'une trentaine d'années, aux yeux en amande et au nez droit, pleine d'entrain dans son uniforme militaire, elle sortit et lui tendit la main, une mèche de cheveux s'échappant de sa casquette verte.

«Ainsi vous êtes Chen. La résidence n'est plus ouverte

au public depuis 1989, mais vous êtes un visiteur spécial. Ling dit que vous êtes très nostalgique.

– Merci beaucoup, Fang. Je sais que vous vous donnez du mal pour moi», répondit Chen, reconnaissant à Ling d'avoir gardé son véritable motif secret. «C'est un des lieux que j'ai toujours voulu connaître.

– Inutile de me remercier, dit Fang d'une voix fraîche. Ling m'a téléphoné, puis a parlé à mon chef. C'est une amie. Elle veut que je fasse tout ce qui est possible pour vous. Pour commencer, je pourrai vous servir de guide, si vous le désirez.

– J'apprécie votre proposition, mais je souhaiterais d'abord faire un tour. Si j'ai besoin de quelque chose, je vous le dirai. Ah, si, un plan peut-être.

– Certains dirigeants du Parti habitent encore ici, aussi je vous demanderai de ne circuler que dans le secteur où Mao habitait. Voici un plan. Ling m'a aussi donné autre chose pour vous.» Elle lui tendit une grande enveloppe.

Sa forme suggérait qu'elle contenait un livre et il crut deviner ce que c'était. Une fois de plus, Ling l'aidait, et pas seulement en lui permettant l'accès à la résidence. Il n'ouvrit pas l'enveloppe devant Fang.

Il entra, vérifia le plan et se dirigea vers le jardin des Moissons, nom d'origine de la résidence de Mao. Sous la dynastie des Qing, celui-ci servait de cabinet d'étude panoramique, en forme de maison carrée, avec cinq pièces alignées de chaque côté et une cour au centre.

Le jardin des Moissons semblait désert. Chen avança en regardant ici et là. Certaines portes étaient verrouillées. Il poussa la porte de la chambre.

Ce qui le frappa d'emblée fut le lit, d'une taille extraordinaire. Plus grand qu'un lit double, visiblement fait sur mesure, il était simple et ordinaire à part sa taille. Environ un quart du lit était couvert de livres. Comme si Mao avait dormi parmi eux.

Chen en prit un. *Zizhi Tongjian,* parfois appelé «Miroir de l'Histoire», un ouvrage écrit par Sima Guang, célèbre lettré confucianiste de la dynastie des Song, destiné à l'édification des empereurs. On disait que Mao l'avait lu sept ou huit fois. Les livres posés sur le lit étaient pour la plupart des classiques et des livres d'histoire.

Mao disait que l'histoire est une succession continuelle de dynasties. Celui qui est tout en bas se rebelle pour renverser celui qui est au sommet, mais le rebelle triomphant devient inévitablement l'empereur, corrompu et oppresseur à son tour. Il déclarait: «Toutes les théories du marxisme peuvent se résumer en une phrase: il est juste de se rebeller.» Rebelle ambitieux et accompli marchant sous les bannières du marxisme et du communisme, Mao avait fait bon usage de ce qu'il avait appris dans les livres d'histoire que Chen tenait entre les mains.

Il ne put s'empêcher d'imaginer Mao lisant seul dans cette pièce jusque tard dans la nuit. Selon la presse officielle, Mme Mao n'habitait pas avec lui. Le président avait vécu ses dix dernières années seul – si l'on exceptait ses secrétaires, infirmières et assistantes particulières. Derrière le masque du dieu communiste, Mao avait dû être un homme solitaire qui voyait lui échapper son rêve de grand empire. Il n'était pas préparé à diriger le pays au XXe siècle, mais avait voulu prouver qu'il était un plus grand empereur que tous les précédents. Il avait lancé un mouvement politique après l'autre, faisant taire toute opposition, jusqu'à ce que la Révolution culturelle provoque la crise. Le soir, pourtant, entouré de ses vieux livres, obsédé par la peur d'être environné de traîtres prêts à usurper son pouvoir et à «restaurer le capitalisme», Mao, à peine capable de bouger en raison de sa santé déclinante, souffrait d'insomnie…

Chen se pencha pour tâter le lit. Il était en bois dur, et Chen avait lu que cela montrait comment Mao travaillait pour le bien du peuple chinois sans se préoccuper de son confort personnel. Chen se demanda s'il avait parfois pensé à Shang dans ce lit.

Il alla dans les toilettes. Outre la cuvette habituelle, une autre était posée sur le sol, au-dessus de laquelle il fallait s'accroupir, spécialement réalisée pour Mao qui avait dû garder à la Cité interdite ses habitudes de paysan du Hunan.

Un détail surprenant supplémentaire, qui n'avait sans doute rien à voir avec son enquête. Chen se dit qu'il avait pour l'instant échoué à établir un lien entre lui, policier, et Mao comme suspect.

Il devait en apprendre davantage. La grande enveloppe à la main, il sortit dans le jardin. Il lui avait semblé sacrilège d'ouvrir le livre dans la chambre, mais il préférait le lire sur place plutôt qu'à l'hôtel, comme si le lieu était d'importance.

Il s'assit sur une pierre où Mao s'était peut-être souvent assis. Un *qilin*, une licorne de pierre qui avait autrefois accompagné les empereurs, le regardait. En allumant une cigarette, il se souvint que Mao fumait aussi – plus que lui. Il n'avait pourtant aucune envie d'imiter Mao.

L'enveloppe contenait, comme il s'y attendait, le livre écrit par le médecin personnel de Mao. Il y avait à l'intérieur une autre enveloppe plus petite et cachetée, probablement les poèmes d'amour qu'il avait écrits pour

Ling, longtemps auparavant. Il ne voulait pas les lire pour le moment. Il parcourut l'introduction du livre. L'auteur, médecin personnel de Mao pendant plus de vingt ans, se vantait de connaître les détails intimes de la vie du président.

Au lieu de commencer par le début, il chercha dans l'index en fin de volume et fut déçu de ne pas trouver le nom de Shang. En feuilletant le livre, il essaya de trouver quelque chose en rapport avec ce qui l'intéressait.

Le livre fournissait aussi un aperçu de la vie du médecin, de l'étudiant idéaliste à l'homme avisé qui avait survécu aux années de lutte pour le pouvoir, mais pour les lecteurs ordinaires, l'intérêt résidait dans la description de la vie privée de Mao. Le chapitre que Chen était en train de lire parlait de ses voyages dans un train spécial aussi luxueux qu'un palais. Dans ce train, il avait couché avec une jeune assistante appelée Phénix de Jade, qui n'avait alors que seize ou dix-sept ans. Il l'avait ensuite ramenée en tant que secrétaire particulière aux mers du Centre et du Sud, où elle était devenue plus puissante que les membres du Bureau politique. Elle était la seule à comprendre ce qu'il grommelait depuis son attaque, et l'une des rares en qui il pouvait avoir confiance. Mais elle n'était qu'une femme parmi toutes celles, nombreuses, auxquelles Mao avait «accordé ses faveurs». Il les choisissait dans tout le pays, dans des circonstances variées, y compris les réceptions organisées pour lui à Shanghai et ailleurs.

Mao semblait avoir une préférence pour les jeunes filles sans instruction, ni intelligentes ni sophistiquées – simplement de jeunes corps chauds pour les nuits froides. Shang était différente du genre habituel. Mais une actrice célèbre avait forcément son charme, on le comprend.

Le livre confirmait ce que Chen avait appris d'autres sources. Que Mao n'attachait aucune importance aux femmes, qui n'étaient pour lui qu'un moyen de satisfaire ses besoins sexuels «divins». C'était banal pour un empereur d'avoir des douzaines de concubines.

Un geai bleu prit son envol. Chen crut voir un éclair du soleil de l'après-midi sur ses ailes.

Quoi que Mao ait pu accomplir en qualité de chef suprême du Parti, ce qu'il avait fait à Shang était inexcusable. L'inspecteur principal Chen se sentit soudain trop déprimé pour continuer.

Il sortit la petite enveloppe, dans laquelle Ling avait peut-être ajouté un mot pour lui.

Au lieu des poèmes, il eut la surprise de trouver une chemise en papier kraft marquée «Rapport de l'équipe spéciale du Groupe de la Révolution culturelle du Comité central du Parti communiste: Shang».

Comment Ling avait-elle pu mettre la main sur cette information capitale? Elle avait dû prendre des risques, comme dans une autre affaire, des années plus tôt. Mais on ne se baigne jamais deux fois dans la même eau.

La chemise contenait des rapports remis par l'équipe spéciale, presque tous écrits dans le «langage révolutionnaire» de l'époque. Plus d'une fois, il en fut réduit à deviner ce qui se cachait derrière les slogans et le jargon politiques d'alors.

D'après Zhou Yun, le chef de l'équipe, ils étaient responsables devant un «camarade dirigeant» de Pékin qui travaillait en collaboration avec le Groupe de la Révolution culturelle du CCPC. Ils avaient reçu l'ordre d'obtenir de Shang, par tous les moyens nécessaires, un objet ou un document important en rapport avec Mao, mais qui ne leur avait jamais été ni décrit ni expliqué. Ils l'avaient donc battue et torturée. Shang avait protesté que le président Mao ne les aurait jamais autorisés à agir de cette façon, mais d'après Zhou, Mme Mao était au courant, et cela revenait au même. Ensuite, elle n'avait plus évoqué Mao jusqu'à son suicide. L'équipe était retournée à Pékin, rapportant tout ce qu'elle avait trouvé, dont plusieurs albums.

Les hypothèses de Chen se voyaient confirmées sur deux points.

Premier point, l'équipe spéciale n'avait pas été envoyée personnellement par Mme Mao. Aucun nom n'était indiqué, mais le «camarade dirigeant» était bien distinct de Mme Mao, qui n'était citée que comme «collaboratrice». Second point, l'équipe spéciale elle-même ne savait pas exactement quoi obtenir de Shang. Seulement que ces «documents de Mao» mettaient en jeu l'intérêt du Parti.

En se frottant l'arête du nez, Chen découvrit un autre rapport dans la chemise. À sa grande surprise, il avait été écrit beaucoup plus tard, à la fin de 1974.

L'inquiétude relative aux documents de Mao était apparemment restée vive à Pékin. En 1974, l'année où Tan et Qian avaient été arrêtés en tentant de franchir la frontière, certains membres de l'équipe spéciale d'origine avaient été rappelés pour faire subir aux jeunes amants un interrogatoire brutal. Ils étaient soupçonnés d'avoir tenté d'emporter en cachette une chose dont la nature, encore une fois, n'était pas précisée.

D'après la déposition de Tan, ils avaient essayé de fuir à Hong Kong parce qu'ils ne voyaient aucun avenir sur le continent. Celui-ci avait endossé toute la responsabilité, et sa mort avait mis fin à l'enquête, bien que le comité local ait fourni une liste de leurs proches susceptibles d'être interrogés.

Chen allait lire la dernière page du rapport quand il fut surpris par l'apparition d'un homme aux cheveux grisonnants qui arrivait du fond du jardin en traînant les pieds. Une besace de toile verte en bandoulière, il ramassait à la main, ici et là, une feuille tombée et la mettait dans sa besace. Il n'avait pas l'air d'un jardinier, et la besace ne semblait pas être l'accessoire approprié. Chen se hâta de remettre le livre et la chemise dans la grande enveloppe.

«Qui êtes-vous? demanda l'homme sur un ton autoritaire. Comment êtes-vous entré?

– Je m'appelle Chen. J'ai toujours rêvé de visiter la demeure de Mao – depuis mon enfance. Une de mes amies travaille ici. Elle m'a laissé entrer.

– Vous êtes venu rendre hommage à Mao? C'est bien, jeune homme. Je sais que les gens continuent de le vénérer. Je m'appelle Bi. J'ai été garde du corps du président pendant vingt ans.

– C'est un grand honneur de vous rencontrer, camarade Bi.

– Je suis retraité, mais je viens encore ici de temps en temps. Quelles années inoubliables auprès de notre grand dirigeant! D'un pays pauvre et arriéré il a fait une nouvelle Chine socialiste. Sans le président Mao, pas de Chine.»

Sans le président Mao, pas de Chine? Chen ne souleva pas la question. Cela ressemblait à une rengaine populaire des années soixante.

«Quel grand homme! poursuivit Bi tout ému. Pendant trois ans de catastrophes naturelles, Mao a refusé de manger de la viande.

– Oui, des millions de gens sont morts de faim ces années-là sous les Trois Drapeaux rouges», laissa échapper Chen. Les prétendues catastrophes naturelles n'étaient qu'une couverture pour le désastre provoqué par la campagne politique de Mao. Chen avait aussi entendu que Mao, tout en prétendant avoir cessé de consommer de la viande, continuait de déguster poisson et gibier, prélevés dans les jardins des mers du Centre et du Sud.

«Ce ne sont pas des manières de parler de l'histoire, jeune homme. La Chine était encerclée et sabotée par les impérialistes et les révisionnistes. C'est le président Mao qui nous a conduits hors des bois. »

Telle était la version officielle, Chen le savait. Ce serait vain de discuter avec Bi, un vieil homme qui avait passé la moitié de sa vie aux côtés de Mao. Chen changea de ton.

«Vous avez raison, camarade Bi. Je viens de visiter la chambre de Mao. Toute simple, pas même un matelas confortable. Elle incarne la belle tradition de notre Parti : travailler dur et vivre simplement. Vous aussi vous avez apporté votre contribution à la Chine : rares sont ceux qui ont eu le privilège de travailler avec Mao.

– Je dirais plutôt travailler *pour* Mao, dit Bi avec un sourire édenté.

– Dans sa chambre, il y a un très grand lit, couvert de livres, mais presque rien d'autre. Par simple curiosité, j'aimerais savoir si Mme Mao habitait là.

– Non. »

Chen ne le pressa pas. Il lui tendit une cigarette, la lui alluma et attendit.

«Mme Mao était une malédiction», dit Bi en soufflant bruyamment.

Encore une affirmation qui correspondait à la ligne officielle. La presse du Parti avait attribué la Révolution culturelle à la Bande des Quatre, dirigée par Mme Mao. À l'en croire, Mao avait été entraîné malgré lui.

« Mao habitait donc seul ici ? lança Chen prudemment.

– Je vais vous dire. Mao et elle s'étaient éloignés l'un de l'autre depuis longtemps. Si elle voulait le voir, elle devait prendre rendez-vous, et me parler d'abord.

– Le président devait avoir une grande confiance en vous.

– Oui. Nous avons dû appréhender Mme Mao plusieurs fois. Elle avait essayé de pénétrer ici de force, mais Mao nous avait donné des instructions pour que personne ne puisse entrer à l'improviste. »

Entre mari et femme, c'était pour le moins inhabituel. Bi ne donna pas d'explications, mais cela concordait avec ce que Chen venait de lire. Un garde n'aurait jamais eu l'audace d'arrêter Mme Mao si Mao ne le lui avait pas expressément ordonné.

Au lieu de poursuivre et de préciser la raison de cette consigne, Bi se pencha, écrasa sa cigarette sur une pierre et mit le mégot dans sa besace.

« Je dois faire ma ronde. Ce n'est pas facile d'entrer ici, alors restez aussi longtemps que vous voudrez. Vous pourrez vous imprégner de la grandeur du président Mao. »

Bi s'éloigna en traînant les pieds et en fredonnant. *« L'Orient est rouge, et le soleil se lève. La Chine a donné naissance à Mao Zedong, un grand sauveur qui travaille pour le bonheur du peuple. »*

C'était un air que les Chinois devaient chanter chaque jour pendant la Révolution culturelle, et la grosse horloge au sommet de la tour des Douanes le carillonnait toutes les heures. En regardant la silhouette de Bi disparaître dans le jardin désert, Chen pensa à un poème de la dynastie des Tang intitulé «Le Palais de passage».

À l'abandon le palais de passage!
Dans le palais rougit, seule, une fleur.
Les cheveux blancs, la dame de servage
Assise, oisive, évoque l'Empereur.

Pendant un instant, Chen se sentit encore plus perdu. Il n'était ni homme politique, ni historien. Il n'était plus poète – à en croire Ling – mais un simple policier, qui ne savait même pas quoi faire. Le geai bleu passa de nouveau, ses ailes toujours brillantes, comme dans un rêve perdu. La sonnerie soudaine de son portable vint dissiper brutalement son trouble. C'était l'inspecteur Yu à Shanghai.

«Le Vieux Chasseur m'a donné ce numéro. Il fallait que je vous appelle, chef – où que vous soyez. Song a été tué.

– Quoi?

– Je ne connais pas les détails, sauf qu'il s'est fait agresser dans une rue isolée.

– Par qui?

– La Sécurité intérieure ne veut rien dire. Mais d'après ce que je sais, il a reçu un coup fatal à la tête avec quelque chose comme une barre de fer.

– Une barre de fer… Qui est chargé de l'enquête?

– Quelqu'un de la Sécurité intérieure. Ils ont appelé chez nous pour savoir où vous étiez. Le secrétaire du Parti Li est venu me voir, la figure aussi longue que celle d'un cheval.

– Je rentre aujourd'hui, Yu. Trouvez-moi le nom de l'officier de la Sécurité intérieure. Et son numéro de téléphone.

246

– Je le ferai. Autre chose, chef?

– Vous avez fait des recherches sur les amants de Qian, n'est-ce pas? Le premier et le deuxième?

– Oui, j'ai rencontré Peng, le deuxième.

– Une équipe de Pékin avait mené une enquête spéciale sur Tan, le premier, juste avant sa mort. Retournez voir le policier de comité de quartier, vous le connaissez bien, je crois. À l'époque, le comité avait fourni à l'équipe de Pékin une liste de personnes à interroger. Des proches de Tan et de Qian.

– Je m'en occupe. Autre chose?

– Appelez-moi immédiatement s'il y a du nouveau. »

Chen comprit qu'il devait quitter les mers du Centre et du Sud. Il n'avait de toute façon aucune envie de retourner dans la chambre de Mao.

22

Le train roulait avec fracas dans la semi-obscurité.

Chen avait payé son billet beaucoup trop cher à un revendeur à la sauvette, sans essayer de marchander. Il était impossible d'acheter un billet d'avion sans montrer un document officiel, qu'il n'avait pas. Par conséquent il occupait un siège dur dans une voiture de troisième classe, mais s'estimait heureux d'être monté dans le train à la dernière minute.

Étudiant, il avait souvent voyagé entre Pékin et Shanghai assis sur un siège semblable, où il lisait ou somnolait toute la nuit. À présent il le trouvait très inconfortable, ses jambes étaient raides et son dos courbatu. Il ne pouvait pas somnoler, encore moins dormir. Il n'avait rien d'autre à lire que *Nuages et pluie à Shanghai*, qui ne lui disait rien.

Il pensa avec un brin d'autodérision que son poste d'inspecteur principal l'avait mal habitué. Ces dernières années, il avait voyagé en avion ou en wagon-lit et oublié l'inconfort des sièges raides.

En face de lui, de l'autre côté de la tablette, était assis un jeune couple, probablement en voyage de noces. Ils étaient trop bien habillés pour le train bondé, l'homme portait une chemise neuve et un pantalon bien repassé, la jeune femme, une robe rose à fines bretelles. Au début, elle s'appuyait à la fenêtre, mais elle changea bientôt de place avec l'homme et se pelotonna contre lui. Pour eux, l'inconfort n'existait pas, du moment qu'ils voyaient le monde dans les yeux de l'autre.

Une jeune fille était assise à côté de Chen. Visiblement une étudiante, portant un chemisier blanc, une jupe couleur gazon imprimée de feuillage et des sandales en plastique vert clair. Elle avait un livre sur les genoux, une traduction de *L'Amant* de Marguerite Duras. Il l'avait lu et se rappelait que le roman faisait écho au vers de W. B. Yeats: *Quand tu seras vieille et grise et pleine de sommeil.*

«Le train atteindra Tianjin dans deux minutes. Les voyageurs pour Tianjin sont priés de se préparer.» L'annonceuse parlait avec l'intonation typique de Pékin, le «r» final plus roulé que dans le mandarin courant. «Voici une brève présentation de Tianjin.»

Le train ralentissait déjà. À l'extérieur, il vit sur le quai gris plusieurs vendeurs ambulants de brioches Goubuli, ou «Chiens-s'en-fichent» – un nom incroyable pour désigner les brioches à la vapeur fourrées au porc, un en-cas propre à Tianjin. Un des vendeurs qui s'approchaient du train, à l'air de brute, levait un panier de brioches vers les fenêtres avec une expression presque menaçante.

De nouveaux voyageurs chargés de bagages montèrent, courant, poussant, et se jetant sur le premier siège libre. Le règlement précisait que seuls les voyageurs montés au départ de la ligne avaient une place assurée.

Le drapeau vert donna le signal sur le quai de plus en plus obscur et le train s'ébranla.

Chen s'appuya contre la fenêtre et tenta de se concentrer sur les derniers événements de Shanghai. Il ne disposait que de maigres informations, mais il était sûr d'une chose : la mort de Song n'était pas due à une agression fortuite.

Un employé passa dans l'allée en poussant un chariot pour proposer des casse-croûte, des nouilles instantanées, du thé et de la bière. L'étage inférieur du chariot contenait des bouilloires de cuivre à long bec. Chen prit du bœuf frit et des nouilles à l'échalote dans un bol en plastique dans lequel l'employé versa adroitement un long jet d'eau chaude. Il plongea dedans un œuf au thé.

Il attendit deux ou trois minutes avant de retirer l'œuf et ajouta le sachet d'assaisonnement dans le bol. Les nouilles étaient mangeables, et des traces vertes dans la soupe rappelaient vaguement l'échalote hachée. C'était comme au temps de l'université, sauf qu'alors les nouilles instantanées n'étaient pas servies dans du plastique.

Le couple en face de lui sortit un récipient d'aluminium contenant du bœuf frit et du poisson fumé, des baguettes enveloppées dans du papier et des cuillères. Ils avaient dû soigneusement préparer leur voyage. La jeune femme pela une orange et donna la becquée à son homme, quartier par quartier.

Chen finit son œuf en se disant qu'il aurait dû acheter deux «Chiens-s'en-fichent». Cette idée l'étonna. Même dans un tel voyage, il n'avait pas perdu l'appétit. Il chercha une cigarette dans sa poche, mais il ne la prit pas. L'air était déjà assez irrespirable.

À côté de lui, la jeune fille se mit à lire sans rien manger. Fatiguée de rester longtemps dans la même position, elle ôta ses sandales et posa un pied nu sur le siège opposé. Elle soulignait des paragraphes, pianotait sur son siège. Chen essaya d'étirer ses jambes sans déranger ses voisins, mais c'était difficile. Il faillit renverser son bol de nouilles sur la tablette. La jeune femme en face de lui le regarda d'un air sévère.

Il repensa à ce qu'il avait lu à propos du train spécial de Mao. Le wagon-lit équipé de tout le confort moderne, le lit spécial avec son matelas de bois, et les jolies employées et infirmières qui s'occupaient de lui des pieds à la tête...

Il se massait le front, les yeux mi-clos, afin de chasser un début de mal de tête, quand son portable sonna. C'était l'inspecteur Yu.

«Ne quittez pas», dit-il.

Il se leva en s'excusant. Dans l'allée, plusieurs voyageurs qui n'avaient pas trouvé de place étaient appuyés contre la porte du fond. Derrière eux, le signal «libre» des toilettes était allumé. Chen y entra et ferma la porte.

«Dites-moi ce que vous avez trouvé», dit-il en remontant la minuscule fenêtre pour diminuer le bruit. Les toilettes étaient étouffantes et puantes.

«Je suis allé au comité de quartier. Hong n'était pas policier à l'époque, mais il a parlé à Huang Dexing, son prédécesseur. En effet, une équipe spéciale est venue de

Pékin en mission secrète. Le gouvernement de Shanghai a demandé à Huang de coopérer avec elle. Ils ont fouillé chez Tan et chez Qian, et Huang a aidé à établir la liste des personnes à interroger, mais ils ne s'en sont pas servis. Tan est mort, et Qian est restée à délirer pendant des jours sur son lit d'hôpital. Alors l'équipe a renoncé et elle est retournée à Pékin.»

C'était à présent un véritable four dans les toilettes, bien que le soleil se soit couché depuis longtemps.

«Huang a essayé de retrouver la liste, sans succès, poursuivit Yu. C'est si vieux. Aucune trace nulle part. En fouillant un peu, j'ai retrouvé un professeur de Tan retraité. Selon lui, un des amis proches de Tan était Xie…

– Vous connaissez Xie?

– Le Vieux Chasseur a suivi Jiao à son manoir. Il doit donc être lié à l'affaire, je suppose.»

Malgré sa mise en garde, l'inspecteur Yu agissait de sa propre initiative, Chen aurait dû s'y attendre. Mais les informations que son efficace partenaire venait d'obtenir pouvaient se révéler cruciales. Elles prouvaient que Xie s'était, pour le moins, montré d'une discrétion coupable.

«Rappelez-vous que le Vieux Chasseur et vous ne devez pas l'approcher. Je rentre à Shanghai. Nous devons d'abord discuter. Du nouveau sur la mort de Song?»

La poignée s'agita. Quelqu'un s'impatientait.

«Non, rien. Mais j'ai le numéro de portable de l'officier en charge de l'enquête. Il s'appelle Liu.

– Bravo.» Il enregistra le numéro. «Je vous rappelle en arrivant à Shanghai.»

Il décida d'appeler Liu rapidement avant de sortir des toilettes, malgré la fureur de la poignée.

«Liu, c'est Chen Cao.

– Inspecteur principal Chen! Où étiez-vous?

– Je suis dans le train de retour. Retrouvez-moi à la gare vers huit heures du matin», dit-il sans répondre à la question. Il ajouta: «J'ai été malade.»

Il quitta enfin les toilettes. Un géant barbu le toisa, se précipita à l'intérieur et claqua la porte.

Un agréable souffle d'air frais pénétrait par les interstices de la porte du wagon. Une femme corpulente d'âge moyen et sa petite fille étaient assises par terre dans le couloir, dos à dos, les jambes étendues. Chen dut avancer jusqu'à sa place avec précaution, en levant haut les pieds.

Il eut la surprise de trouver sa place occupée par une femme âgée, la tête posée sur la tablette. Elle devait avoir dans les soixante-dix ou quatre-vingts ans, était pauvrement vêtue de noir, et ses cheveux gris luisaient. «Elle n'a pas compris ce que je lui ai dit», murmura la jeune fille pour s'excuser.

«Appelez le contrôleur, dit l'homme en face d'elle. C'est contraire au règlement.»

À l'arrivée du contrôleur, la femme en noir grommela des mots indistincts, mais ne broncha pas.

«Ça serait pénible pour elle de rester debout toute la nuit, dit un autre voyageur.

– On n'y peut rien, répondit l'employé décidé à déloger la vieille femme. Le règlement c'est le règlement. Il y a une couchette disponible. Une supérieure. Il suffit de payer le supplément.

– Une couchette? répéta Chen. Je la prends.

– Il y a un supplément de deux cents yuans, dit le contrôleur. C'est bien plus confortable. La solution pour un Gros-Sous comme vous. Vous n'avez pas beaucoup de bagages, n'est-ce pas?

– Non, mais vous pouvez y emmener la vieille femme. Je paierai. La place ici me plaît. »

Le couple le regarda avec étonnement. Chen sortit deux billets de cent yuans. La vieille femme n'était finalement pas si sourde : elle se leva aussitôt. Le contrôleur fut soulagé de voir le problème réglé et il l'entraîna sans autres formalités.

«Il n'y a pas beaucoup de gens pour suivre l'exemple du camarade Lei Feng de nos jours, constata le voyageur d'en face. On n'est plus au temps de Mao.»

Chen reprit sa place près de la fenêtre sans répondre. Avec une couchette supérieure, ç'aurait été plus compliqué **de** recevoir d'autres coups de téléphone. Sa décision n'avait rien à voir avec un modèle communiste altruiste du temps du président comme Lei Feng, mais avec son affaire Mao à lui.

«Vous devez être quelqu'un d'important, dit la jeune fille en se rapprochant, mais vous avez mangé des nouilles instantanées au lieu d'aller au wagon-restaurant.

– J'aime ça. » Il eut un sourire amer. Dans la nouvelle société, un mangeur de nouilles instantanées assis sur un siège raide était un moins que rien, incapable de payer un supplément de deux cents yuans, surtout pas pour quelqu'un d'autre. Le fossé entre riches et pauvres était effroyable, mais la réaction des gens l'était encore davantage. La société du temps de Mao était censée être égalitaire, du moins en théorie. Chen était troublé. «Le supplément, je le ferai passer en frais professionnels.»

Ce n'était pas tout à fait vrai. Il ne serait peut-être pas remboursé. De toute façon, il ne se tracassait pas pour deux cents yuans.

L'éclairage de nuit s'alluma. Les deux jeunes en face de lui fermèrent les yeux, appuyés l'un contre l'autre. Le silence s'installa peu à peu. Chen regarda son reflet dans la vitre, sur fond de campagne obscure.

Pékin était loin, bien loin derrière lui.

Ivre. J'ai frappé un cheval précieux.
Je ne veux pas que la beauté croule sous trop de passion.

Les deux vers de Daifu lui traversèrent soudain l'esprit. Des années auparavant, une amie les avait copiés pour lui sur un éventail en papier, qu'il avait perdu. Et il s'aperçut avec remords qu'il n'avait même pas téléphoné à Ling en quittant Pékin.

Mais il songeait déjà à un autre poème, que Mao avait écrit pour Yang dans leur jeunesse :

Je pars en agitant la main.
Nous regarder, inconsolables, est intolérable.
Nos douleurs cent fois relatées,
Tes yeux débordant de chagrin,
Retenant leurs larmes à grand-peine.
Tu interprètes mal ma lettre,
Mais cela se dissipera
Comme les nuages et le brouillard.
Toi seule me comprends dans ce monde.
Oh, mon cœur souffre, le Ciel le sait-il ?

Chen n'aimait pas ce poème plein de clichés. Et il avait encore du mal à croire que Mao ait pu être aussi impitoyable avec Yang et ses autres femmes.

La sonnerie de son portable interrompit sa rêverie.

C'était le Vieux Chasseur. Chen jeta un coup d'œil à la jeune fille auprès de lui qui, elle aussi, s'était assoupie, la bouche entrouverte, son livre sur les genoux.

Il décida de ne pas se lever cette fois. Des bribes de phrases, isolées de leur contexte, n'auraient aucun sens pour qui les entendrait.

«Je suis dans le train du retour. Bondé, beaucoup de monde partout, assis et debout», dit-il pour s'assurer que le policier retraité comprendrait.

Contrairement à ses habitudes, le Vieux Chasseur alla droit à l'essentiel. «J'ai vu sa domestique. Elle s'appelle Zhong.»

Il devait parler de celle de Shang. «Je vois. C'est parfait. Elle vous a dit quelque chose?

— C'était bien Xie qui rendait visite à Jiao à l'orphelinat. Zhong l'a reconnu sur une photo. D'après elle, il l'a beaucoup aidée financièrement.

— C'est important.

— Elle dit que Xie est responsable de la nouvelle vie de Jiao.

— Vraiment!

— Avec l'aide de Zhong, je vais vérifier.

— Non, ne faites rien, Vieux Chasseur. Je serai là demain matin tôt. Parlons-en d'abord.»

Chen n'avait jamais envisagé l'éventualité que Xie soit celui qui avait changé la vie de Jiao. Financièrement, c'était impossible. Il pouvait à peine joindre les deux bouts.

Il y avait cependant quelque chose entre Xie et Jiao, il en avait désormais la certitude grâce aux renseignements recueillis par Yu et son père.

Pourquoi toutes ces cachotteries de la part de Jiao et de Xie? Ni l'un ni l'autre n'avaient dit mot, ils l'avaient exclu du secret, et pas seulement lui. Aucun des habitués du manoir ne semblait au courant. Si Xie était allé voir Jiao, une petite fille dans un orphelinat, il l'avait fait par amitié pour Tan. Il n'y avait là rien d'inconvenant. Ce qui était étonnant, c'était que la Sécurité intérieure n'ait pas su découvrir le lien entre Xie et Tan.

L'affaire devenait de plus en plus déroutante.

La jeune fille à côté de lui se mit à ronfler, très légèrement, et il aperçut une fine trace de salive à la commissure de ses lèvres.

Vers trois heures, épuisé d'avoir réfléchi, droit et raide comme un bambou, la tête contre le dossier dur, il parvint à s'assoupir.

Sa dernière pensée fut pour la couche dans la chambre des mers du Centre et du Sud. Un lit décidément inconfortable...

23

Le train arriva enfin en gare de Shanghai.

La nouvelle gare était plus grande et beaucoup plus moderne. Encore une mesure destinée à améliorer l'image de la « métropole reconnue internationalement comme la plus passionnante du monde » que défendait la presse locale.

Chen descendit après le couple, qui s'embrassa en posant le pied probablement pour la première fois sur le sol de Shanghai, indifférent à la foule grouillante. La jeune fille descendit après lui et lui fit un signe de la main avant de disparaître en courant presque, dans une autre direction.

Il resta sur le quai près de la porte du wagon et attendit cinq ou six minutes avant de repérer un homme d'une cinquantaine d'années qui se dirigea vers lui en levant les bras comme s'ils se connaissaient. Il était de taille moyenne, la mâchoire forte et les épaules larges, avec une tendance à l'embonpoint.

«Camarade inspecteur principal Chen?»

C'était Liu, l'officier qui avait succédé à Song dans l'équipe spéciale de la Sécurité intérieure.

Ils arrivèrent dans la salle des pas perdus fourmillant de monde, où, parmi les escalators qui montaient et descendaient, Chen aperçut la jeune fille en train d'étudier un tableau d'affichage électronique.

«Vous la connaissez? demanda Liu.

– Non.» Il suivit Liu sur l'escalator qui descendait.

La place à l'extérieur n'était pas moins bondée, files d'attente pour acheter les billets, vendeurs ambulants, et revendeurs à la sauvette brandissant leurs billets. Les restaurants et les cafés à proximité paraissaient bruyants et envahis. Ils ne pourraient pas trouver un endroit tranquille.

Liu emmena Chen de l'autre côté de la place, dans un parking aménagé derrière la tour de la gare. Il ouvrit sa Lexus métallisée avec une télécommande. Dès qu'ils furent dans la voiture, Liu mit le contact et la climatisation avant de tendre à Chen, sans un mot, un dossier sur le meurtre de Song.

Chen commença aussitôt à le lire. Il comprit le silence grognon de Liu. La mort de Song était liée, sans l'ombre d'un doute, à l'enquête qu'il menait avec Chen – jusqu'aux vacances impromptues de celui-ci, toujours inexpliquées.

Ce n'était pas une coïncidence si Chen avait été agressé dans des circonstances similaires.

Sauf que l'inspecteur principal avait eu davantage de chance.

En allumant une cigarette et avec un geste d'impuissance, Chen ne put se débarrasser du sentiment d'être en partie responsable de la mort de Song. Des bribes de souvenirs de leur collaboration désagréable se mêlaient à la fumée. S'il avait laissé Song agir à sa manière, les choses auraient pu se passer autrement; s'il avait informé Song de l'agression dont il avait été victime, celui-ci aurait pu se montrer plus prudent; s'il était resté à Shanghai, il aurait été lui-même la cible...

Il se mit à transpirer abondamment malgré la climatisation. Liu demeurait silencieux et tirait sur sa cigarette – la troisième. Chen s'essuyait sans cesse le front, il se sentait comme une taupe enfumée dans une galerie.

Qui aurait employé des moyens aussi désespérés pour interrompre l'enquête?

«Il faut brusquer les choses, dit Liu en finissant sa troisième cigarette. Nous avons essayé de vous joindre, mais personne ne savait où vous étiez.»

Chen pouvait deviner ce que Liu voulait faire, mais il ne se voyait pas en mesure de s'y opposer. Ni de rendre compte de ses «vacances» de façon satisfaisante. Il demanda alors lentement, en refermant le dossier: «Pouvez-vous me donner des détails sur ce que Song a fait ces derniers jours?

– Pendant que vous étiez en vacances, Song a beaucoup travaillé, il est allé chez Xie, il lui a parlé, ainsi qu'à Jiao, il a questionné des personnes qui connaissaient Yang, rencontré Hua, le patron de l'entreprise où Jiao a travaillé, et la vieille domestique de Shang, il a vérifié le relevé téléphonique de Jiao...

– Je vois qu'il n'a négligé de retourner aucun caillou. » Lui-même avait aussi essayé d'en retourner certains, par l'intermédiaire du Vieux Chasseur et de Yu. Ce n'était pas vraiment étonnant que Song ait questionné la bonne de Shang. « Quelque chose ou quelqu'un de suspect ?

– Non. Mais notre filet se resserrait. On a frappé par désespoir. »

« On » faisait allusion à Xie. Aucun doute pour Chen. « Puis-je avoir un rapport médical sur la mort de Song ?

– Vous le recevrez aujourd'hui, mais, s'agissant d'un meurtre en plein jour, je ne pense pas que vous appreniez grand-chose d'un rapport médical.

– Je vais tout revoir une fois de plus et je ferai un rapport à Pékin. Nous ne devrions pas trop attendre, mais sans nous précipiter non plus.

– Combien de temps devrons-nous encore attendre, inspecteur principal Chen ? »

La gifle avait été retentissante pour la Sécurité intérieure. Malgré la surveillance étroite du manoir Xie, le corps d'une jeune fille avait été découvert dans le jardin, puis celui de Song, chargé de l'enquête, retrouvé dans une rue proche. Après la mort en service de leur camarade, ils criaient vengeance, et celle-ci ne pouvait plus être différée.

« Quand vous m'avez téléphoné du train, poursuivit Liu faute de réponse de l'inspecteur, nous avions une cible.

– Une nouvelle cible ? »

Il lui apprit qu'un de ses collègues avait vu Jiao s'entretenir avec Peng. Ils n'avaient pas tardé à l'appréhender et à obtenir de lui des aveux complets qui renforçaient leur détermination à employer la « manière forte ».

«Voici un enregistrement de l'interrogatoire, dit Liu en tendant une cassette à Chen. Nous n'avons pas eu le temps de la transcrire.»

Chen inséra la cassette dans le lecteur de la voiture et écouta. Liu et ses collègues orientaient plus ou moins les réponses de Peng, mais celles-ci reflétaient probablement l'opinion de Peng lui-même.

C'était une version similaire à celle qu'il avait racontée à Yu, un scénario où Jiao possédait de précieuses antiquités laissées par Shang, mais Peng était assez prudent pour ne pas prononcer le nom de Mao. Il ne disait rien non plus à propos de Yu.

«C'est trop injuste, concluait Peng d'une voix plaintive. Elle a tout ce qui appartenait à Shang… de la Cité interdite. Je devrais avoir ma part…»

Son témoignage était néanmoins suffisant pour compromettre Jiao. «Vendre le trésor de l'État» était un crime grave. La Sécurité intérieure n'avait pas besoin de s'acharner à trouver d'autre prétexte pour intervenir.

«Suite à ce témoignage, nous attendons un mandat de perquisition de Pékin, conclut Liu. Nous pensons que le trésor se trouve chez Xie. Yang a peut-être été tuée parce qu'elle avait vu quelque chose. Song aussi.»

Chen commençait lui aussi à croire que Jiao possédait quelque chose, bien que ce ne soit pas le trésor du palais dont parlait Peng. Mais il n'avait rien pour empêcher la Sécurité intérieure d'agir. Xie s'effondrerait. Mais Jiao, coopérerait-elle? Sinon, y avait-il un risque qu'elle subisse le même sort que Shang? La Sécurité intérieure n'hésiterait devant rien pour obtenir ce qu'elle voulait.

Chen ne vit pas l'utilité de fixer un nouveau délai à

Liu. Il lui demanda: «Quand pensez-vous obtenir le mandat de perquisition?

– Nous faisons notre rapport à Pékin ce matin.

– Quand vous l'obtiendrez, dites-le-moi.

– Ne vous en faites pas, inspecteur principal Chen, répondit Liu avec un coup d'œil à sa montre. Je dois vite retourner au bureau.»

C'était la fin de leur entretien. La Sécurité intérieure allait de l'avant sans tenir compte de l'opposition de Chen. Liu ne proposa même pas de le déposer chez lui.

«Je dois passer quelques coups de téléphone moi aussi.» Chen ouvrit la portière et descendit. «Vous avez mon numéro.

– Je vous appellerai.» Liu démarra en baissant la vitre pour la première fois et regarda Chen s'éloigner dans une autre direction.

24

Environ trois quarts d'heure plus tard, Chen arriva au manoir Xie et appuya longtemps sur la sonnette. Lui aussi voulait brusquer les choses.

Xie tarda à ouvrir. Il devait sortir de son lit, il portait une robe de chambre de soie écarlate. Pour la première fois, il avait vraiment l'air d'une Vieille Lune.

«Je viens tout juste d'arriver en ville, M. Xie. Excusez-moi de me présenter à l'improviste. Il s'est passé beaucoup de choses dernièrement. Je m'inquiète pour vous.

– Les policiers vont et viennent dans cette maison comme dans un marché. C'est épouvantable.

– J'imagine. Allons dans le jardin.

– Le jardin… ? Oui, suivez-moi. »

Là-bas, personne ne les entendrait. Chen se demanda si Xie s'y était de nouveau assis depuis la mort de Yang. Les fauteuils en plastique avaient été déplacés de sous le poirier en fleurs.

« J'ai appris ce qui était arrivé à l'officier Song, dit Chen sans ambages en s'asseyant sur le siège poussiéreux.

– Je lui ai parlé deux heures avant sa mort.

– Il a été assassiné. Et vous êtes le principal suspect. Je m'efforce de vous aider, mais vous devez tout me dire. Vous êtes un homme intelligent, M. Xie. Je ne vois aucune raison de tourner autour du pot.

– Non, bien sûr, mais qu'entendez-vous par "tout"?

– Pour commencer, votre lien avec les parents de Jiao.

– Pardon?

– Quand Song vous a parlé du meurtre de Yang, vous avez fait une déposition affirmant que vous ne connaissiez pas Jiao avant qu'elle ne vienne vous voir il y a environ un an. Vous avez menti. Vous avez égaré les recherches, et Jiao non plus n'a pas dit la vérité en vous fournissant un alibi. C'est un parjure, une obstruction à la justice. Un crime.

– Un parjure! Je ne vois pas de quoi vous parlez.

– Les collègues de Song sont décidés à le venger», dit Chen. Il ramassa une brindille brunie sur le bord de son siège et la brisa. «Je n'ai pas besoin de vous dire ce dont ils sont capables.

– Pensez-vous que cela m'importe? Je ne suis qu'un pantin qui se bat pour sauver les apparences. Et je n'en peux plus, M. Chen. Qu'ils fassent ce qu'ils veulent.

– Et Jiao ? »

Xie ne réagit pas tout de suite.

« Ce qui m'inquiète, M. Xie, c'est que je vois dans cette affaire de sinistres présages. Deux personnes ont déjà été tuées. D'abord Yang, et maintenant, Song. Tous deux ayant un rapport avec vous deux. D'autres malheurs vont arriver, je le crains. Pas nécessairement à vous, mais à Jiao.

– Ciel ! Pourquoi ?

– Je le devine, M. Xie. Des gens recherchent désespérément quelque chose. Ils ne s'arrêteront pas avant de l'avoir trouvé. Et ils n'hésiteront devant rien.

– De quoi peut-il s'agir ? Je n'ai rien apporté en venant dans ce monde et je n'emporterai rien quand je le quitterai. Qu'ils prennent ce qu'ils veulent. Rien ne mérite que tant de personnes meurent.

– Ce n'est peut-être pas une chose en votre possession.

– Comment peut-elle… » Xie s'interrompit. « Je me demande comment vous savez tout cela… Et que pouvez-vous faire pour m'aider ?

– Ce que je peux faire, franchement, je n'en ai aucune idée, à ce stade. Mais je sais tout cela… (Il sortit sa carte de visite professionnelle et sa plaque.) … parce que je suis policier. Je vous en dis plus que je ne devrais. C'est pourquoi je vous ai fait venir dans le jardin. La maison pourrait être truffée de micros. Il s'agit de la Sécurité intérieure, pas de policiers ordinaires.

– J'ai confiance en vous… bégaya-t-il en examinant la carte de visite, inspecteur principal Chen.

– Vous n'êtes pas tenu de me faire confiance, mais vous avez foi en M. Shen, n'est-ce pas ? » Chen lui tendit son portable. « Appelez-le.

– Non, c'est inutile. M. Shen est comme un oncle pour moi, dit Xie d'abord pensif puis résolu. Vous vouliez connaître mes liens avec les parents de Jiao.

– Oui, racontez-moi tout depuis le commencement.

– C'était il y a très longtemps. Dans les années cinquante, ma famille et celle de Qian se connaissaient, mais les choses étaient déjà en train de changer. Mes parents m'ont fortement conseillé de me tenir à carreau et de ne plus voir Qian.

– À cause des histoires qui couraient sur Shang?

– Croyez-vous que quelqu'un aurait parlé de ces choses-là à un jeune garçon?»

Xie avait forcément eu vent de ces histoires. Chen n'insista pas et continua de triturer la brindille desséchée.

«Au début de la Révolution culturelle, nos deux familles ont été dépouillées par les Gardes rouges. Cela a été pire pour Qian. Shang est devenue la cible d'une critique publique impitoyable. J'ai le souvenir très net d'une scène: elle était debout sur une sorte d'estrade, la moitié de ses cheveux rasée dans un prétendu style yin-yang, et portait autour du cou un collier de vieilles chaussures pour signifier que son corps avait servi à beaucoup d'hommes. Les Gardes rouges lui jetaient des pierres et des œufs en l'injuriant. Inutile de dire que Qian a subi une discrimination épouvantable. On nous appelait les "chiots noirs". Une fois, elle a été traînée sur l'estrade à côté de Shang pour partager la critique publique. C'en était trop. Elle a dénoncé Shang et a été habiter dans un dortoir.

– Je comprends, M. Xie. J'étais plus jeune, mais mon père aussi était "noir".

– La différence entre Qian et moi, c'est qu'il me restait la vieille maison. À elle, rien. Quand Shang est morte,

Qian a disparu pendant des semaines. Lorsqu'elle a réapparu, elle avait beaucoup changé. Comme dans le dicton, *elle a jeté une jarre cassée comme une jarre cassée*, mais malheureusement la jarre était elle-même. Puis elle est tombée amoureuse de Tan, un de mes grands amis, encore un chiot noir de famille capitaliste. Il m'a parlé de leur liaison. À l'époque, c'était un crime d'avoir des relations sexuelles hors du mariage, mais que pouvaient faire d'autre deux jeunes réprouvés? Elle a bientôt su qu'elle était enceinte. Je me faisais un sang d'encre pour eux. Un matin, Tan est venu me voir en cachette et m'a laissé une grande enveloppe en disant qu'elle appartenait à Qian. Il est vite reparti avant que je puisse lui poser une seule question. Environ une semaine plus tard, ils ont été arrêtés en essayant de fuir à Hong Kong. Il a été tellement bastonné sur le chemin du retour qu'il s'est suicidé en laissant un mot dans lequel il endossait toute la responsabilité de leur tentative. C'est comme cela que Qian a été acquittée.

– Et qu'elle a survécu. Vous l'avez revue après la mort de Tan?

– Qian restait sous surveillance. Je ne voulais pas prendre de risques. Par ailleurs, elle m'avait déçu. Très peu de temps après la mort de Tan, elle s'était trouvé un nouvel amant – un corps chaud dans ses bras alors que celui de Tan n'était pas encore froid. Rien qu'un objet sexuel, de presque dix ans plus jeune qu'elle. Ils ont été pris en flagrant délit alors qu'il commettait un acte pervers, comme un animal, et il a été emprisonné en tant que "dégénéré". Bien entendu, j'avais toujours l'intention de lui rendre l'enveloppe, mais elle est morte à son tour.

– Que s'est-il passé ensuite, M. Xie?

– Ma foi, la situation s'est améliorée pour moi, bien que mon épouse m'ait quitté pour aller aux États-Unis. J'avais dû trop lui parler du rêve américain. Le karma.

– Ce n'est pas votre faute, mais une perte pour elle. Revenons à notre sujet.

– Au début des années quatre-vingt, on a recommencé à m'appeler M. Xie. J'ai cessé de broyer du noir comme un clochard. Ma maison est devenue l'emblème du vieux Shanghai des années folles. J'ai alors entrepris de rechercher Jiao, pour respecter la mémoire de Tan. Elle vivait dans un orphelinat où Zhong, la vieille domestique de Shang, allait parfois lui rendre visite. J'ai donné de l'argent à Zhong pour aider Jiao – pas beaucoup, mais la vie était si dure pour elle.

– Vous l'avez connue là-bas?

– J'ai essayé de l'éviter, mais un après-midi elle m'a vu par hasard avec Zhong, qui m'a présenté comme un ami de son père. Peu après, elle a quitté l'orphelinat et s'est mise à travailler ici et là.

– Vous aviez toujours l'enveloppe?

– Oui. Jiao partageait un petit logement avec trois ou quatre jeunes provinciales, elle n'avait aucune intimité. Je n'ai pas voulu lui donner l'enveloppe dans ces conditions, quoi qu'elle ait contenu.

– Vous avez bien fait, M. Xie, mais sa vie a beaucoup changé, c'est exact?

– Tout à fait, et de façon très soudaine. Elle a quitté son emploi et s'est installée dans un appartement de grand luxe…

– Un instant. Vous n'étiez pour rien dans ce changement?

– Non, rien du tout. Je l'ai appris par Zhong, qui pensait qu'il était de mon fait. Mais comment aurais-je pu ? Regardez ce jardin, je ne peux même pas me permettre de l'entretenir. Au bout de quelques mois, Jiao est venue me voir, d'abord en visiteuse, puis comme élève.

– A-t-elle hérité d'une grosse somme ?

– Pas à ma connaissance.

– Mais c'était après la publication du livre *Nuages et pluie à Shanghai*, je présume.

– Il me semble. C'est une élève douée, mais je ne sais pas pourquoi elle a décidé d'étudier avec moi. Peut-être une façon de me rendre la pareille, en payant pour ses cours, dit Xie en fronçant les sourcils. Elle est extrêmement dévouée. Je ne comprends vraiment pas pourquoi elle m'a fourni un alibi l'autre jour. J'ai pourtant fait bien peu pour elle.

– Peu de votre point de vue, peut-être, mais du sien, c'était beaucoup. Quoi qu'il en soit, qu'avez-vous entendu sur la transformation de son mode de vie ?

– Les gens pensent pour la plupart qu'elle a un protecteur. Un parvenu qui lui fournit tout. Mais on ne peut pas poser ce genre de questions à une jeune fille.

– C'est vrai. Revenons à l'enveloppe. Vous la lui avez donnée quand elle est devenue une habituée ici ?

– Pas tout de suite. Avec ce changement inexplicable dans sa vie, j'hésitais, mais finalement je l'ai fait, il y a plusieurs mois. L'enveloppe lui revenait, n'est-ce pas ? Je n'avais aucune raison de ne pas la lui donner.

– Avez-vous su ce qu'elle contenait ?

– Non. Quel que soit ce secret, il ne m'appartient pas. Un jour, je devrai peut-être affirmer sous serment que je n'ai jamais rien vu », dit Xie en plissant légèrement les yeux.

À travers le feuillage, le soleil de l'après-midi éclairait son visage intelligent. Xie, un survivant des années tumultueuses, savait se montrer prudent.

Il changea brusquement de sujet. «À propos, saviez-vous que son appartement a été cambriolé il y a un mois environ?

– Non», répondit Chen. Mais ce n'était pas difficile de comprendre pourquoi la Sécurité intérieure n'en avait rien dit, et pourquoi Liu croyait que l'objet de leurs recherches se trouvait chez Xie.

«Son immeuble est bien surveillé, pourtant un cambrioleur a réussi à y pénétrer. Plus étonnant, il n'a rien emporté de valeur.

– A-t-elle parlé à quelqu'un de l'enveloppe?

– Je l'ignore. Mais je pense qu'elle s'en serait bien gardée.

– C'est une habituée ici. Vous êtes souvent en contact, tous les deux. L'enveloppe mise à part, avez-vous remarqué quoi que ce soit d'inhabituel chez elle?

– Eh bien, pour une jeune fille qui vit dans le luxe, elle n'est pas vraiment heureuse, mais ce n'est peut-être qu'une impression personnelle. Ce qui est étonnant, ce sont ses visites fréquentes. On peut comprendre que les Vieilles Lunes viennent tout le temps, elles n'ont rien d'autre à faire et aucun autre endroit où aller. Mais quelqu'un comme Jiao, ça me dépasse.

– C'est curieux. Par ailleurs, un Gros-Sous exhiberait sa "petite concubine" comme une Mercedes, mais personne ne semble la voir dans ce rôle. Vous avez une idée là-dessus?

– Non. Je n'ai jamais vu de Gros-Sous avec elle et je n'en ai pas entendu parler.

– Vous pensez donc qu'elle est toujours seule ?

– Oui. Maintenant que vous posez la question, quelque chose me revient. Un après-midi, il y a deux ou trois mois de cela, elle a reçu un coup de téléphone à l'atelier et elle est partie précipitamment en disant: "On m'attend chez moi." Elle habite seule, n'est-ce pas ? Comment quelqu'un pouvait-il l'appeler de chez elle ? En outre, c'était un portable rouge dont elle ne s'était jamais servie.

– Vous êtes observateur. Rien d'étonnant à ce que vous soyez peintre. Mais c'était peut-être une visite impromptue. Et dans sa peinture, quelque chose d'inhabituel ? C'est vous qui la guidez.

– Rien de très remarquable. Récemment, elle a peint une sorcière chevauchant un balai au-dessus de la Cité interdite. Un sujet d'un surréalisme surprenant.

– Une sorcière chevauchant un balai ? Comme dans une bande dessinée américaine ?

– Je ne pense pas qu'elle se soit déjà essayée à la bande dessinée. Et je n'avais jamais relevé dans son travail une telle tendance.

– C'est peut-être important, mais je ne suis pas critique d'art. Autre chose, M. Xie ? Tout ce dont vous vous souvenez peut m'aider, et vous aider aussi.

– C'est vraiment tout, affirma Xie avec sincérité. Ne vous occupez pas d'un vieil homme inutile comme moi, M. Chen. Mais Jiao est une brave petite. Très jeune et très belle. Elle a une haute opinion de vous. Vous ferez tout ce qui est en votre pouvoir pour l'aider, n'est-ce pas ?»

Xie croyait peut-être que Chen était poussé par une raison sentimentale, mais cela n'avait aucun rapport.

Son portable sonna avant qu'il ait pu répondre. Il appuya sur la touche. C'était Gu.

«Le Ciel soit loué. Vous êtes enfin de retour, chef, dit Gu. Je vous ai appelé plusieurs fois.

– Qu'est-ce qui se passe?

– Pouvez-vous venir au *Moon on the Bund* cet après-midi? Il y a un cocktail. J'ai quelque chose d'important à vous dire.

– Vous ne pouvez pas me le dire tout de suite, Gu?

– Je suis en route pour y aller. C'est urgent, il s'agit des connexions noires et blanches. Il vaut mieux en parler de vive voix. Et vous rencontrerez du monde.»

Gu pouvait parfois en rajouter, mais Chen ne doutait pas un instant de ses relations avec le milieu des triades.

«Je vous y retrouve, Gu.» Il éteignit son portable et dit à Xie : «Je dois vous laisser, M. Xie. Je reviendrai. Pas un mot à qui que ce soit de notre conversation, pas même à Jiao.

– Pas un mot.» Xie se leva et étreignit sa main. «Je vous en prie, faites quelque chose pour elle, monsieur... inspecteur principal Chen.»

25

Chen sortit de l'ascenseur au huitième étage, dans le couloir qui reliait les deux ailes du *Moon on the Bund*, au moment où la grosse horloge de la tour des Douanes toute proche faisait retentir sa mélodie. Il sursauta comme s'il avait entendu un coup de canon et regarda par la fenêtre. Peut-être était-il trop tendu, pensa-t-il en se rappelant les conseils du docteur Xia.

Pendant plusieurs années après la Révolution culturelle, l'air que jouait la grosse horloge avait été léger, agréable et anonyme, mais il était curieusement redevenu celui de «L'Orient est rouge», que le camarade Bi avait fredonné aux mers du Centre et du Sud en hommage à Mao.

Le restaurant était aménagé au dernier étage d'un immeuble de bureaux au coin de la rue de Yan'an et de la rue de Guangdong, avec une terrasse jardin qui offrait une vue magnifique sur le Bund, la rivière Huangpu et la foule de nouveaux gratte-ciel à l'est de la rivière. Le restaurant était dirigé par une Canadienne qui avait engagé ses chefs et ses responsables outre-Atlantique en ajoutant un zeste d'authenticité à l'ensemble. Les prix étaient élevés, mais le restaurant rencontrait un immense succès auprès des nouveaux riches, qui n'y venaient ni pour la cuisine ni pour la vue, mais pour sentir qu'ils appartenaient à l'élite de la ville.

Au bar, Chen repéra Gu qui serrait des mains, tout en tenant un verre de vin pétillant.

Gu accueillit Chen bruyamment, affichant le plaisir d'une rencontre inattendue. «Vous ici!

– Quelle bonne surprise, répondit Chen dans la même veine.

– J'ai vérifié et revérifié, chuchota Gu en l'entraînant à part. Les types qui vous ont attaqué sont des professionnels, mais ils n'appartiennent à aucune organisation. Alors c'est difficile de savoir. J'ai entendu dire qu'il y a quelques jours, on a de nouveau fait appel à des professionnels, en insistant sur la compétence et la fiabilité. "Paiement à l'achèvement des travaux."

– Il y a quelques jours… répéta Chen. Compétence et fiabilité!

– Comme vous étiez en vacances, j'ai suivi la piste. D'après ce que j'ai appris, il pourrait y avoir un rapport avec une entreprise immobilière. Un terrain admirablement situé vaut de l'or.

– C'est possible.» Chen avait pu irriter les promoteurs qui essayaient d'acheter la maison de Xie. Se pouvait-il qu'ils aient aussi visé Song? L'insistance sur la compétence et la fiabilité tirait tout son sens du fait que le «travail» sur Chen n'avait pas été «achevé». Mais Song n'avait rien fait contre les intérêts de l'entreprise, à moins que cela ne se soit passé tout récemment et que Chen n'en ait pas eu connaissance. «Mais pourquoi m'avoir demandé de venir ici?

– Hua Feng, actionnaire majoritaire de l'entreprise, est ici cet après-midi, dit Gu en regardant un homme grand et corpulent à l'autre bout de la pièce. Il a des relations noires.»

C'était une piste à suivre, mais trop hasardeuse pour le moment. Avec la Sécurité intérieure prête à utiliser la «manière forte» dès le lendemain, Chen n'avait pas le temps de fouiller dans cette direction. Il suivit néanmoins Gu qui le conduisit à Hua, lequel avait un visage rond, des joues flasques, et affichait un grand sourire.

«Vous êtes un ami de Gu? Je m'appelle Hua. Vous êtes aussi dans l'industrie du divertissement?

– Je m'appelle Chen. Je ne suis pas dans les affaires, répondit Chen sur ses gardes. Je suis écrivain, un écrivain divertissant.

– Ah, un écrivain, je vois, dit Hua avec une lueur dans les yeux. Beaucoup d'écrivains à la mode circulent à Shanghai.

– Dans une ville qui change aussi vite, dit Chen sans

savoir où Hua voulait en venir, et quand tant de nouvelles constructions remplacent les anciennes, les écrivains ne peuvent que circuler.

– J'admire les écrivains, M. Chen. Vous bâtissez les maisons avec des mots, mais nous devons le faire avec du béton et de l'acier. »

Chen sentit un léger changement dans la repartie de Hua, une note soudaine d'hostilité, bien que fugitive. Il se demanda s'il devait continuer à bavarder. Cela ne le mènerait probablement nulle part dans l'immédiat.

Une serveuse blonde s'approcha d'un pas léger avec un plateau en verre. Hua prit une minuscule crêpe au canard laqué piquée d'un cure-dents. Une femme d'une minceur excessive en robe d'été blanche se glissa près de Hua. Chen s'excusa. Gu parlait à d'autres.

Chen sortit sans rien dire à personne et quitta le cocktail.

Dehors, c'était un splendide après-midi sur le Bund. Il respira profondément et se mit en route en essayant de réfléchir aux derniers événements. Il était sans doute trop tard : dans l'affaire Mao il n'avait jusque-là que des scénarios inconsistants. Rien pour empêcher la Sécurité intérieure d'agir le lendemain.

Il prit son portable, mais ne s'en servit pas. Une sirène résonna sur la rivière.

Tout d'abord, cette affaire n'était pas la sienne. Alors pourquoi ne pas s'en débarrasser ? Aucune responsabilité, aucune implication. Aucune raison de s'interroger sur les méthodes noires ou blanches.

Ni sur Mao.

Ce n'était pas réaliste pour un policier d'escompter une découverte capitale à tous les coups. Inutile de rester bloqué sur une affaire, absurde de surcroît.

Il descendit des marches de pierre vers le quai et contempla l'eau miroitante. Plusieurs mouettes planaient dans des éclairs d'ailes blanches sous le soleil de l'après-midi.

Chen se retrouva encore une fois sur le chemin du parc du Bund, les pavillons multicolores d'un bateau de croisière flottaient dans la brise.

Le maître l'a bien dit, sur les bords d'un cours d'eau :
« Allons de l'avant, comme le flot s'écoule ! »

C'étaient les vers que Mao avait écrits après avoir nagé dans le Yangzi, avant le déclenchement de la Révolution culturelle. Chen les avait lus pour la première fois lorsqu'il était encore lycéen et qu'il marchait le long du Bund avant ou après les cours.

Il ne mit que quelques minutes pour arriver au parc. Il entra par la grille couverte de vigne vierge, et longea le quai récemment élargi et bordé de briques de couleur.

Il fut déçu de ne pas trouver où s'asseoir. Une rangée de bars et de cafés semblait avoir surgi du jour au lendemain le long de l'embarcadère, sorte de boîtes d'allumettes gigantesques aux murs de verre éblouissants au soleil. Ce n'était pas une mauvaise idée de doter le parc d'un café avec vue sur la rivière, mais une telle quantité ne laissait plus de place pour les bancs verts autrefois si familiers. En regardant à travers la vitre, il ne vit qu'un couple d'Occidentaux qui bavardait à l'intérieur. Le prix indiqué sur le menu était exorbitant. Chen pouvait encore se le permettre, mais les autres ?

Dans son livre de textes au lycée, il avait lu qu'à une époque il y avait à l'entrée du parc une pancarte humiliante : *Interdit aux chiens et aux Chinois.* C'était au début du siècle, quand le parc n'était ouvert qu'aux Occidentaux. Après 1949, les autorités du Parti avaient utilisé l'anecdote à des fins d'éducation patriotique. Chen n'était pas sûr de son authenticité, mais une autre formule était devenue réalité : *Interdit aux Chinois pauvres.*

Finalement, arrivé au bout du parc, il trouva une sorte de borne, destinée à fixer une chaîne le long d'un chemin qui serpentait. Il s'assit dessus. Non loin de là, une jeune mère était assise sur une autre borne. Un bébé dormait dans une vieille poussette. La jeune femme avait ôté ses chaussures, ses orteils nus frôlaient le bord de la pelouse verte. Elle regardait affectueusement son bébé et, de profil, elle ressemblait vaguement à Shang.

Shang était-elle venue ici avec Qian ?

Chen prit une cigarette, mais il ne l'alluma pas et regarda de nouveau le bébé. Il lui sembla qu'il réfléchissait plus clairement. Comme si le parc avait exercé sur lui une influence imperceptible.

Yu avait parfois plaisanté à ce sujet : le parc devait avoir un *feng shui* propice à l'inspecteur principal. Dès les années soixante-dix, Chen avait commencé à étudier l'anglais ici, ce qui avait été déterminant dans sa vie. Il ne croyait pas au *feng shui*, mais cet après-midi-là, en tapotant sa cigarette sur le dos de sa main, il aurait voulu en percevoir des signes dans le parc.

Il se leva pour aller à l'ombre d'un arbre en fleurs d'où il téléphona à Liu.

« Je vous écoute, camarade inspecteur principal Chen.

– Parmi les personnes que Song a approchées ces jours derniers, y avait-il quelqu'un dans l'immobilier ?

– Je ne pense pas.

– Ou un nommé Hua?

– Je ne sais pas. Song a parlé à beaucoup de gens. Comment me les rappeler tous?

– Pouvez-vous vérifier pour moi?

– C'est-à-dire… je ne suis pas au bureau… »

Chen crut entendre de la musique, comme un murmure d'eau, et des rires de jeunes filles derrière l'officier de la Sécurité intérieure.

– Veuillez me trouver la réponse dès que possible, camarade Liu.

– Je le ferai, camarade inspecteur principal Chen, répondit sèchement Liu. Mais nous nous sommes mis d'accord sur un plan d'action, non? »

Pour Liu, la demande de Chen devait sembler un prétexte pour le retarder.

« Tout à fait, dit Chen, mais vous n'avez pas encore le mandat de perquisition, n'est-ce pas? »

Chen repassa par la promenade au-dessus de l'eau en humant l'odeur caractéristique de la rivière. Il avait fait tout ce qu'il pouvait. La Sécurité intérieure allait agir le lendemain. À moins d'un miracle de dernière minute, l'inspecteur principal n'avait d'autre choix que de se retirer de l'enquête.

Il se retourna lentement, face à la tour pyramidale de l'*Hôtel de la Paix*, de l'autre côté de la rue de Zhongshan. Édifié par Sassoon, le légendaire homme d'affaires juif des années vingt, l'hôtel de style gothique avait été le bâtiment le plus somptueux de son époque. Dans la nostalgie ambiante, les histoires des extravagances associées à l'hôtel resurgissaient tels des mythes. Il se demanda si le célèbre orchestre de jazz les Shanghai Old Dicks jouerait au bar de l'hôtel ce soir-là.

276

La sonnerie de son portable fut presque couverte par une sirène venant de la rivière. C'était Peiqin.

« Que se passe-t-il, Peiqin ?

– Je suis chez Jiao, je prépare un dîner pour deux.

– Pour ce soir ?

– Oui. Jiao a dit qu'elle ne rentrerait qu'après huit heures. »

Chen regarda sa montre. « Vous êtes sûre de l'heure ?

– Je dois m'assurer que le riz sera encore chaud à son retour. Elle insiste beaucoup là-dessus. »

Chen pensa à ce que lui avait dit le Vieux Chasseur, qui jurait avoir vu un homme dans la chambre de Jiao.

« Vous avez avisé le Vieux Chasseur ?

– Oui. Il patrouillera dans le coin ce soir. Il m'a dit que ce renseignement pouvait être important pour vous. Et j'ai fait une liste de ce qui est bizarre chez elle. Vous pensez qu'elle peut vous servir ?

– Bien sûr. Ce sera très utile. Vous pouvez la faxer chez moi ?

– Oui, je trouverai un magasin pour le faire.

– Je ne sais comment vous remercier, Peiqin.

– Je vous en prie. En travaillant ici, j'aurai au moins appris quelques recettes nouvelles. Venez chez nous en fin de semaine.

– Je vais y penser, Peiqin.

– Soyez prudent, chef. Salut. »

Peiqin s'inquiétait pour lui. Il devinait pourquoi. Il n'était pas allé chez eux depuis longtemps. Mais il eut le cœur serré en pensant qu'à la fin de la semaine l'aide généreuse de Peiqin n'aurait servi à rien. Il alluma la cigarette qu'il tenait à la main depuis longtemps et inhala profondément. Il était poursuivi par la sensation d'avoir laissé passer quelque chose dans l'affaire Mao. Un élément essentiel qui lui échappait. Le coup de téléphone de Peiqin avait accentué cette sensation.

Le parc était peut-être véritablement un lieu d'une grande importance pour lui, quel que soit son *feng shui*. Il avait à peine remis son portable dans la poche de son pantalon qu'il sonna de nouveau. C'était Ling, de Pékin.

« Où es-tu ? » demanda-t-elle, sa voix aussi proche que l'eau qui léchait la berge. « J'ai appelé ton hôtel mais tu étais déjà parti.

– J'ai dû rentrer d'urgence. Excuse-moi, Ling, je n'ai pas eu le temps de te dire au revoir. Quand j'ai sauté dans le train de nuit il était déjà trop tard. Je suis dans le parc du Bund, là où nous sommes allés la dernière fois que tu es venue à Shanghai, tu te rappelles ? Je te remercie infiniment pour ton aide. Elle a été décisive.

– Je suis heureuse qu'elle t'ait permis d'avancer. Tu peux être exceptionnel dans ce que tu décides de faire, inspecteur principal Chen. Alors sois un policier exceptionnel, dit-elle d'une voix soudain distante. C'est peut-être comme dans le poème que tu as écrit en imitant ce poète anglais, je m'en souviens, sur l'urgence de faire un choix. *Tu dois choisir ta voie / Ou le temps ne pardonnera pas...*

– Je suis navré, Ling, dit-il en sentant sa résignation.

– Donne-moi de tes nouvelles quand tu seras moins pris. Et fais bien attention à toi.

– Je t'appellerai... »

Un clic. Elle avait déjà raccroché.

Mais quel choix avait-il eu, en réalité ? Une cigale se remit à chanter derrière lui dans le feuillage verdoyant.

278

Triste de n'être pas triste,
Le cœur s'est durci,
Sans attendre le pardon,
Mais reconnaissant, et heureux
D'avoir été près de toi,
Le soleil gaspillé sur le jardin.

C'était la dernière strophe du poème que Ling venait d'évoquer. Pas d'autre choix pour lui que celui de se racheter en étant un policier exceptionnel.

Pourtant, comme une réponse, une nouvelle possibilité se présenta dans une illumination aveuglante.

Il fit demi-tour et se hâta vers le bureau de la sécurité du parc, où il présenta sa plaque à un homme aux cheveux gris assis à une longue table.

«J'aurais besoin d'utiliser votre fax. Quelqu'un va en envoyer un, dit-il en recopiant le numéro.

– Pas de problème, camarade inspecteur principal. Nous vous connaissons.»

Il rappela Peiqin en essuyant son front en sueur. «Vous êtes toujours là, Peiqin?

– Oui, je suis sur le point de partir.

– Laissez la clé sous le paillasson en sortant.

– Quoi?

– Oui, et ne dites rien à personne.

– Entendu.

– Faxez votre liste à ce numéro dès que possible.

– Ce sera fait.»

Aussitôt après, il appela Gu.

«J'ai besoin de votre Mercedes ce soir.

– Elle est à vous, une Mercedes neuve, série 7. Vous avez appris quelque chose au cocktail?

279

– Demandez à votre chauffeur de me prendre au parc du Bund dans dix à quinze minutes. Je vous expliquerai plus tard, Gu. J'apprécie tout ce que vous avez fait pour moi.

– Vous n'avez rien à m'expliquer, et ne me remerciez pas. À quoi servirait un ami sinon ? »

Depuis qu'ils s'étaient connus dans une affaire plus ou moins liée au parc, Gu se déclarait l'ami de l'inspecteur principal et agissait comme tel. Homme d'affaires avisé, il se pouvait qu'il voie également en Chen une relation précieuse.

« Quoi que vous soyez sur le point de faire, continua Gu, vous ne le faites pas pour votre profit, c'est tout ce que je sais. »

Tout ce dont l'inspecteur principal Chen était sûr, c'est qu'il allait faire une chose qu'il n'avait encore jamais faite.

Un feuillet sortit de la machine à côté de lui.

26

Quand Chen arriva devant l'immeuble de Jiao, il était près de cinq heures de l'après-midi.

Il resta détendu dans la voiture sans même baisser la vitre. Les gardiens rudoyaient les gens ordinaires qui s'attardaient devant la grille, mais à la vue d'une Mercedes flambant neuve ils s'inclineraient et se précipiteraient pour ouvrir.

Comme prévu, le gardien d'un certain âge laissa entrer la voiture sans poser de question.

«Arrêtez-vous au bout du dernier bâtiment», dit Chen au chauffeur. C'était une très luxueuse construction, avec de somptueuses voitures garées ici et là. «Si je ne reviens pas dans un quart d'heure, vous pourrez vous en aller.»

Le chauffeur avait dû recevoir de Gu l'ordre de suivre les instructions de Chen sans discuter, car il acquiesça vigoureusement comme un robot.

Chen descendit et se dirigea vers le bâtiment où habitait Jiao, sans se hâter, comme un résident.

Il entra, prit l'ascenseur jusqu'au huitième, un étage au-dessus de celui de Jiao. Il ne vit personne dans le couloir. Il mit un chapeau et des lunettes de soleil achetés dans le parc et descendit à l'étage au-dessous. Il n'avait aucune idée de l'emplacement de la caméra de la Sécurité intérieure, mais il était difficilement reconnaissable. Et la surveillance directe ne devait pas s'exercer vingt-quatre heures sur vingt-quatre.

Devant la porte de Jiao, il s'accroupit comme pour renouer son lacet, le dos à l'escalier, son corps cachant le paillasson, sous lequel il tâtonna et trouva la clé.

Il entra dans un grand appartement luxueux. Grâce aux observations de Peiqin, il en connaissait déjà la disposition. Il se concentra donc sur la liste des «bizarreries» qui lui avait été faxée.

L'allure d'atelier du living n'avait rien d'étonnant. Jiao travaillait beaucoup et pouvait utiliser la pièce comme elle l'entendait. Le premier objet qui retint son attention fut un long rouleau de poésie au mur. Il reconnut «La Complainte des degrés de jade» de Li Bai, un poète de la dynastie des Tang.

Les degrés de jade se sont couverts de rosée blanche.
Leur froid pénètre mes bas de soie fine. La nuit s'achève.
Je déroule alors mon store de perles de cristal.
À travers l'écran diaphane, je contemple la lune d'automne.

Chen était perplexe. Diao lui avait parlé d'un rouleau de poésie classique dans la chambre de Shang, pas de Li Bai, mais évoquant lui aussi une concubine impériale délaissée. Petite-fille de Shang, Jiao avait pu en entendre parler, mais qu'elle ait décidé de suspendre le rouleau ici était un mystère. Le poème signifiait quelque chose pour Shang, mais pas pour une jeune fille comme Jiao.

Non loin du rouleau, il vit plusieurs tableaux, achevés ou non, entassés contre le mur. Il trouva parmi eux une esquisse de la sorcière sur son balai qui présentait des détails que Xie n'avait pas mentionnés. La sorcière chevauchait un balai à manche court au-dessus de la Cité interdite. Deux lignes étaient écrites au-dessous du dessin :

Il faut balayer la vermine,
Et ne plus avoir aucun ennemi.

Chen reconnut des vers de Mao. S'agissait-il d'une parodie ?

Dans la chambre, le grand lit dont un tiers était occupé par les livres lui rappela sa visite à la chambre de Mao. Une imitation délibérée ? Il tâta le lit. Du bois, forcément.

Il ouvrit la porte de la salle de bains. La vue des deux sièges de toilettes – un siège ordinaire et une cuvette sur laquelle s'accroupir – confirma ses soupçons. Mao avait gardé cette habitude de sa vie de paysan dans le Hunan, mais Jiao était née et avait grandi à Shanghai.

Et Jiao n'était jamais allée à Pékin – pas avant de s'installer dans cet appartement. Comment lui étaient venues ces idées?

Il consulta de nouveau la liste des «bizarreries». La suivante concernait les livres de la bibliothèque. Un regard rapide à quelques titres suffit à le convaincre que c'étaient les mêmes que dans la bibliothèque de Mao.

Il retourna dans la chambre. Debout devant la fenêtre, il essaya de vider son esprit de toute pensée en fermant les yeux et en respirant profondément.

Quand il les rouvrit, il regarda autour de lui et son attention se fixa sur un coffret cinéraire de laque noire posé sur la table de nuit.

Il n'était pas répertorié comme «bizarrerie» sur la liste de Peiqin. Ce n'était pas habituel, mais pas inimaginable non plus pour une fille aimante de garder les cendres de sa mère sur sa table de nuit. Comment Jiao avait-elle eu ce coffret? Elle avait à peine deux ans à la mort de Qian.

Une ancienne pratique consistait à mettre dans le cercueil les vêtements et les chapeaux du défunt si le corps avait disparu. Il envisagea cette possibilité, mais le coffret était bien trop petit pour des vêtements ou des chapeaux.

Jiao aurait-elle caché quelque chose dedans?

Déranger les morts en ouvrant leur cercueil ou le coffret de leurs cendres était considéré comme le pire porte-malheur et le pire sacrilège, mais il céda à la tentation. Il souleva le couvercle et ne trouva qu'une photo jaunie de Shang en peignoir blanc, révélant la naissance de ses seins de neige, pieds nus près d'une porte-fenêtre.

Ce fut un choc. Pourquoi conserver dans un coffret une telle photo de sa grand-mère? Il leva les yeux et se trouva face à une autre photo au-dessus de la tête de lit, celle du président Mao en peignoir, agitant la main.

Il frissonna en s'apercevant de la sinistre correspondance entre les deux.

Jiao avait une passion pour Mao. Mais c'était illogique. Il était responsable de la tragédie de Shang, et de celle de Qian. La haine aurait été plus justifiée.

Cette découverte n'aidait pas beaucoup Chen. Elle renforçait plutôt la position de la Sécurité intérieure : il devait se passer quelque chose de très suspect dans la vie de Jiao.

Il regarda sa montre. Presque six heures. Deux heures avant son retour. Il décida d'examiner les penderies de la chambre. Une grande et une petite. Sur sa liste, Peiqin avait noté quelque chose à propos des penderies.

Il ouvrit la plus grande et trouva une quantité de vêtements chic. Certains encore enveloppés de plastique. Un reçu, datant de six mois, accompagnait un *qipao* de grand prix. Une affaire de meurtres en série, résolue peu de temps auparavant et impliquant un *qipao,* lui permit de reconnaître le style des années vingt ou trente. D'autres robes, quoique légèrement différentes, étaient de la même époque.

Chen ne se souvenait pas d'un tel penchant de Jiao, au manoir Xie elle était en tenue décontractée, jean, chemisier, salopette, T-shirt. C'était du moins l'impression qu'il avait eue, sauf la dernière fois où elle portait un tablier sur un *qipao* rose et blanc.

Ces robes élégantes étaient-elles destinées à imiter Shang ? Mais en admettant que Jiao se transformait en Shang chez elle, pourquoi en avoir acheté une telle quantité ?

La sonnerie de son portable, assourdissante dans la penderie, le fit sursauter. Le numéro était celui de son amie Yong à Pékin. Il l'éteignit.

Puis il s'intéressa à la petite penderie, utilisée pour le rangement du matériel de peinture. Collé à l'intérieur de la porte, un mot disait: «Ne pas toucher.» À l'intention de la femme de ménage, vraisemblablement. Il y avait des tubes de peinture, des pinceaux, des châssis, des palettes, des chevalets, des godets, et d'autres accessoires dont il ne connaissait pas le nom. Ainsi qu'un peignoir blanc couvert de peinture. Plusieurs travaux inachevés étaient posés contre le mur. Ainsi, quand Jiao se réveillait la nuit, elle peignait parfois dans la chambre.

Il n'avait aucune idée de la façon dont les peintres travaillaient chez eux. Lui se réveillait parfois la nuit, surexcité à l'idée d'un poème extraordinaire, mais en général il était trop paresseux pour se lever. Il se rendormait et laissait les fantasmes nocturnes se dissiper dans l'obscurité. Dans certains cas, rares, il avait essayé de griffonner quelques mots sur un bout de papier qui lui était tombé sous la main, sans pouvoir en déchiffrer le sens le lendemain matin.

Mais peindre n'était pas écrire: elle devait se lever, sortir son matériel, travailler des heures puis nettoyer et ranger. C'était bizarre.

Il aperçut une longue boîte à rouleaux qui semblait avoir été jetée là. Elle attira son attention parce qu'il n'avait jamais vu Jiao peindre de rouleau dans le style traditionnel. Avec Xie, elle étudiait la peinture à l'huile et l'aquarelle. Il ouvrit la boîte et enleva un papier posé sur le dessus. C'était un certificat d'expertise garantissant l'authenticité du rouleau et indiquant un prix exorbitant de plus de deux millions de yuans. Il était daté de trois jours plus tôt. Comment pouvait-elle laisser là un objet d'une telle valeur après le récent cambriolage?

Il sortit le rouleau qui se révéla être un poème de Mao calligraphié de sa main, «Ode à une fleur de prunier». Il portait une dédicace dans le coin supérieur droit. «Pour Phénix, en réponse à la sienne.» Shang était surnommée «Phénix».

Jiao avait-elle acheté le rouleau? Ou alors elle en avait hérité, mais Chen ne comprenait pas comment.

S'agissait-il du fameux document qui préoccupait tant le gouvernement de Pékin? Le rouleau pouvait donner lieu à toutes sortes d'élucubrations, mais pas à tant de panique.

En remettant la boîte dans le coin, il vit un balai posé à côté. C'était un balai à tête souple en coco, que Jiao devait utiliser pour nettoyer après son travail.

Chen sortit de la penderie l'esprit embrouillé. Il était temps qu'il s'en aille. Il se dirigeait vers la porte quand l'esquisse surréaliste dans le living lui fit penser à une autre possibilité. Jiao s'était apparemment servie du balai comme modèle...

Le cours de ses pensées fut brutalement interrompu par un bruit de pas dans le couloir qui s'arrêtaient devant la porte. Il resta figé en percevant le cliquetis d'un trousseau de clés...

27

Lorsque la clé tourna dans la serrure, il recula de plusieurs pas.

En entendant la porte s'ouvrir en grinçant, il recula davantage jusque dans la petite penderie sans avoir le temps de réfléchir.

Les pas avancèrent dans le living, puis dans la chambre.

La situation était désespérée. La première chose que ferait une jeune fille telle que Jiao en rentrant chez elle serait probablement de se changer. Cela signifiait une visite à la grande penderie. Puis, étudiante assidue, elle se mettrait au travail. Ce serait alors le tour de la petite penderie.

Chen ne pouvait pas voir, mais il lui sembla sentir des effluves de parfum. Il écouta en retenant sa respiration. Jiao allait vers la grande penderie, comme il l'avait prévu.

Il pria pour qu'elle aille prendre une douche après s'être déshabillée, ce qui lui permettrait de filer.

Mais il entendit un autre bruit provenant du living…

«Jiao, c'est moi.»

Une voix d'homme, chargée d'un fort accent provincial que Chen ne put pas identifier tout de suite. Il était dérouté, il n'avait entendu personne entrer avec Jiao, ni ouvrir la porte après elle. En outre, la voix semblait provenir du côté du living opposé à celui de la porte…

Une porte secrète dans le living?

Bien que difficile à imaginer, cette hypothèse expliquait que la Sécurité intérieure n'ait vu personne entrer et sortir de chez Jiao. L'homme mystérieux devait avoir des moyens colossaux pour acheter deux appartements mitoyens et faire installer une porte secrète entre les deux.

Jiao sortait de la chambre et demandait: «Pourquoi voulais-tu que je rentre plus tôt?

– Quel bon repas, dit l'homme avec un petit rire. Le porc gras est bon pour le cerveau. J'ai livré de nombreuses batailles. Un empereur aussi doit manger.»

Les deux se rejoignirent dans la cuisine. Chen n'avait pas fait très attention aux plats qui se trouvaient sur la table. Le porc gras, qui était un des préférés de Jiao, Peiqin l'avait signalé, était aussi celui de l'homme, quoique pour une raison peu ordinaire.

«C'est fort, c'est révolutionnaire, dit l'homme en cognant ses baguettes sur un bol. Tu devrais apprendre à manger du piment.»

Jiao murmura une réponse.

«Après avoir apprécié l'eau du Yangzi, reprit l'homme d'excellente humeur, je me délecte du poisson de Wuchang.»

Chen reconnut enfin l'accent du Hunan, peut-être une affectation car l'homme parlait lentement, presque en réfléchissant. Mais il y avait autre chose de troublant dans sa remarque. C'était une paraphrase de deux vers écrits par Mao après qu'il eut nagé dans le Yangzi.

Venant de boire l'eau du Yangzi,
Je mange le poisson de Wuchang.

L'original était une allusion à l'ambitieux roi de Wu, pendant la période des Trois Royaumes, qui voulait déplacer la capitale de Nankin à Wuchang, mais le peuple, qui n'était pas de cet avis, disait préférer boire l'eau du Yangzi plutôt que de manger le poisson de Wuchang. Mao avait composé le poème sur le moment en se comparant à l'empereur de Wu sous un jour favorable, puisqu'il avait à la fois l'eau et le poisson.

Chen supposa qu'il y avait du poisson sur la table, peut-être même du poisson de Wuchang.

«Non, l'eau du Huangpu», répliqua Jiao.

Chen fit coulisser la porte de la penderie d'un centimètre pour essayer de jeter un coup d'œil. Mais de là où il se trouvait il ne pouvait pas voir la cuisine. Il résista à la tentation de s'aventurer plus loin.

Jiao et son compagnon continuaient de manger en silence.

Chen aperçut sur la table d'angle de la penderie un petit magnétophone qui ressemblait à celui qu'il avait dans son attaché-case. Il le prit et rembobina la bande au début.

L'homme dit: «Laisse la vaisselle et allons nous coucher.»

Ils approchaient déjà de la chambre, les pas de l'homme plus lourds que ceux de Jiao.

«Tu n'as pas accroché le rouleau que je t'ai offert? demanda-t-il.

– Pas encore.

– J'ai écrit ce poème pour toi il y a des années. Aujourd'hui je l'ai enfin récupéré. Et à quel prix!»

Chen était complètement perdu. Il parlait sans aucun doute du rouleau dans la penderie. Un prix considérable, en effet. Mais c'était Mao qui avait composé le poème pour Shang. Pourquoi le type dehors prétendait-il l'avoir écrit pour Jiao?

Et quelle était la relation entre ces deux-là? Il était manifestement le «protecteur». À en juger par la réaction de Jiao, le rouleau lui était tout à fait indifférent. En tout cas, elle n'était pas pressée de l'accrocher. Chen appuya sur la touche d'enregistrement.

Il commençait à faire chaud dans la penderie, presque étouffant. Il tint bon, tout en craignant que l'homme n'insiste pour qu'elle accroche le rouleau tout de suite.

Au lieu de cela, il se mit à bâiller et se jeta en travers du lit qui craqua sous son poids. Jiao ôta ses chaussures, ses talons hauts tombèrent par terre l'un après l'autre.

Il était encore tôt, mais les deux sur le lit devaient être fatigués. Avec un peu de chance, ils cesseraient bientôt de parler et s'endormiraient, et Chen pourrait sortir.

« Quelque chose te tracasse, dit Jiao. Dis-moi quoi.

– J'ai balayé mille armées comme on roule une natte. Comment pourrais-je me tracasser. Oublions nos soucis dans les nuages et la pluie. »

La conversation se poursuivait à voix basse, indistincte, intelligible pour eux seuls, sauf quelques exclamations alternant avec des gémissements et des grognements.

« Tu es vraiment grand, président, grand en tout », dit Jiao haletante.

Chen était sidéré. Elle appelait son amant « président ». Le terme n'était peut-être plus réservé à Mao, mais d'autres étaient désormais bien plus courants chez les Gros-Sous. Chen avait reconnu la phrase parce qu'il l'avait lue dans le dossier de Shang. C'était ce qu'elle avait dit à propos de Mao après leur première nuit ensemble. « Le président est grand... en tout. » Cela aurait pu vouloir dire n'importe quoi, mais dans le contexte présent, une seule signification s'imposait.

Jiao imitait-elle Shang ?

Les gémissements allaient crescendo. Chen n'avait jamais imaginé se retrouver un jour en voyeur enfermé dans une penderie, ou plus exactement en écouteur dans l'obscurité. Que cela lui plaise ou non, il entendait chaque vague successive.

S'il se risquait à se glisser dehors à présent, il réussirait peut-être à s'éclipser sans être vu. Dans leurs transports, les amants ne feraient sans doute pas attention, et il n'y avait qu'une veilleuse allumée dans la chambre.

Mais il décida de rester. Bientôt, ils allaient s'endormir et ce serait alors moins risqué. En outre, il était intrigué par la conversation qui se tenait sur le lit dur, en pleins ébats.

«Dans cette vaste étendue colorée par le crépuscule, voici un sapin, s'écria l'homme d'une voix de fausset sonore, *en toute sa force...»*

Au dîner, le commentaire de l'homme sur le poisson pouvait être une plaisanterie. Mais en pleine passion sexuelle, il citait de nouveau Mao. C'était ahurissant...

Chen se rendait compte à présent que la voix à l'accent du Hunan imitait Mao. Avec les nombreux films qui étaient désormais disponibles, ce n'était pas très difficile.

Jouait-il à être Mao?

Depuis qu'il était arrivé, l'homme parlait et se comportait comme Mao, jusque dans ses remarques au dîner à propos du porc bon pour le cerveau, et du piment qui évoquait la révolution. Tous ces détails se trouvaient dans les mémoires de proches de Mao.

L'inspecteur principal avait lu des ouvrages sur les fantasmes sexuels, mais ce qui se passait dans la chambre dépassait tout en matière de perversion et d'absurdité.

Brusquement, quelque chose dérailla dans le lit.

« C'est au Ciel qu'on doit cette grotte féerique... féerique...»

«Mao» ne récita pas le dernier vers. Aurait-il oublié les derniers mots en atteignant le sommet de l'extase?

Dans le silence qui suivit, Chen entendit un bruit étouffé, comme un lapement ou une succion, qui dura deux ou trois minutes avant que Jiao ne s'exclame : «Quel grand sapin, vraiment! Brisé, sans sève, sans vie.

– Voyons, dit « Mao », je suis surmené. Trop de responsabilités, tu comprends.

– Tant de préoccupations, je sais. Tu as changé.

– Ne t'en fais pas. *Que m'importent le vent qui souffle et les vagues...*

– Arrête de le citer tout le temps. Ce soir, tu n'es pas à la hauteur du vieux !

– Quel vieux ? »

Chen commençait à comprendre quel fiasco s'était produit dans la chambre. Le poème avait servi à « Mao » de stimulant sexuel pour atteindre les nuages et la pluie avec Jiao, mais il avait fait chou blanc.

« On fait une pause, dit-il. J'ai besoin de fermer les yeux une minute.

– Je t'avais dit de ne pas te presser. »

Il y eut de nouveau un bref silence.

« Tu as vu Chen dernièrement ? demanda brusquement "Mao".

– Il paraît qu'il vient de revenir. Je ne sais pas où il était. Pourquoi ?

– Il a essayé de me parler cet après-midi au cocktail.

– Il a ses relations d'affaires. Ne t'inquiète pas pour lui. Je te l'ai dit, il est gentil.

– Il est très gentil avec toi, bien sûr.

– Il a un projet de livre sur les années trente, alors il m'a posé quelques questions.

– Et vous avez dîné aux chandelles l'autre soir.

– Quoi ? Comment tu le sais ?

– Et toi aussi tu es gentille avec lui, dit "Mao" d'un ton sarcastique. Tu l'as dit toi-même, il n'est pas comme les autres.

– Non, ce n'est pas vrai. Il veut écrire son livre, je t'assure, rien d'autre.

– Il est tout sauf ce qu'il prétend. Il a sûrement des relations haut placées. Son apparition au cocktail n'était pas un hasard. Je finirai par savoir. Le maudit singe n'échappera pas à la main de Bouddha. »

Le « singe » était une allusion à *La Pérégrination vers l'Ouest*. Dans ce roman classique, le singe essaie de défier la puissance de Bouddha, dont la main devient la Montagne aux cinq pics et écrase l'impertinent. Au cocktail, toutefois, Chen n'avait parlé à aucun homme ayant l'accent du Hunan.

« Qu'est-ce que tu vas lui faire ? demanda Jiao.

– Tu vois ? Même dans mes bras, tu t'inquiètes pour lui.

– Tu es d'une jalousie maladive. Je ne le verrai plus, si c'est ce que tu veux. Il n'y a rien entre nous. J'ai accepté son invitation parce qu'il a aidé Xie.

– Pourquoi tu continues d'aller au manoir, bon sang ? Tu n'as rien à faire ni avec Chen ni avec Xie.

– J'étudie la peinture à cause de toi. Tu voulais que je sois instruite et cultivée… pour être digne de toi.

– Je voulais que tu deviennes raffinée, comme Shang… exactement comme elle.

– J'ai appris beaucoup de choses là-bas. Xie a de grandes connaissances.

– Tu tiens beaucoup à lui, je sais.

– Comment tu peux dire ça ? » s'exclama Jiao. Il y eut un bruit de verre brisé.

Elle avait dû avoir un mouvement brusque qui avait fait tomber la tasse de la table de nuit.

« Ne bouge pas, dit-elle en sautant du lit. Je vais balayer. »

Chen resta un instant tétanisé quand il aperçut son corps nu et entendit ses pas feutrés. Il calcula qu'il pourrait s'échapper quand elle ouvrirait la porte de la penderie.

28

Soudain, une veilleuse s'alluma dans la penderie, comme en liaison avec les pieds nus qui approchaient.

C'était une toute petite lampe qui jetait un cercle de clarté sur le sol. Une minuterie ou un dispositif sensible au mouvement pour éviter de trébucher dans la penderie.

Mais la porte ne s'ouvrit pas comme il l'avait redouté.

À sa grande surprise, les pas s'éloignèrent.

Suant d'angoisse rétrospective et de soulagement, il devina qu'elle sortait de la chambre et allait dans la cuisine.

Un instant plus tard, il l'entendit revenir, probablement avec le balai de la cuisine. C'était un miracle qu'elle ait décidé de prendre celui-là plutôt que…

«Mao» alluma la lampe sur la table de chevet.

Chen put enfin voir son corps d'une blancheur éblouissante… la délicate tension de son dos courbé et ses fesses quand elle s'accroupit pour réparer les dégâts, un balai et une pelle dans les mains.

Ce ne fut qu'une image fugitive. Elle ramassa les débris et s'éloigna de nouveau, puis, dès qu'elle se fut recouchée, éteignit la lampe de chevet.

Mais pourquoi avoir pris la peine d'aller chercher un balai dans la cuisine, alors qu'il y en avait un dans la penderie de la chambre? On utilisait d'ordinaire un balai de lattes de bambou pour la cour d'une maison *shikumen* ou le sol de ciment de la cuisine. En revanche, dans une chambre, on se servait d'un balai de roseau de Luhua ou, mieux encore, de coco…

«Mao» reprit son discours interrompu. «Tu y passes de plus en plus de temps. Les cours, les soirées, quelquefois même sans aucune raison.

– Qu'est-ce que tu veux que je fasse ici? Tu es toujours pris. Tu viens seulement pour les nuages et la pluie.

– Tu t'occupes beaucoup de Xie, cuisine, ménage, lessive, alors que tu paies une femme de ménage ici. Et quand il était à l'hôpital, tu as passé des heures à son chevet.

– Xie a beaucoup souffert. Il est vieux à présent, il vit seul, j'essaie de l'aider un peu, comme d'autres élèves.

– Comme d'autres élèves? Ne te moque pas de moi. Tu es allée jusqu'à lui fournir un faux alibi. Pourquoi?

– Il est incapable de faire du mal… pas même à une mouche. Il a été victime d'un coup monté. Il fallait que je l'aide.

– Que tu l'aides en posant nue pour lui et en prenant le risque d'un faux témoignage?» Le ton de «Mao» montait. «Tu m'as dit que tu ne l'avais jamais vu avant d'être son élève. Encore un mensonge. Il a tout fait pour t'aider quand tu étais à l'orphelinat.

– Je l'ignorais.

– Maintenant, il est devenu une légende à Shanghai, avec son manoir qui vaut une énorme fortune et sa fabuleuse collection. C'est pour ça que tu t'intéresses à lui.

– Tu me prends pour qui? Est-ce que je compte pour toi en tant qu'être humain? Non, je ne suis qu'un objet de tes fantasmes…

– Tu perds la tête? C'est pour toi que j'ai acheté ce rouleau à ce prix… le prix de cinq Mercedes.

– Non, c'est pour être Mao.

– Et c'est pour toi aussi que j'ai fait une proposition d'achat à Xie. Sans sa maudite baraque, il ne sera plus rien.

– C'est toi qui étais derrière l'offre de l'entreprise immobilière! J'aurais dû m'en douter, avec tes connexions noires et blanches.

– Si Chen n'était pas intervenu, Xie serait à la rue aujourd'hui. Alors écoute-moi bien. Tous ceux qui se mettront en travers de mon chemin seront punis. Y compris ton M. Chen, malgré toutes ses relations. La prochaine fois, il ne s'en tirera pas avec seulement un avertissement de mes petits frères.

– C'est pour ça qu'il a tout à coup quitté la ville? Tu es capable de tout!

– Capable de me débarrasser des gens qui me gênent, oui. Ne t'imagine pas que quelqu'un t'aidera à m'échapper. Personne au monde ne le pourra jamais. Ni Chen, ni Xie, ni Yang…

– Yang?

– Cette garce avait essayé de t'entraîner dans d'autres soirées… vers d'autres hommes.

– Quoi?» Jiao sauta du lit qui grinça et elle hurla: «Comment tu as pu…

– Sers-toi de ta putain de cervelle! rugit "Mao". Qui d'autre s'occupe de toi?

– Tu ne t'occupes que de toi-même. Tu me baises seulement parce que Mao a baisé ma grand-mère.

– Sauf que je suis Mao, le fils du Ciel, et que tu ne peux être à personne d'autre… à personne.»

L'homme était bel et bien fou. Il ne se contentait pas d'imiter Mao, il se prenait pour Mao.

«Mais Yang…» Un sanglot empêcha Jiao d'achever sa phrase.

« *J'abandonnerais tous les habitants du monde entier plutôt que de me laisser abandonner par l'un d'eux. La révolution n'est pas un dîner de gala,* femme stupide. »

Chen reconnut dans la première phrase une citation de Cao Cao, un homme d'État de la dynastie des Han que Mao admirait. Et la deuxième était une citation du Petit Livre rouge, une des préférées des Gardes rouges au début de la Révolution culturelle, lorsqu'ils tabassaient et détruisaient autour d'eux.

« Mao » n'avait pas tué Yang seulement parce que, dans sa logique, elle était devenue une menace. Laisser son corps dans le jardin aurait pu du même coup le débarrasser de Xie, si Jiao ne lui avait pas fourni un alibi.

« Tu es un fou monstrueux qui tue comme un rien, hurla Jiao d'une voix hystérique.

– Garce ingrate ! » Il la gifla avec violence.

« Bâtard de Mao… »

Ses protestations se perdirent dans un bruit étouffé. « Mao » devait avoir la main sur sa bouche. Du tapage nocturne chez une jeune fille seule risquait d'attirer l'attention des voisins.

Chen sursauta, la main sur la porte, sans être sûr de ce qu'il devait faire. La violence domestique n'était pas une priorité pour lui dans l'immédiat. Par ailleurs, leur dispute pourrait lui en apprendre davantage.

Il avait dû se prendre le pied dans quelque chose et il faillit trébucher. C'était le balai. Sous son pied, quelque chose de dur dans la fibre de coco retint son attention. Il se pencha aussitôt pour l'examiner. Une tête de balai usée, mais attachée par une ficelle relativement neuve.

Jiao avait dû dénouer le coco, et insérer quelque chose au milieu.

Que pouvait-il se cacher à l'intérieur?

Il tâta la tête du balai. Carré. Souple comme du papier. Pas seulement une ou deux feuilles mais un tas. D'une taille inférieure à celle d'une feuille courante. Un carnet? Mais on ne sentait pas de couverture rigide.

La passion de Shang pour les photos et pour son matériel de photo lui revint. Ce pouvaient donc être des photos de Shang et Mao – dans leurs moments les plus intimes, au milieu des nuages et de la pluie.

La présence du balai dans la penderie de la chambre s'expliquait. Jiao ne voulait pas le laisser dans la cuisine, où une femme de ménage aurait pu s'en servir. Pour la même raison elle avait décidé de ne pas l'utiliser, quelques minutes plus tôt.

Le tableau surréaliste prenait aussi un sens. Le balai passant au-dessus de la Cité interdite pouvait représenter un fantasme de vengeance. Les vers de Mao, ironiquement, apparaissaient comme très appropriés au contexte. Les inquiétudes du gouvernement de Pékin n'étaient pas infondées.

Il prit son canif, prêt à ouvrir la tête du balai dans la penderie à peine éclairée.

Après tout, c'était une affaire Mao. L'inspecteur principal Chen donna un coup…

«Ce salaud de Chen frappe dans l'ombre…»

Le canif resta suspendu à quelques centimètres du balai.

«Sa disparition n'est pas due à l'avertissement qu'il a reçu de mes petits frères. Je ne sais pas ce qu'il manigance.»

L'homme était maintenant le Mao paranoïaque obsédé par la peur des complots qui avait tué son successeur désigné Liu Shaoqi, et le suivant, Lin Biao, sans parler des milliers de hauts responsables loyaux du Parti.

« Et il est lié à ce salaud de flic qui est venu dans mon bureau se renseigner sur toi, alors je me suis débarrassé de lui… »

Qui pouvait être « ce salaud de flic » ? Pas Chen. Ni l'inspecteur Yu. « Mao » avait utilisé le passé. Song…

« Tu dois me répondre oui, dis oui ! » cria « Mao ».

Ces paroles résonnèrent dans la chambre.

Jiao ne répondit pas.

Le silence frappa Chen comme un coup de tonnerre. C'était un monologue qui s'était déroulé là-dehors. La chambre était enveloppée d'un linceul de silence, à l'exception de sa propre respiration laborieuse.

Chen ouvrit un peu plus la porte. « Mao », nu, était assis sur le ventre de Jiao, dos à la porte de la penderie, les muscles tremblant sous l'effort, la main levée comme s'il venait de renoncer à la faire taire, et elle était immobile, ses jambes blanches écartées. Chen apercevait les poils sombres de son pubis.

Ce dixième de seconde lui suffit pour que les détails se gravent dans sa conscience.

« Toi… J'ai fait tout ça pour toi. » « Mao » abandonna soudain son accent du Hunan. « Sans toi, sans… »

Chen ouvrit la porte d'un coup et s'élança, mais il trébucha sur le balai qui bascula hors de la penderie.

« Mao » sursauta et se dégagea de Jiao. Il pivota, saisit un le coffret sur la table de nuit et le lança en direction de Chen. Celui-ci évita le projectile, qui passa par la fenêtre en brisant la vitre avec fracas.

Chen voyait enfin l'homme et ses soupçons étaient confirmés. « Mao » était bien Hua, le magnat de l'immobilier qu'il avait vu l'après-midi même au cocktail, où il parlait avec un fort accent de Pékin.

S'efforçant de reprendre l'équilibre, Chen contre-attaqua en brandissant le canif. Hua esquiva mais cogna violemment le portrait de Mao suspendu au-dessus de la tête de lit.

Ce qui se passa ensuite aurait pu faire l'objet d'un ralenti absurde dans un film. Le portrait de Mao sembla tout à coup prendre vie. Il grogna, frissonna, et s'écrasa sur la tête de Hua de tout le poids de son cadre métallique.

«Mao…» Hua vacilla, incrédule, puis s'écroula sur le lit et perdit connaissance.

Chen atteignit le lit en deux enjambées et écarta le corps de Hua de celui de Jiao. Elle était immobile sur le drap froissé, bras et jambes écartés, froide, à la lumière hésitante de la veilleuse. Il mit le doigt sur son cou. Pas de pouls.

Pris d'une nausée violente, il perdit la notion du temps.

Des pas précipités se firent entendre dans le couloir, puis des coups résonnèrent sur la porte.

«Patrouille de police! Ouvrez!»

Le Vieux Chasseur tournait la clé dans la serrure.

29

«Inspecteur principal Chen!» Le Vieux Chasseur fit irruption, essoufflé. «Je patrouillais dans la rue quand j'ai vu un objet voler par la fenêtre. Quelque chose ne va…»

Il s'interrompit en voyant un corps nu sur le lit – Jiao, rigide, immobile – et un autre sur le sol, un homme couché sur un portrait de Mao au cadre brisé.

Dans la pénombre, le désordre de la pièce était effrayant. Des vêtements traînaient partout. Un morceau de plâtre arraché au mur était tombé sur le drap. Un canif luisait près de l'oreiller. Un balai sortait d'une penderie ouverte, pointé vers le lit.

Comment Chen avait-il atterri là-dedans?

Il avait l'air égaré, les yeux injectés de sang, les cheveux en bataille, le T-shirt et le pantalon froissés et sales comme s'il sortait d'une cellule.

Mais rien n'étonnait plus de la part de l'extravagant inspecteur principal, le bureau central en avait une longue expérience.

« J'appelle une ambulance », dit Chen en prenant son portable.

Le Vieux Chasseur tâta la cheville de Jiao pour sentir le pouls et secoua la tête. « Trop tard, chef. Qui est l'homme?

– Il s'appelle Hua. Ils se sont battus. Elle a crié et il a essayé de la faire taire…

– Il l'a étranglée… » Il s'interrompit en se demandant où était Chen pendant ce temps-là. L'homme sur le sol avait un filet de sang coagulé sur la tempe, mais sa respiration était régulière. « Il est vivant.

– J'étais entré avant qu'ils n'arrivent – d'abord Jiao, ensuite Hua, sans doute par une porte secrète. J'ai dû me cacher dans la penderie. Je ne voyais rien. Et j'entendais à peine. »

Le Vieux Chasseur alluma la lampe de chevet. La lumière éclaira le corps blanc de Jiao, les marques violacées autour de ses épaules et de son cou. Ses seins étaient intacts, on y distinguait pourtant une sorte de marque de morsure. Il n'y avait pas d'autres signes extérieurs de rapport sexuel, pas de sperme autour des organes génitaux, sur les cuisses ou dans les poils du pubis. Ses grands yeux étaient restés ouverts, fixes, la cornée n'était pas encore vitreuse. Les ongles de sa main n'avaient presque rien perdu de leur couleur rosée.

Chen ramassa sa robe froissée et couvrit son bas-ventre sans un mot.

«J'aurais dû venir...» Encore une fois il s'interrompit. Quelques minutes plus tôt? Il était dehors, ignorant de ce qui se passait. Comme dit le vieux dicton, *l'eau est trop loin pour le feu qui est tout près*. Il ne voulait cependant pas paraître trop critique vis-à-vis de Chen. Ces deux-là avaient dû parler très bas, indistinctement. Caché dans la penderie, Chen pouvait difficilement apprécier la situation dans la chambre. «Mais vous l'avez maîtrisé.

– Quand j'ai compris que ça tournait mal, je me suis précipité. Et en esquivant mon attaque il a fait tomber le portrait de Mao qui s'est écrasé sur sa tête – de tout le poids du cadre.

– L'esprit de Mao a agi», murmura le Vieux Chasseur en frissonnant à cette idée. Il ne croyait pas vraiment au surnaturel, mais cette affaire avait quelque chose de tellement extraordinaire, presque comme dans les opéras de Suzhou. «Hua a tué la petite-fille de Shang sous son portrait, et Mao l'a assommé. Mao n'est pas mort.

– C'est bien vrai.

– Mais comment Jiao et Hua se sont-ils liés?

– Je pense que Hua a connu l'histoire de sa famille quand elle travaillait dans son entreprise comme réceptionniste. Il l'a séduite, lui a offert un appartement et tout le reste, il en a fait sa "petite concubine". Pas pour elle, mais à cause de Shang, sa grand-mère.

– Je patauge, Chen. C'est encore plus ahurissant

qu'une histoire de fantômes dans un opéra de Suzhou. Shang est morte il y a des années. Hua en était donc un si grand admirateur?

– Non, il s'est intéressé à Jiao à cause de la liaison de Shang avec Mao.

– Alors... il y a une sorte de parallèle entre Mao qui couche avec Shang, et Hua qui couche avec Jiao. C'est ce que vous voulez dire?

– Ça va plus loin. En couchant avec Jiao – la petite-fille de Shang – Hua peut se transformer en Mao. Il parle comme Mao, pense comme Mao, vit comme Mao, et baise aussi comme Mao.

– Mais Hua est un Gros-Sous. Il pourrait avoir des dizaines de filles comme Jiao et vivre en empereur. Alors pourquoi tant de complications, chef?

– Être Mao donnait à Hua une épaisseur qu'il n'avait jamais connue avant. Il s'approchait de l'archétype de l'empereur en termes d'inconscient culturel – fils du Ciel à la mission et au pouvoir divins, maître de tous les hommes et femmes de l'empereur. C'est pourquoi Hua était tellement terrorisé à l'idée de perdre Jiao, même s'il ne l'aimait pas réellement. Dans son inconscient, Jiao était tout pour lui.

– Laissons de côté votre jargon psychologique, il est possédé du diable! Il a dû voir trop de films sur Mao et les empereurs. Complètement cinglé. »

Le portable de Chen sonna.

«C'est Liu», dit Chen au Vieux Chasseur en appuyant sur une touche et en orientant le téléphone vers lui dans un geste d'invitation inattendu.

«Camarade inspecteur principal Chen, j'ai le renseignement que vous avez demandé. Hua figure parmi les personnes que Song a interrogées pendant vos vacances. Il possède plusieurs grosses entreprises, et Jiao a travaillé dans l'une d'elles. C'était un contrôle de routine. Rien de suspect à signaler...

– Rien de suspect, répéta Chen sans pouvoir dissimuler le sarcasme. Écoutez bien, camarade Liu. Il y a moins d'une heure, Hua a tué Jiao chez elle. Il est sous ma garde. Dépêchez-vous d'arriver avec vos hommes.

– Quoi? fit Liu. Mais vous n'avez rien dit ce matin, ni cet après-midi.

– Vous étiez tellement axé sur votre manière forte, vous ne pensiez qu'au mandat de perquisition. M'auriez-vous vraiment écouté? Hua a aussi assassiné Yang, parce qu'elle risquait d'éloigner Jiao de lui.

– Yang! Mais... pourquoi aurait-il déposé son corps dans le jardin de Xie, camarade inspecteur principal Chen?»

Le Vieux Chasseur aussi avait du mal à y croire. Comment Chen avait-il pu découvrir cela alors qu'il était en vacances à des centaines de kilomètres?

«Dans l'imagination de Hua, Xie était devenu lui aussi une menace, parce que Jiao se montrait gentille avec lui. En se débarrassant de Yang et en mettant son corps dans le jardin, Hua a essayé de faire d'une pierre deux coups.

– Vous... vous avez fait un travail extraordinaire. Nous sommes en route. Restez sur place, inspecteur principal.

– Je ne bouge pas, dit Chen en fermant le portable avec dégoût. Un travail extraordinaire, vraiment, Vieux Chasseur. Jiao a été assassinée ici même, à quelques mètres de la penderie où je me trouvais.

– Mais vous avez fait votre travail», dit le Vieux Chasseur avec conviction. Il sentait le trouble de Chen. Un policier avait beau avoir résolu de nombreuses affaires, un seul raté pouvait le hanter à jamais. «Vous ne pouviez ni voir ni bien entendre. Personne ne pouvait faire mieux dans de telles circonstances. Sans vous, l'assassin aurait pu s'en tirer…»

Le Vieux Chasseur était à court de mots.

30

«Shang…» Hua revenait à lui, les traits déformés par la stupéfaction. «Qu'est-ce qui s'est passé?

– Voici ce qui s'est passé, dit Chen en adoptant l'interprétation superstitieuse du Vieux Chasseur. Vous avez étranglé la petite-fille de Shang, et Mao vous a assommé… ou plutôt le portrait de Mao.

– Comment êtes-vous entré?» Hua n'avait sans doute pas reconnu Chen au cours de leur bref affrontement dans l'obscurité et, selon toute probabilité, il n'avait pas compris qu'il était caché dans la place.

«Espèce de démon, vous méritez des milliers de coups de couteau! intervint le Vieux Chasseur. Vous ne vous en tirerez pas. Homicide volontaire.»

Nu, les yeux sans éclat, la joue gauche agitée d'un tic, la bouche affaissée, il ne restait rien du personnage du Mao impérial. Plus rien même du grand homme d'affaires. Hua était anéanti.

Pour Chen, c'était une occasion à saisir. Le moment de tirer avantage du vaincu. Il restait des questions sans réponse. Mais son portable sonna de nouveau et rompit le charme. C'était le ministre Huang de Pékin.

«Liu vient de me téléphoner, inspecteur principal Chen.

– Ministre Huang, j'allais vous appeler, dit Chen sans s'étonner que Liu ait réagi aussi vite. Jiao a été tuée dans son appartement par un homme du nom de Hua. Un fou qui essaie d'imiter Mao. Il est sous ma garde.

– Un fou qui essaie d'imiter Mao? Incroyable. Mais comment êtes-vous entré dans l'appartement? Les hommes de la Sécurité intérieure se plaignent de vos manières singulières.» Le ministre se hâta d'ajouter: «La pilule est amère pour eux. Vous les avez encore doublés.

– Ils tenaient beaucoup à la manière forte, mais ce n'était pas une bonne idée, dans une affaire aussi politiquement sensible. Vous l'aviez dit vous-même, ce n'était pas au mieux des intérêts du Parti. J'ai donc décidé d'agir à ma façon.

– Une action tout à fait décisive, c'est certain. Alors, avez-vous trouvé quelque chose?

– Oui, quelque chose qui a appartenu à Shang.

– Vraiment, inspecteur principal Chen?

– Un rouleau d'un poème de la main de Mao, dédicacé à Phénix… le surnom de qui vous savez. "Ode à une fleur de prunier". Certifié authentique. Dois-je le remettre à la Sécurité intérieure?

– Ah, ça… Non. Vous me le remettrez. Et pas besoin de le mentionner. Vous travaillez directement pour le Comité central du Parti. Autre chose?

– Pas pour le moment.» Le ministre ne semblait pas considérer que le rouleau ait une grande importance, mais Chen décida de ne pas mentionner le balai. Il devait d'abord vérifier ce qu'il cachait. En outre, le Vieux Chasseur et Hua écoutaient. «Je vais effectuer une fouille minutieuse. Quoi que je trouve, je vous en informerai, ministre Huang.»

Le Vieux Chasseur resta confondu. Hua aussi, bien qu'il ait eu vent des relations importantes de Chen. Il n'aurait jamais imaginé que le prétendu écrivain était un inspecteur principal qui parlait au ministre à Pékin.

«Pas un mot aux médias, dit le ministre Huang. Dans l'intérêt du Parti.

– Dans l'intérêt du Parti.

– La résolution de cette affaire vous a beaucoup surmené. Je vous suggère de prendre des vacances. Que diriez-vous de Pékin?

– Merci beaucoup, ministre Huang.» Chen se demanda si le ministre était au courant de son récent voyage. «Je vais y réfléchir.

– Comme je l'ai dit, vous êtes un policier exceptionnel. Les autorités du Parti peuvent toujours compter sur vous. De plus hautes responsabilités vous attendent.»

Le ministre n'oubliait pas sa promesse de promotion – selon toute probabilité, le poste de secrétaire du Parti à la police de Shanghai, occupé par Li.

À la fin de la conversation, une chape de silence tomba sur la pièce.

Hua, toujours sur le sol, releva la tête, son regard menaçant finit par se poser sur Chen.

«Salaud de flic! Vous vous en êtes donné du mal pour moi, pas vrai? Mais vous êtes un imbécile. *L'ennemi met sur nous tenaille sur tenaille, / mais toujours nous tenons et sans jamais bouger.*»

Hua recommençait à citer Mao. C'était un vers datant de la guerre des partisans contre les nationalistes dans les montagnes de Jinggang. Les efforts de Hua pour prendre l'accent du Hunan étaient absurdes et ridicules, les mots sonnaient creux.

«Quel abruti! dit le Vieux Chasseur. Toujours perdu dans les montagnes de Jinggang. Ce fils de pute ne sait même pas quel jour on est.»

Mais que savait Hua des documents de Mao? Chen devait le découvrir. À en juger par la méfiance ravivée de «Mao», il lui serait impossible de le faire parler avant l'arrivée des hommes de la Sécurité intérieure.

«Regardez ce que la pseudo-réforme a fait à la Chine. La restauration complète du capitalisme. De nouvelles Trois montagnes pèsent sur la classe ouvrière qui souffre une fois de plus dans le feu et dans l'eau. J'avais tout prévu il y a bien longtemps. *Fasciné par ce spectacle prodigieux, / Je me demande qui, sur cette terre immense et foisonnante, / Préside à tant de submersions et d'émergences.*

– De quoi est-ce qu'il parle? grommela le Vieux Chasseur. De l'ascension et de la chute du démon, oui.

– Encore des citations», dit Chen en reconnaissant les vers d'un autre poème écrit par Mao.

Sa défense était grotesque, comme lui, étendu tout nu sur le dos, prononçant ces vers héroïques, agitant le bras à la manière de Mao. Chen eut du mal à résister à l'envie de le massacrer, lui et tout ce qu'il représentait. C'est alors qu'il eut une idée.

Il offrit une cigarette au Vieux Chasseur et l'alluma, puis il s'en alluma une en laissant tomber les cendres sans même regarder l'homme prostré par terre.

«Ce salaud est perdu dans son rêve, être Mao. Mais il ne vaut pas un petit doigt, un cheveu de Mao. C'est un déchet. Il devrait voir son reflet ridicule dans sa propre urine.

– Qu'est-ce que vous dites? rugit Hua.

– Vous n'êtes pas de taille pour des policiers.» Chen se

retourna en tapotant toujours sa cigarette. « Comment un misérable salaud tel que vous peut s'imaginer être Mao ?

– Vous avez eu de la chance, fils de pute, mais l'autre flic n'en a pas eu autant.

– Song ne vous soupçonnait même pas. Vous vous êtes trompé de cible.

– Il est venu me poser des questions sur elle, il fouinait. Comment pouvais-je le laisser faire ? *Toute indulgence envers votre ennemi est un crime envers votre camarade.* »

Hua avait paniqué devant le contrôle de routine de Song. Mais afin d'entretenir son illusion, il n'hésitait pas à sous-entendre qu'il pouvait tuer aussi froidement que Mao.

« *Toute indulgence envers votre ennemi est un crime envers votre camarade,* répéta le Vieux Chasseur les sourcils froncés en imitant l'accent du Hunan. Ce type parle comme s'il avait une cassette du Petit Livre rouge dans la tête.

– Je suis Mao ! cria Hua. Vous avez enfin compris ?

– Votre maudit rêve d'empereur, ricana Chen. Comment pourriez-vous être ne serait-ce que l'ombre de Mao ? Tout d'abord, Mao a eu beaucoup de femmes qui lui étaient dévouées corps et âme. "Le président Mao est grand, grand en tout !" Réfléchissez. Des années après sa mort, Mme Mao s'est suicidée pour préserver sa "cause révolutionnaire". Vous pouvez citer Mao comme une machine, mais y a-t-il quelqu'un de loyal envers vous ? Vous n'avez même pas pu gagner le cœur d'une "petite concubine".

– Salaud de flic », siffla Hua entre ses dents. Son regard s'affolait comme celui d'un animal pris au piège. Il eut un grognement sauvage. « *Ne faites pas chier.*

– Arrêtez de nous emmerder avec Mao », rétorqua le Vieux Chasseur.

Ne faites pas chier était une phrase célèbre d'un poème publié par Mao à la fin de sa vie, quand il croyait pouvoir faire de la poésie avec n'importe quoi. On en avait plaisanté après sa mort.

«Jiao a peut-être partagé votre lit, mais rien d'autre, poursuivit Chen. *Elle faisait des rêves différents dans le même lit que vous,* comme on disait autrefois. Vous ne saviez rien d'elle.

— Et vous?

— Beaucoup de choses, dont vous n'avez pas la moindre idée. Ses passions, ses rêves, ses projets. Nous avons parlé pendant des heures, dans le jardin, pendant notre dîner aux chandelles chez Mme Chiang. Un exemple, son esquisse de sorcière sur un balai au-dessus de la Cité interdite: elle est très symbolique, surréaliste, quelque chose semble caché sous la surface…»

Chen marqua une pause. Si Hua avait le moindre soupçon de l'existence des documents de Mao, il pourrait être tenté de saisir la perche, comme il avait admis avoir tué Song pour prouver qu'il était Mao.

«Fermez-la, le flic. Vous êtes tombé amoureux d'elle, fou amoureux. Vous avez tout fait pour la séduire avec votre baratin littéraire, mais vous ne l'avez pas eue, pas un cheveu d'elle. Pour me prouver sa loyauté, elle m'a juré de ne plus vous revoir. *Lorsqu'ils chantent l'hymne déchirant de l'Internationale, / Un vent sauvage sur moi fond du ciel.*»

Sa réaction était celle d'un empereur amoureux blessé, mais elle prouvait aussi qu'il ne savait rien des documents de Mao – ni du balai.

«Si je ne pouvais pas l'avoir, ni vous ni personne ne l'auriez! reprit Hua écumant. Vous êtes arrivé trop tard. Elle m'avait trahi. Et elle devait mourir.»

Une fois encore, c'était dans la logique de Mao, celle d'un empereur, les dames de la cour devaient rester célibataires, «pures», même après la mort de l'empereur.

«Bâtard de Mao! s'écria le Vieux Chasseur.

– Bien, dit Hua en se relevant sur un coude, je vais vous dire quelque chose… Je suis l'empereur…» Il affichait une dignité outragée, et sauta soudain sur ses pieds. Assurant son équilibre, il pivota, vif comme l'éclair. «… Et vous êtes les assassins.»

Ce geste inattendu, rapide, furieux, prit les deux hommes par surprise. Hua se jeta en avant. Grand, puissant, il chargea avec un élan qui envoya le Vieux Chasseur contre le mur, puis courut jusqu'au living à une vitesse incroyable et se dirigea vers le long rouleau du poème de Li Bai accroché au mur.

Chen ne s'y était pas attendu. Il crut apercevoir une ouverture derrière le rouleau, mais dans la semi-obscurité il n'en fut pas sûr. Il s'élança en jurant sur les talons de Hua qui filait comme une flèche. C'est alors que celui-ci trébucha et chancela avec un cri à glacer le sang; il avait marché sur la pelle contenant les débris que Jiao avait laissée devant la chambre.

En une enjambée, Chen vint le frapper du tranchant de la main. Le coup l'atteignit à la tête, juste sur la blessure infligée par le portrait de Mao. Hua s'effondra, en sang, et se cogna le crâne contre le coin de la table. Il leva les yeux, eut une secousse violente et s'évanouit de nouveau avec un bruit de gorge indistinct.

«Imbécile!» Le Vieux Chasseur accourut, mit les bras de Hua en arrière et passa les menottes à l'homme inconscient. «Et maintenant, inspecteur principal Chen? Les hommes de la Sécurité intérieure seront là d'une minute à l'autre. Qu'est-ce que nous allons leur dire ?

– Nous jouerons notre rôle... de policiers. Vous êtes à la retraite, bien entendu. Vous vous trouviez en patrouille dans le coin cette nuit. Quand vous avez entendu le bruit, vous vous êtes précipité ici. Naturellement, vous ne savez rien de l'affaire Mao, ni d'aucune affaire. »

La Sécurité intérieure n'avalerait peut-être pas si facilement l'histoire, mais elle ne pouvait pas faire grand-chose contre un policier retraité.

Chen n'était pas trop inquiet pour lui-même. Pékin l'avait autorisé à agir comme il l'entendait. Avec la cassette enregistrée et le Vieux Chasseur comme témoin, il pouvait prouver que Hua était l'assassin de Jiao, de Yang et de Song. Ce devrait être plus que suffisant.

Il ne lui restait donc plus qu'à remettre le rouleau de Mao à Pékin. Il ne lui serait pas très difficile non plus de raconter sa version, en omettant certains détails, bien entendu. Il valait mieux pour lui, et pour tout le monde, que l'affaire se conclue de cette façon.

Ce ne serait pas une affaire Mao.

Hua serait commodément catalogué comme «fou». Avec Mao en toile de fond, personne ne poserait de question, et tout serait étouffé. Un simple meurtre, peut-être avec quelques détails croustillants, tel que Jiao entretenue par Hua en secret. Certains y trouveraient une interprétation plausible : telle mère, telle fille.

Une telle conclusion serait acceptable pour les autorités du Parti – plus besoin de s'inquiéter pour les documents de Mao. S'ils existaient, Jiao les avaient emportés dans sa tombe. Fin de la saga de Shang.

Acceptable aussi pour les hommes de la Sécurité intérieure. Elle vengeait Song, mettait fin à leur cauchemar, même si Chen restait une épine dans leur pied.

Ainsi, l'inspecteur principal Chen s'était acquitté de sa mission de policier et présentait une conclusion satisfaisante aux autorités du Parti.

Satisfaisante pour lui aussi?

Il s'interrogeait en regardant encore une fois le corps de Jiao sur le lit.

Il s'était efforcé d'éviter à Jiao la tragédie de Shang, mais en toute honnêteté, sa priorité avait été sa responsabilité de policier. Il travaillait dans le système et pour le système, et avait tout fait pour sauver les documents de Mao, en dépit de ses doutes. Son intérêt pour le balai l'avait empêché d'être attentif à ce qui se passait dans la chambre et avait causé ses deux ou trois minutes de négligence fatale.

«Vous êtes vraiment un policier exceptionnel... murmura le Vieux Chasseur en essayant de le réconforter.

– Un policier exceptionnel», répéta Chen. Il se rappelait ce que Ling lui avait dit sur les souvenirs du moulin orange qui tournait à la fenêtre, leur lecture de *La Marée de printemps* ensemble sur un banc vert de la mer du Nord, et, tout récemment, son appel téléphonique au parc du Bund, l'eau qui léchait encore la berge...

Pour ce compliment, que de renoncement, que de pertes irrévocables. La tête basse, il fit quelques pas dans la chambre.

Puis son regard tomba sur le balai par terre, près de la penderie. Qu'allait-il en faire?

Il commencerait par l'examiner avant de le remettre aux autorités de Pékin. C'était à elles de décider quelles mesures prendre, au mieux des intérêts du Parti. Quelle que soit leur décision, la promotion de Chen était assurée.

En outre, c'était conforme au principe de ne pas juger Mao sur sa vie privée, bien que, dans son cas, le privé ne l'ait pas tellement été après tout, comme Chen venait de s'en rendre compte au cours de l'enquête.

Et Jiao? Quelle était sa volonté?

Il n'avait pas besoin de se poser la question. La réponse était là, claire et forte dans le tableau de la sorcière volant sur son balai au-dessus de la Cité interdite: «*Il faut balayer la vermine!*» Il se sentit comme un insecte, noyé dans les flots de la culpabilité, incapable d'affronter son regard fixe.

Il baissa davantage la tête et vit dans la cambrure élégante de son pied une miette de ciboule hachée, minuscule détail qui donnait à Jiao une réalité intense, et pourtant disparue à jamais. Elle aurait dû vivre.

Mais l'ombre de Mao l'avait détruite, comme sa mère et sa grand-mère.

Si l'inspecteur principal n'avait pas été capable de la sauver, du moins pouvait-il faire quelque chose pour elle après sa mort. Il leva les yeux vers le balai qui traînait devant la penderie. Il serait étudié comme élément de la scène du crime. Ce qu'il cachait serait découvert.

Une sirène perçait le silence quand Chen le saisit, pris du besoin de faire quelque chose – quelque chose d'inattendu de la part d'un policier.

«Bien, dit le Vieux Chasseur d'un air réfléchi, vous n'avez pas d'explication à donner à la Sécurité intérieure. Nous sommes entrés ensemble. J'avais le passe de la sécurité du quartier. Vous voyez ce que je veux dire, chef.»

Chen comprit. Le Vieux Chasseur avait raison, ce ne serait pas si facile pour l'inspecteur principal d'expliquer sa présence dans la penderie et le fait qu'il n'ait pas pu arrêter Hua à temps. Il pouvait donc dire qu'il s'était précipité à l'intérieur avec le policier retraité. Hua le contredirait peut-être, mais personne ne tiendrait compte des déclarations d'un homme dérangé.

Le fait était pourtant là, insistant: Chen s'était trouvé dans la penderie et, sans son zèle à sauver les documents de Mao, il aurait pu réagir plus vite et sauver la vie de Jiao.

Chen remit le balai dans la penderie. Il prit la longue boîte à rouleaux. «Ceci, je dois le remettre à Pékin.»

Ce qu'il adviendrait du balai n'était pas de son ressort. Et il s'en désintéressait.

Il pouvait au moins se dire qu'il n'avait rien fait contre la volonté de Jiao, pas de ses propres mains, et il n'était pas impliqué non plus dans une tentative de couvrir Mao, quoi qu'on puisse en dire.

Le balai, comme beaucoup d'autres objets dans l'appartement, finirait à la poubelle. Quelqu'un le récupérerait peut-être, s'en servirait comme d'un balai, rien d'autre qu'un balai empoussiéré, usé jusqu'à la corde, et il finirait par tomber en poussière.

Il y avait bien sûr une possibilité que ce qu'il contenait soit mis au jour. Mais alors, plus personne ne pourrait dire que les documents de Mao venaient de Jiao. Chen ne serait plus chargé de l'enquête et ne refuserait pas de les voir. Lui aussi était curieux.

Mais pour le moment, tant qu'il ne les voyait pas de ses propres yeux, ce n'était pas de la rétention d'information – une chose qu'il avait apprise de Xie.

«Ne vous en faites pas pour moi, Vieux Chasseur. Pékin m'a autorisé à enquêter sur ce que je juge bon. De toute façon, je suis connu pour mes méthodes excentriques.»

Il entendit des voitures de police s'approcher toutes sirènes hurlantes. Le Vieux Chasseur se posta à la fenêtre et regarda la rue soudain aussi bruyante que l'eau qui bout.

Chen leva la tête et vit, haut dans le ciel, une lune cramoisie, comme ensanglantée.

Il murmura :

« *Les chevaux trottent dans un bruit cassé. / La trompette exhale des soupirs lents. / Ne croyez pas qu'il soit de fer ce défilé puissant, / Dès ce jour nous le passerons par ses crêtes. / Nous le passerons par ses crêtes. / Ces monts verdâtres semblent une mer, / Ce soleil qui se meurt semble du sang.*

– Qu'est-ce que c'est ? demanda le Vieux Chasseur en se retournant.

– "Le défilé de Loushan", un poème que Mao a écrit pendant la première guerre civile.

– Laissez Mao où il est, dit le policier retraité en frissonnant comme s'il avait avalé une mouche. Au ciel ou en enfer. »

RÉFÉRENCES DES POÈMES CITÉS

Les poèmes de Mao Zedong cités dans cet ouvrage sont tirés de *Poésies complètes de Mao Tse-toung*, traduites et commentées par Guy Brossollet, Paris, L'Herne, 1969, à l'exception de celui de la page 255, dont il n'existe pas à notre connaissance de traduction en français. Pour des questions de cohérence avec le texte de Qiu Xiaolong, nous avons parfois été amenés à légèrement remanier la traduction de M. Brossollet.

p. 33 : Du Fu, « En allant de la capitale à Fong-Sien. Méditation poétique en cinq cents mots », trad. Tchang Fou-jouei, revue par Y. Hervouet, *in* Paul Demiéville (dir.), *Anthologie de la poésie chinoise classique*, Paris, Gallimard, 1962

p. 40 : Li Sangyin, Sans titre, *in Amour et politique dans la Chine ancienne, Cent poèmes de Li Shangyin*, trad. Y. Hervouet, Paris, De Boccard, 1995

p. 59 : Li Shangyin, Sans titre, *in Amour et politique dans la Chine ancienne, Cent poèmes de Li Shangyin*, *op. cit.*

p. 85 : Li Shangyin, « Deux poèmes dédiés à... », trad. G. Jeager, *in L'Anthologie de trois cents poèmes de la dynastie des Tang*, Pékin, Société des Éditions Culturelles Internationales, 1987

p. 125 : Lu You, « Ode à un prunier en fleurs » (« Le Prunier »), *in Poésies complètes de Mao Tse-toung*, *op. cit.*

p. 192 : Li Shangyin, « La cithare de brocart », *in Amour et politique dans la Chine ancienne, Cent poèmes de Li Shangyin*, *op. cit.*

p. 207: Lu You, «Au parc de Chen», trad. P. Bourgeois, revue par M. Kaltenmark, *in* P. Demiéville (dir.), *Anthologie de la poésie chinoise classique, op. cit.*

p. 246: Yuan Zhen, «Le Palais de passage», trad. P. Jacob, *in Vacances du pouvoir*, Paris, Gallimard, 1983.

p. 282: Li Bai, «Complainte des degrés de jade», trad. R. Ruhlmann, revue par Y. Hervouet, *in Anthologie de la poésie chinoise classique, op. cit.*

Les poèmes dont les références ne figurent pas ci-dessus ont été traduits de l'anglais par Fanchita Gonzalez Batlle.

CET OUVRAGE A ÉTÉ ACHEVÉ D'IMPRIMER
SUR ROTO-PAGE
PAR L'IMPRIMERIE FLOCH À MAYENNE
EN MAI 2008

N° d'édition : 366. N° d'impression : 71186.
Dépôt légal : mai 2008.
(Imprimé en France)